アメリカ水運史の展開と環境保全の成立

「運河の時代」から
ニューディール期の連邦治水法まで

伊澤正興

阪南大学叢書103

日本経済評論社

目　　次

序　章　アメリカ水運史の研究課題 …………………………………… 1

　　はじめに　1
　　第1節　水運史の研究動向　3
　　第2節　世紀転換期からニューディール期にかけての環境保全
　　　　　　の成立　9

第1章　国内水運網の形成期における政府介入の意義 ………… 17

　　はじめに　17
　　第1節　19世紀初頭の国内水運網の形成　19
　　　　　1-1　連邦の内陸輸送計画の役割　19
　　　　　1-2　州主体の内陸輸送計画　23
　　　　　1-3　州の租税政策と水運計画──州内部の地域格差の解消
　　　　　　　　──　24
　　第2節　運河開削資金の調達問題　28
　　　　　2-1　外資導入の特徴　28
　　　　　2-2　ヨーロッパ州債市場と綿花金融　31
　　第3節　ヨーロッパ州債市場と州の財政破綻　33
　　　　　3-1　脆弱なヨーロッパ州債市場　33
　　　　　3-2　ヨーロッパ州債市場の破綻とその余波　34
　　小　括　38

第2章　1840年代の運河再編にともなう南北の分断 …………… 45

　　はじめに　45

第1節　債務危機に対する州の反応　47
　　1-1　ミシシッピ・デルタの利害関係者の反応　47
　　1-2　財政再建に向けて州の試み――ペンシルベニア州とメリーランド州の事例――　50
　　1-3　銀行の不正取引に対する批判――インディアナ州の事例――　52
第2節　新たな運河再建案の登場　54
　　2-1　州有運河の民間譲渡　54
　　2-2　インディアナ州の財政再建　58
　　2-3　メリーランド州の財政再建　61
第3節　運河開通にともなう南北の分断　64
小　括　67

第3章　内陸輸送開発における運河民営化と余波 ……………… 75

はじめに　75
第1節　イリノイ州運河事業の特質　77
　　1-1　州有運河の設立　77
　　1-2　州有運河の財源問題　79
第2節　州有運河からトラスト型民営運河へ　82
　　2-1　州有運河の破綻　82
　　2-2　トラスト型民営運河の創設　84
第3節　トラスト型民営運河の成功と限界　87
　　3-1　運河トラスティの資金問題　87
　　3-2　鉄道開通と運河経営　89
　　3-3　民営運河の限界と運河の再州有化　94
小　括　98

第 4 章　世紀転換期のコレラ対策と大規模河川計画 …………105

はじめに　105

第 1 節　水運とコレラ対策の関係史　107

 1-1　初期の検疫体制　107

 1-2　水質改善における水運の役割　109

第 2 節　新たな下水道計画にともなう水路の大規模化　111

 2-1　1880年代のコレラの大流行　111

 2-2　上下水道計画の合理化――1889年以前のコレラ対策――　113

 2-3　衛生改革の限界――1889年以降のコレラ対策――　117

第 3 節　大規模河川計画をめぐる利害対立　121

 3-1　水力発電事業の登場　121

 3-2　反鉄道独占と帝国建設　125

 3-3　五大湖の取水をめぐる攻防　128

小　括　130

第 5 章　洪水対策における環境保全の成立 …………………137

はじめに　137

第 1 節　19世紀の築堤中心の洪水対策　140

 1-1　公有地政策と洪水対策　140

 1-2　ミシシッピ河川委員会の洪水対策――堤防重視策（Levee Only Policy）――　143

第 2 節　世紀転換期の国家的洪水対策　146

 2-1　洪水被害の拡大　146

 2-2　資源保全派と堤防推進派の権限争い　149

第 3 節　ミシシッピ川大洪水と1936年連邦治水法　152

 3-1　堤防への批判　152

　　　　3-2　1928年連邦治水法の成立　153
　　　　3-3　1936年連邦治水法の成立　158
　　　　3-4　新たな資源保全区の設立　161
　　小　　括　168

終　章　「運河の時代」から「環境保全の時代」へ …………… 179
　　はじめに　179
　　第1節　水と権力の関係史——水資源史と水運史——　179
　　第2節　水運史の長期的変化——本書のまとめ——　182
　　第3節　その後の環境保全の動向——湿地の開墾と再生——　184
　　結　　論　190

あとがき　195
参考文献　197
初出一覧　217
索　引　219

序　章　アメリカ水運史の研究課題

はじめに

　本書の内容は，可航河川を中心とする河川計画が水運から環境保全へと向かった経緯を実証的に検討し，アメリカ水運史における環境保全の源流を探ることにある。主な対象時期は1830年代「運河の時代」から1936年連邦治水法の成立期までとする。この時代，船が航行できる河川は可航河川（Navigable Rivers）と定められ，水運網整備の対象とされた。港湾整備や水路建設は可航河川における水運の利便性を高めるように計画され，工業化や都市化の進展とともに，水力・上下水道・治水・水質浄化など多目的な用途から計画されるようになった。地図1に示したとおり，可航河川はミシシッピ川を挟んでアメリカの右側半分，すなわち北米東岸からミシシッピ川以東に集中していた。このエリアは，ミシシッピ川および支流のオハイオ川やイリノイ川が流れており，その一部は五大湖にもつながることから，一大水運網の対象とされてきた。

　ここで本書に入る前に，可航河川を対象とする背景を3点あげておきたい。第1に，広大な可航河川を対象とする開発体制が，19世紀の西漸運動と連動しながら展開した点である。1830年代に五大湖とミシシッピ川が運河を介して連結されると，西部フロンティアへの移住と開拓が進展した。東西間の交易を担った運河にはニューヨークのエリー運河をはじめ，チェサピーク・オハイオ運河，イリノイ・ミシガン運河，ワバッシュ・エリー運河があった。大規模な運河事業は鉄道の登場以前に可航河川を補完する航路となり内陸部への大量輸送を担った。

地図1　アメリカの可航河川図

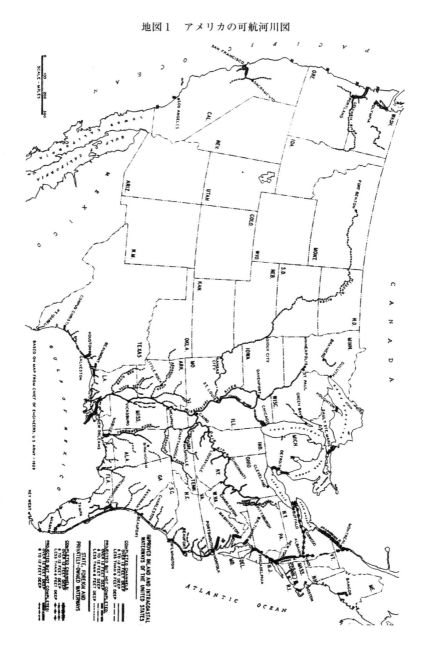

第 2 に，西部開拓や内陸部の発展とともに水運の役割や可航河川の位置づけが変化していった点である。これまで，鉄道の登場とともに，運河をはじめとする水運の役割は，鉄道との輸送競争のなかで衰退したと考えられてきた。だが，19世紀後半になり西部フロンティアが消滅するにつれて，水運計画は自国産業の海外進出を策すため，より安価な輸送手段を求めて実施された。とりわけミシシッピ川主流とその支流は単なる交通の利便性だけでなく，国家的事業としても，南米およびヨーロッパへの米国の経済進出の礎とされた。

第 3 に，世紀転換期からニューディール期にかけて急激な工業化や都市化とともに，開発一辺倒であった水運計画は，自然との調和を重視する環境保全に傾倒していった。この点はミシシッピ川の洪水対策に象徴された。度重なる堤防決壊を受けて，大規模な構造物の限界が認識されるようになり，自然と開発の調和に重きを置いた環境保全の考え方が河川行政の現場で導入されるようになった。水害や水質汚染や土地の流亡が深刻化するにつれて，可航河川の開発は，川に隣接する土地や水辺の環境に配慮するように定められた。その結果，土地や水は開発され利用されるだけの存在ではなく，野生生物保護や水質や景観などの環境的価値を有すると考えられるようになった。こうした河川に対する認識の変化は西漸運動や西部開拓と連動した伝統的な開発体制を根本的に変革したのか否かという論点を提起している。

以下では「運河の時代」からニューディール期にかけての先行研究を検討しながら，本書の分析視角を明確にしていく。

第 1 節　水運史の研究動向

1830年代，運河が計画され開削された時代，交通の利便性の追求が水運計画の主たる目的であった。鉄道網が登場する以前，運河を通じて曳船の航行が可能となり，局地的な経済圏が運河を介して結びつき国内市場が次第に形成されていった。このため，運河の歴史は19世紀初頭のアメリカの経済発展の背景を探る領域として研究されてきた。

運河の歴史研究に先鞭を付したのがカレンダー（G. S. Callender）であった。カレンダーのテーマは国内流通網を基点にしたアメリカの工業化の特質を解明することにあった。その分析視角はアダム・スミスの植民地発展論に対する批判を起点にして，アメリカの工業化が，必ずしもイギリスの植民地体制によって条件づけられていなかった点を実証することにあった。

カレンダーのアメリカ発展論は，多様な要素が複合的に結びついた市場の発展（Rise of Market）によって説明されている。アメリカにおける市場発展の条件は，南部の綿花・外国貿易・マニュファクチュア・社会的分業・賃労働者層の形成・西部移住・技術革新・法制度の諸々の要因が相互に結びついた「市場」の形成，ならびに，これを実現する国内交通網である[1]。それは広大な領土に散在する局地的経済圏を結びつけるうえで，鉄道の登場よりも以前に，東部と西部の大量輸送を切り拓く，輸送手段となったがゆえに，分散する地域内部の社会的分業を形成した。

そこで，まず着目されたのが，運河開削の担い手と建設資金である。莫大な運河の建設資金が州内部の財政金融政策によって内生的につくり出されたことは，すでに多くの研究によって明らかにされている。生産諸力の発展と関係なく莫大な資金を捻出する方法は，政府の公信用を通じた州債発行政策であった。州政府は財政資金を輸送会社に投じるとともに，州議会で任命された役員を輸送会社に送り込んだ。この点にこそ，後発国アメリカの工業化の条件を見出すことができる。すなわち，19世紀初頭の工業化は，自由放任の経済政策ではなく，政府の直接的な介入や規制の賜物であった。この点で，アメリカはイギリスと異なる発展を歩んだことになる。

次に着目されたのは，工業化の特質を解明するにあたり，州の運河事業の破綻とその後の再編である。後述するように，州の運河事業の破綻は，まさに工業化の特質をめぐる争点として議論されてきた。ここで注目すべきは，カレンダーが「政府の失敗・州有運河の破綻」によって，「小さな政府」へと還元するような歴史像を意識的に避けていた点にある。まずは，政府介入の2類型が提示されている点にカレンダーの慎重な態度を汲み取りたい。すなわち，東部

諸州(マサチューセッツ州・ペンシルベニア州・ニューヨーク州)では,1837年恐慌以降,エリー運河拡張工事とフーザックトンネル工事以外,政府の積極的な介入を確認できなかった。これとは対照的に,南部諸州(ヴァージニア州・サウスカロライナ州・テネシー州・ミズーリ州)では,1848年から南北戦争期にかけて8,000万ドルもの州債が発行され,輸送関連企業に対する州の介入が存続した[2]。このことから,カレンダーは,工業化とともに,すべての輸送事業が民間資本によって供給されるようになったわけではない点を指摘した。つまり,カレンダーにとって政府の役割は,「未熟な開発企業を促進するもの」から次第に「私企業を規制するもの」へと転換していったのではないかと考えられた。カレンダーの主張の含意は,世紀転換期のカルテルや鉄道独占という時代状況と無関係ではなかった。すなわち,「私的な鉄道経営の弊害・労働争議の勃発・独占の出現・産業トラストなどの出現」から得られる教訓は,私企業の活動を促進するのでなく,人々の公益性に即して企業を規制・統制することにあった[3]。

このように,アメリカの工業化を政府主導型とする捉え方が,カレンダー論文独自の着想であった。だが,この研究領域が「政府」と「経済」の関係史として体系的な学問分野へと確立されるまでには,第二次世界大戦後の「アメリカ体制」研究の登場を待たねばならなかった。その目的は,アダム・スミスのレッセフェールとケインズ流の公共政策とは異なる論理でアメリカ独自の政府介入の原理を提示することにあった[4]。そこには,第二次世界大戦後,イギリスを押退けて世界経済の覇者として今まさに君臨しようとするアメリカの実践的な研究姿勢を看取することができる。その先駆けとなったのが,ハーツ(ペンシルベニア州の事例研究)・ハンドリン(マサチューセッツの事例研究)・ヒース(ジョージア州の事例研究)であった。だが,「アメリカ体制」研究を単なる実践的分野に押し込めてはならない。なぜなら,これらの研究は,工業化や経済発展における政府の役割を,社会制度(地域規範・開発理念・法制度・民主主義)から再考する試みでもあったためである[5]。

ハーツの研究は,ペンシルベニア州を事例に,膨大な州議会の議事録・報告

書・新聞雑誌記事の一次資料に基づき，州政府の運河事業を支えたイデオロギーの変遷を実証的に明らかにした。ハーツは自由放任主義的な通説理解を批判して，「経済領域における参加者と規制者」として政府介入の役割を定義した[6]。それは，営利活動を州全体の利益へと還元する開発理念であり，それゆえ経済発展と民主主義を両立する限りで政府の経済介入は支持された。だが，ハーツの真意は，政府介入の衰退ならびに自由放任思想の受容にあった。すなわちハーツによれば，鉄道資本の台頭にともない，豊富な資金を有する私企業（Private Company）を前にして，零細な小生産者（Individual Enterprise）の利益保護と結びついた州の開発思想は脆くも崩れ去ったのである[7]。

1960年代以降，ハーツの仮説は，グッドリッチの豊富な事例研究によって一般化され定着していく。グッドリッチの視点は，ハーツと同様に輸送分野への政府の財政支援が個人企業家の営利活動を支える補完的役割へと後退した点にある。すなわち，「輸送政策についての公式文書がレッセフェールや個人主義という言葉によって埋め尽くされたとしても，政府支援の正当性は容易に確認された」にもかかわらず，「混合企業において，事業主体の主導権と経営は，たとえ混合企業の経営資金の大半を公的資金によって賄われたとしても，個人主義の特質を帯びていた」[8]。法経済史のシャイバーは，オハイオ州の運河の事例研究のなかで，運河から鉄道への転換を記述している。州が管理する運河の経営破綻は，個人投資家から地域社会を保護する公共思想の衰退を意味していた。そして，たとえ運河が州政府によって運営されていたとしても，運河は公共的観点ではなく，営利的観点から運営されるようになったと結論付けた[9]。

これらの先行研究は，政府介入の役割を工業化の発展段階のなかで考察することによって，政府の役割・工業化の特質・開発理念の変容を実証的に検討している。すなわち，運河の変遷は小生産者層を基盤とする運河の衰退を示すが，それと同時に，「産業資本」の確立を示す指標とされた。なるほど，自由銀行法・民営鉄道会社への公有地付与法・企業優遇税制・州債発行の制限ならびに禁止は，すべて「産業資本」の利益保護を想定した国内市場政策の一環として把握することもできよう。運河から鉄道への移行は，工業化の把握の仕方に根

ざすといえよう[10]。

　しかしながら，州有運河が，1837年恐慌と民間鉄道資本の台頭によって解体したことは，歴史的な経緯として評して差し支えないが，それを牽引したイデオロギーや開発理念までもが変質したかのように即断することには，もう少し検討が必要であろう。本書の第1章・第2章・第3章では，まさにこの点を検討する。「産業資本」の確立をもって政府介入に終止符が打たれるとすれば，いわゆる政府介入の衰退と水運計画をめぐる南北間の激しい政治対立とが整合的に説明できないのである。

　運河の衰退については，テイラーの「交通革命」（Transportation Revolution）の中で指摘された。テイラーによれば，水運の欠点は，政府の非効率な事業運営，自然条件の制約（氷結にともなう船舶航行の障害），鉄道に比べて大幅な迂回路となる地理的制約であった[11]。また，ハンターの研究はテイラーの仮説を西部蒸気船輸送の計量分析から裏付ける結果となった[12]。デイビスも鉄道建設ブームと蒸気船の輸送量の低下が時期的に一致していた事実から，鉄道の登場にともなう水運の衰退を指摘している。すなわち，「低い輸送運賃にもかかわらず，運河と同じく蒸気船輸送は，鉄道との輸送競争によって衰退した。その理由は，距離・利便性・速度であり，また水上保険料も負担となっていた」[13]。

　だが，1970年代に入ると，ヘイツとマック（H-M分析）によって，ハンター仮説の検証がなされた。彼らは景気循環と水運の関係に着目することで，「鉄道の台頭と水運の衰退」という歴史像に修正を試みた。その根拠として挙げたのが，船運のピークが好況期と一致しており，船運の停滞期が不況期と一致するという統計データである。このデータに基づくと，ミシシッピ川の水運が鉄道の登場にこそ，最盛期を迎えた点が実証された。このことから，鉄道の発展と運河衰退の因果関係は否定されている[14]。ヘイツとマックの分析によれば，鉄道と運河は必ずしも競合関係にあったわけではなく，常に高まる輸送需要を満たすため，補完的関係にあったと結論づけられた。水運から鉄道への輸送代替は，西漸運動にともなう旺盛な輸送需要によって相殺されたといえる[15]。

水運の衰退だけでなく，運河の衰退もまた鉄道との輸送競争だけでは説明できないことが指摘されている。経済史家のサンデリンはチェサピーク・オハイオ運河を事例に，19世紀後半の鉄道建設ブームの時期にこそ，運河にとって「輝かしき時代」であったと指摘している。なぜなら，運河は鉄道よりもはるかに低い輸送費で一次産品を輸送でき，鉄道独占に対する根強い懸念も加わり，州議会の財政支援やさまざまな法的優遇を受けていた[16]。同じく経済史家のパトナムは，イリノイ・ミシガン運河を事例に運河が単なる輸送手段ではなく，水力や下水路として利用された事実を指摘している。パトナムの事例研究は，運河の衰退は鉄道との輸送競争の結果によって生じたのではなく，運河の多目的な性質ゆえに大量輸送に対応できなかったと結論づけた[17]。

以上の研究史を踏まえて，本書前半部の論点を2点ほど示しておきたい。本書ではまず，「運河の時代」，国内市場が統合された一方で，南北の政治的分断がよりいっそう先鋭化した事実を問うことにある[18]。運河開通のインパクトは広大な領土に散在する局地的な経済圏を結びつける原動力であったわけが，このことは，南部と北部の政治的対立を激化させる原因となった。とりわけ，1840年代に運河が次々と開通すると，ミシシッピ川の水運網をめぐる主導権争いがいっそう激化していった。換言すれば，運河開通は国内市場の統合に向かったのではなく，南北分断の引き金となった。

たとえば，北部では，シカゴ河川港湾会議（Chicago River and Harbor Convention）が開催され，西部への輸送需要を独占しようとする動きがみられた。これに対して南部および南西部では，プランターの利益を反映した南部商業会議（Southern Commercial Conventions）が開催された。

北部の運河開通はニューヨークとシカゴ間の主要都市を結ぶ東西間交易路となったが，南西部のルイジアナ州・ミシシッピ州・ミズーリ州にとっては，ミシシッピ川中流からメキシコ湾へといたるダウン・リバー・トレードの衰退を意味していた[19]。両者の利害が最も先鋭的に衝突したのが，運河開通の1840年代半ばであった。こうした一連の南北間輸送対立において運河を含む水運計画は，食糧の安定確保のための交易路・経済的自立の条件・軍需品や兵士を輸送

する軍事路・生命財産保護の観点から支持された。

　次に，鉄道ブームが過熱すればするほど，水運網の整備拡充を望む河川港湾会議が頻繁に開催された点である。19世紀後半から20世紀初頭にかけて数多くの河川港湾会議が開催されて，河川・水運網整備への要請が高まった。これ以外にも，ミシシッピ河川委員会（Mississippi River Commission）の年次報告や内陸水路委員会（Inland Waterway Commission）などの調査報告や議会報告書が作成され，ボストン・リオグランデ間の沿岸航路，メキシコ湾・五大湖間のミシシッピ・イリノイ航路の水運計画が次々と計画された。そして，河川港湾会議を通じて，水運網の整備拡充計画は水力・上下水道・洪水対策へと多目的化することで，当初考えられていたよりもはるかに多くの利益をもたらすと考えられるようになった。一連の河川港湾会議は，鉄道独占の時代における水運の意義をはかるうえで決して過小評価されてはならない[20]。

第2節　世紀転換期からニューディール期にかけての環境保全の成立

　世紀転換期の水運計画は水を浪費することなく，合理的に利用する資源保全の考え方に基づき，河川水を可能な限り有効に活用するように定められた。資源保全の取り組みは，すべての河川に合理的な管理を導入しただけでなく，土地・森林・鉱山・景観にいたるさまざまな資源を対象とした。こうした資源保全の取り組みは資源配分をめぐり社会の断絶をいっそう際立たせる結果となった[21]。なぜなら，資源保全の提唱者たちの関心は，必ずしも自然資源の独占的な利用を排除するものではなかったためである[22]。資源保全の考え方は，非効率な資源の浪費を規制するものであり，一部の社会集団や企業による資源の占有を否定するものではなかった。この点で資源保全の目的は広範な社会階層に開かれた資源配分を目指したのではなく，一部のエリート集団による資源の一元的な管理を目指すことであった。ここに資源配分をめぐる対立が生じた。

　そこで，本書では，資源保全と水運の関係について着目したい。この時代，水運計画は水を浪費することなく有効に利用すべきとする資源保全の考え方を

色濃く反映した。河川水を有効に利用することは，水運だけでなく，水力や上下水道に要する水を効率的に可航河川から引き出すことにあった。このように可航河川を多目的に利用することは，経済的利益だけでなく公共的利益を有すると考えられ，もっぱら政府の財政支援を通じて実施された。その推進主体は河川工学や土木技術の専門家だけでなく，予算の配分過程において，専門機関と利害を同じくする商工業団体の影響力も考慮しなければならない。

とはいえ，河川水の利用をめぐる論争は必ずしも利害の対立だけで説明できるものではなかった。この時代，北米最大の可航河川であるミシシッピ川の水運輸送を高める河川計画が支持を集めた。その背景として，本書の第4章では以下の3つの観点から資源保全の動向を検討していく。まず，鉄道の輸送独占に対する根強い反発がみられたことによって，可航河川における巨額の水運計画への支持が集まった点である。水運は割高な運賃を課す鉄道輸送と比べて遙かに安い費用で農産物や鉱物資源を輸送できると考えられた。しかるに，鉄道会社による無計画な鉄橋建設は，大型船の航行の障害となっていた[23]。輸送コストの削減を求める企業家・農民・鉱山業界は可航河川の整備計画を議会に提出し，全国規模での政治運動を展開した。いわば，水運の整備拡張計画は鉄道独占の弊害に対する規制的役割を有していたと推察される。

次に，大規模な水運計画は1898年の米西戦争の勝利を契機とする南米への経済進出の橋頭保となるべく，メキシコ湾と五大湖を結ぶ一大交易路として注目を集めた。20世紀初頭の全国河川港湾会議（National Rivers and Harbors Congress）では，南米への経済進出が強く意識されるなかで，安価な資源調達と自国製造業の国際競争力強化が意図された。そして，水運に利用された膨大な河川水は，無駄なく利用されるように，水力発電やダム開発へと転用された。水運計画は大規模な水上輸送網として国家的利益を体現した計画へと拡張された[24]。

さらに，可航河川の整備は都市部の上下水道としても活用されたことから，「衛生改革」の要請と併せて議論された。世紀転換期になると都市と農村の人口比は大きく変化し，農村から都市への人口集中が顕著になっていった[25]。大

都市では市街地で発生するコレラやチフスに悩まされるようになった。なかでも急務とされたのが、都市の上下水道の改善であった。都市用水の有効利用のために衛生工学・医学・細菌学の専門領域に期待が集まり、そうした専門家を中心に旧い衛生法規や生活様式に代わって、近代的な科学知識が社会生活において活用され始めた[26]。

しかし、大都市で消費された水が河川に排水されるようになると、河川の水位が上昇し、壊滅的な洪水が頻発するようになった。20世紀になるとミシシッピ川とその流域では洪水によってたびたび堤防が決壊するようになり、その余波は河川に隣接する土地の水没・人命と財産の喪失・鉄道網や商業施設の倒壊にとどまらずに、そこに出資した投資家の損失となって全米に波及した[27]。このため、大量の水の配分をつかさどってきた河川行政は批判の的となり、新たな河川の管理方法が模索された。とりわけ、大規模な河川計画に対する批判は堤防や水運のために建設された治水構造物に向けられた。これまで人々は自然を人間の経済的利益に適応させてきた。だが、自然との調和を軽視すれば、水を資源として活用できないばかりか、自然災害の原因となり多大な損失を招くとの認識にいたった。それが1917年から1936年にかけて段階的に立法化された連邦治水法（Federal Flood Control Act）であった。

連邦治水法成立史の研究は、これまでの水運の開発体制を根本的に変革したのか否か、仮に新たな管理機構が誕生したとすれば、それが河川および流域・土地の開墾・自然に対する価値観にいかなる影響を及ぼしたのかが争点とされた。連邦治水法はいくつかの点で従来の政策に修正を迫るものであった。連邦治水法の意義は、河川水をじかに制御するのではなく、雨や雪が河川に流れ込む流域を初めて重視した点にある。この点と関連して、流域の管理手法は大規模な人工の治水構造物に依存するのではなく、森林地や耕作の管理・居住地および区画整備・洪水多発地帯のハザードマップ・公園整備や自然学習活動など多岐にわたるようになった。また、遊水地や放水路は氾濫時に水を土地に引き入れなければならないため、新たな河川管理は、この限りで耕作や土地の利用を制約した。

そこで最後に，連邦治水法成立史の研究意義について指摘しておきたい。第1に検討すべきは，同法の成立が河川行政あるいは河川管理主体に及ぼした影響についてである。19世紀を通じて洪水対策は堤防を築くことにあった。河川沿いに定住しようとする者は土地と財産を保護するため，自らの負担と権限に基づき堤防を築いた。堤防のおかげで，河川沿いへの移住と開墾が促進され，これらを保護するために堤防の重要性はさらに増した。

これに対して，連邦治水法では，堤防を築くだけでなく，土壌保全・森林管理・水質管理・公園や景観の保全・レクリエーション活動が河川行政において重視された。この背景には，環境保全の考え方が次第に受容された点に着目したい。たとえば，自然思想家のアルド・レオポルドは「土地の倫理」について持論を展開し，人間中心の自然観を否定し，土壌や水や動植物を含めた生命共同体を打ち出し，自然を共有するように提唱した[28]。環境保全思想は連邦議会に提出された『リトル・ウォーターズ』報告の着想となり，河川行政の専門家に多大な影響を及ぼした。この報告書によれば，自然の秩序を無視した開発は必ずや水害や土壌流出や水質汚染を引き起こす原因になると指摘した。同じく，土木技師のホワイト（Gilbert White）は『洪水への人間の適応』を著し，自然の複雑な生態システムを人為的に制御するのではなく，制御困難な自然に対して，人間の行動を自然に適応させる必要性を説いた[29]。やがて，自然のみならず人間社会の調和を重んじる環境保全の提唱者たちは，構造物から非構造物へと方針を転換し，無分別な土地の占有とその利用に対する規制を唱えた。

連邦治水法の成立と関連して，第2に，環境保全思想が政策論争の過程でどのように位置づけられたのかを問うことにある。同法成立過程で審議された法案は，私有地の中に洪水路を開削し，場合によっては，開墾された耕地を森林地や湿地に転換することにあった。この点から土地の取得にかかわる問題は治水施設の建設予定地の通行権や地役権・水没地の補償・地元住民の負担に関するものとなった。こうした土地や水にかかわる権限の核心部は，公共的側面を有すると同時に，治水構造物によって保護された土地の地権者を直接の受益者とすることから，私益と公益の関係を再定義するものであった。環境保全の導

入に際しては議会の政策論争のなかで、環境への配慮というよりは政治的な側面が強調された。環境への配慮は乗り越えがたい利害の調停的機能を果たしたがゆえに、立法化の過程で受容されたのであり、こうした環境保全の受容は、戦後にいたって河川行政の限界を画す要因となった。

　ニューディール期以降、河川や水源は開発されるだけではなく、環境的な価値を有すると考えられるようになった。その背景には大規模な河川計画が自然災害や水質汚染の原因となり、また開墾の拡大にともない、土地が亡流し、毎年のように、広大な土地が失われたためである。「運河の時代」からニューディール期にかけて、河川の管理体制は次第に、水運の利便性を享受するよりも、環境保全を重視するようになったが、それでも自然と開発の関係が根本的に変化することはなかった。長きにわたる水運の歴史から本書が明らかにしていくことは、「運河の時代」に形作られた根強い河川利害が「環境保全の時代」になっても解体することなく残存した点にある。こうした視点を提起する本書において通底する視点は、人間と自然との調和が、いかに困難な道のりであるのかを示すことにある。

注
1）　カレンダーの地域分業論は、政治的にも経済的にも社会的にも多様な要素を複合的に関連付けた、「市場発展」に集約される。G. S. Callender, "The Early Transportation and Banking Enterprises of the States in Relation to the Growth of Corporations", *Quarterly Journal of Economics*, Vol. 17, 1903.
2）　*Ibid.*, p. 113.
3）　*Ibid.*, p. 159.
4）　R. A. Lively, "The American System", *Business Historical Review*, Vol. 29, 1955, pp. 81-95.
5）　一連の運河史・開発史研究は、1944年、コールズを議長とする経済史研究委員会の下で着手された。この研究プログラムでは、交通史・運河史・鉄道史・政策史・労働史・法制史・銀行史といったアメリカ資本主義を分析するうえで必須とされる拠点研究が取り上げられた。A. H. Coles, "A Report on Research in Economic History", *Journal of Economic History*, Vol. 4, 1944, pp. 52-57.

6）　O. Handlin, "Laissez-Faire Thought in Massachusetts, 1790-1880", *Journal of Economic History*, Vol. 3, Supplement, 1943, p. 55.
7）　Louis Hartz, "Laissez Faire Thought in Pennsylvania, 1776-1860", *Journal of Economic History*, Vol. 3, Supplement, 1943, p. 76, *Economic Policy and Democratic Thought: Pennsylvania, 1776-1860*, Harvard University Press, Cambridge, 1948, p. 293. 近年，セラーズの「市場革命論」の観点から，内陸開発の歴史を考察したラーソンは，1850年代の鉄道資本の台頭を政府に対する自由放任思想の勝利として描き出した。J. L. Larson, *Internal Improvement, National Public Works and the Promise of Popular Government in the Early United States*, University of North Carolina Press, 2001, pp. 6-7.
8）　Cater Goodrich, *Government Promotion of American Canal and Railroad 1800-1890*, Columbia University Press, 1960, pp. 288-289.
9）　Harry H. Scheiber, *Ohio Canal Era: A Case Study of Government and the Economy, 1820-1861*, Ohio University Press, 1969, p. 364.
10）　安武秀岳「米国運河建設期における反独占・州有論——Pennsylvania 幹線運河経営の場合——」『愛知学芸大学研究報告』第15輯，1966年，60頁。
11）　George Rogers Taylor, *Transportation Revolution, 1815-1860*, Holt Rinehart & Winston, 1951.
12）　ハンターによれば船運の衰退要因は，主に鉄道との輸送競争とされる。これと関連して水難事故や水位低下による荷物損壊や遅延による信頼低下も，水運停滞の要因として挙げられる。Louis C. Hunter, *Steamboats on the Western Rivers, An Economic and Technological History*, Harvard University Press, 1949, p. 481.
13）　Lance E. Davis, Richard A. Easterin, William N. Parker, et al., *American Economic Growth*, Harper and Row, 1972, pp. 487-488.
14）　Erik F. Haites and James Mak, "The Decline of Steamboating on the Ante-bellum Western River: Some New Evidence and An Alternative Hypothesis", *Explorations in Economic History*, Vol. 11, No. 1, 1973, pp. 30-34.
15）　Erik F. Haites and James Mak, *Western Transportation: The Era of Early Internal Improvement, 1810-1860*, Johns Hopkins University Press, 1975, p. 120.
16）　Walter S. Sanderlin, *The National Project: A History of Chesapeake and Ohio Canal*, Johns Hopkins University Press, 1946.
17）　James William Putnam, *The Illinois and Michigan Canal, A Study in Economic History*, The University of Chicago Press, 1918, p. 156.
18）　南北戦争以前，国内輸送網の発展が国民経済の統合に向かうことなく，南北の

分岐・分断を引き起こしたとする視点は以下の研究を参照。John Majewski, *A House Dividing, Economic Development in Pennsylvania and Virginia Before the Civil War*, Cambridge University Press, 2000.

19) 1847年シカゴ河川港湾会議の利害背景を明らかにした研究は以下を参照。Mentor L. Williams, "The Chicago River and Harbors Convention", *The Mississippi Valley Historical Review*, Vol. 35, No. 4, 1847, pp. 607-626. 南部商業会議の背景と動向については Herbert Wender, *Southern Commercial Convention, 1837-1859*, Ph. D. Dissertation, Johns Hopkins University, 1927. 南北戦争前後にかけて，南部エリートたちの発言，考え方，商業観の変遷を南部商業会議から明らかにした研究については以下を参照。Vaughn Vicki Johnson, *The Men and the Vision of the Southern Commercial Conventions, 1845-1871*, University of Missouri Press, 1992.

20) 歴史家ショウは「運河の時代」(1830年から1860年) を取引・輸送コスト削減に基づく共和主義的結束として分析することを提起した。Ronald E. Shaw, *Canals for a Nation, The Canal Era in the United States 1790-1860*, The University Press of Kentucky, 1990, pp. ix-x.

21) 「アメリカ初の資源保全運動は，資源管理に新たな技術を導入する試みであった。だが，この手続きは，地元の要求に根を下ろしたアメリカの政治制度の軋轢を生み出した…中略…資源保全運動は，アメリカ社会の根本的な問題を提起しているのである」。Samuel Hays, *Conservation and Gospel of Efficiency: The Progressive Conservation Movement, 1890-1920*, Harvard University Press, 1959, pp. 275-276.

22) 資源保全運動は，民主的な資源管理の側面を重視するベイツの見解と独占期における資源管理を重視するヘイズの見解に分かれる。ベイツによれば，「組織された資源保全主義は，単なる浪費撲滅というよりも，資源利用における経済的公正と民主主義に関心を持っていた」。これに対してヘイズは，資源保全運動は巨大企業への反感ではなく，無規制な競争や無計画な経済発展に対する嫌悪感を巨大企業と共有していたと指摘する。J. Leonard Bates, "Fulfilling American Democracy: The Conservation Movement, 1907 to 1921", *The Mississippi Valley Historical Review*, Vol. XLIV, No. 1, 1957, p. 31, Hays, *op. cit.*, p. 266.

23) 鉄道独占に対する水運の規制的な役割については，加勢田博「19世紀アメリカ西部河川輸送に関する一考察」『経済論集』関西大学，第52巻第1号，2002年6月，28頁。

24) 全国河川港湾会議には，水資源・港湾・治水・水力を含む水運に利害を有する

団体が一同に集った。この会議を通じて，20世紀初頭には多目的な河川計画が議論され，連邦の議会審議に多大な影響を及ぼした。*Proceedings of the National Rivers and Harbors Congress, Eighth Annual Convention*, Washington, D. C. 1911.
25) Michael R. Haines, "The Population of the United States, 1790-1920", L. Engerman and E. Gallman ed., *The Cambridge Economic History of the United States Vol. 2*, Cambridge University Press, 2000, p. 188.
26) Elizabeth Fee, "Public Health and State: The United States", Dorothy Porter ed., *The History of Public Health and the Modern State*, Editions Rodopi, 1994.
27) Arthur Dewitt Frank, *The Development of the Federal Program of Flood Control on Mississippi River*, Columbia University Press, 1930.
28) 鬼頭秀一ほか『環境思想の多様な展開』（環境思想の系譜3）東海大学出版会，1995年。
29) 石井素介「災害論覚え書——社会地理学的視点からの一考察——」『駿台史学』（明治大学），第54巻，1981年。

第1章　国内水運網の形成期における政府介入の意義

はじめに

　19世紀前半期，国内水運網の拡充が当時の工業化ならびに国家建設の礎とされたのは，人々に水運の利便性を提供したという理由だけではない。国内水運網によって，西部移住者は蒸気船や運河船を使って，農産物や鉱物資源を大都市に輸送できるようになり，内陸部の発展が促された。1830年代の「運河の時代」，州議会において運河会社への財政支援が決定され，自由な経済活動の保障・社会的分業の形成・公平かつ平等な利益の分配に寄与する限りにおいて，州政府は経済発展と民主主義を満たす役割を認められ，輸送会社への財政支出や管理運営を委ねられた[1]。この国が植民地から自立した国民経済へと急速に発展を遂げた時代，国内水運網の整備は個人の経済活動を保障しつつ，広大な内陸部の発展を予感させた。

　アメリカ水運史では，国内水運網の形成過程における政府の役割とその変遷が対象とされてきた。序章で記したように，連邦であれ州であれ，政府主導の水運史は工業化の発展段階に応じて，政府介入の終焉と民間鉄道資本の台頭の歴史として描かれてきた。1837年恐慌とその後の不況のさなか，政府の支援を受けた運河会社が破綻した後，代わってニューヨークの金融勢力と結びついた民間鉄道資本が台頭し，個人資本家が内陸部への主たる輸送手段の資格を付与された。これ以降，20世紀初頭までアメリカの内陸輸送開発は，鉄道資本と金融集団による寡頭支配体制の下で実施されていった[2]。ただし，本章では水運史における政府介入の動向について，研究史で構築されてきた経緯とは異なる

歴史像と諸点の検討を試みたい。

　そこでまず，本章では内陸部への輸送計画のなかでも，州主体の水運計画，いわゆる州有運河（State Canal）とそれを支えた資金基盤に着目したい。オハイオ州の運河史を描いたシャイバーによれば，誰もが等しく輸送利益を享受できる理念が州の水運計画を正当化した[3]。このとき輸送利益の公平な配分機能を果たしたのが州の租税政策であった。土地の等級に応じた従来の税体系の場合，運河の恩恵を享受できるか否かにかかわりなく，土地の等級に応じた税を負担しなければならなかった。運河建設に際して州は地価に応じた課税を導入することによって，州の税体系は，運河の恩恵を直に享受できる地域では税負担を増大させるが，その一方で遠隔地では租税負担を引き下げるように設計された。州の税制改革は運河の恩恵を受ける地域とそうでない地域の不均等発展を前提に，水運の利益に応じた負担を地域間で配分する仕組みとなった[4]。いずれにせよ，州有運河は，政府介入を正当化する理念に沿った財政政策・租税政策・州債発行政策の下で着手された。

　次に，水運計画を支えた資金基盤に着目し，州有運河がイギリス中心の金融市場の支配下に置かれた事実に着目する必要がある。本章において強調したいのは，州有運河がロンドン金融市場と深く結びついていた点である。運河の破綻は単に非効率な事業運営の結果ではなく，ロンドンでの州債取引に象徴されたように，英米間資本移動の影響を受けた。このとき，運河をめぐってロンドンの外国人投資家とアメリカ内部の利害が真っ向から衝突した。そこでは外資に対する批判が先鋭的になっただけでなく，運河の命運が海外投資家にさらされたことによって，州の水運計画が解体するどころかむしろ強固になっていった。言い換えるならば，英米間の鋭い利害対立は，州内部の開発規範をよりいっそう強固にしたと考えられる。

　以下，第1節では，内陸輸送開発における連邦と州の役割を概観するとともに，水運計画の主導権が連邦から州に移行した点に触れる。続く第2節では，運河開削の資金基盤をロンドンの州債市場の動向に即して概観しながら，最後に第3節では，州の財政危機における米国側の政治的状況をたどりながら，運

河の破綻が外資との対立と連動しながら進行した点を明らかにする。

第1節　19世紀初頭の国内水運網の形成

1-1　連邦の内陸輸送計画の役割

　アメリカにおける遠隔地取引は，もっぱら有料舗装路によって支えられた。ここでいう有料舗装路とは，ニューイングランド地方の輸送路にみられたように，域内の局所的で距離の短い輸送施設であった。これに対して，ワイルダネス公道やカンバーランド国道は，長距離輸送を目的に敷設されたもので，東西間交易の主要幹線としての役割を期待された。しかし，その輸送手段である荷馬車による輸送は，割高な輸送コストを生産者に課したばかりか，長距離で嵩張る農産物輸送にとって不向きであった。このため，東部と西部の間を行き来する積荷は，いったんミシシッピ川を下航してニューオーリンズの港で積み替えられた後（ダウン・リバー・トレード），海路を通って北東部へ北上する迂回路で運ばれた[5]。この限りで，オハイオ川からミシシッピ川下流へといたる蒸気船輸送が発展し，河川下航の取引額は1805年の437万ドルから1820年の1,196万ドルへと増加した[6]。

　このように，東部と西部を直に結ぶ水運網はいまだ開拓されないまま，19世紀初頭になってようやく大規模な水運計画が連邦議会に提出された。長距離にまたがる水運網を確立するうえで乗り越えなくてはならない問題は，東西間交易の障壁として立ちはだかるアパラチア山脈を切り拓き，西部への輸送路を確保することにあった。その先駆けとなったのが，ジェファーソン政権下の財務長官ギャラティン（Albert Gallatin）の手によって作成された報告書であった。ギャラティンは，全国の水運網を，南北間ルート（Tide Water Inland Navigation），東部西洋岸・西部間ルート（Atlantic Navigation），東部西岸・五大湖間ルート（Great Lakes Improvements）の3つに類別し，それぞれの計画を連邦予算によって実施する案を進言した[7]。彼によれば，連邦の財政支援の

目的は，すぐには採算性の見込めない長距離輸送路の建設費を捻出することにあった[8]。その後，連邦の水運計画は対英戦争後も衰えることなく主張された。陸軍大臣のカルフーン（John C. Calhoun）はギャラティンの計画を引き継ぐ形で，1816年から1819年にかけて連邦議会に計画案を再び提出した。カルフーンの構想は，国家的・軍事的観点から水運網を西部へと拡張することにあった。カルフーンにとって，水運計画の目的は単に輸送費の引き下げだけではなかった。水運網の整備計画は，製造業・農業・商業の生産性を促進し，政府と国民の結束の手段として理解された[9]。

ところが，この時代，国家的規模の輸送計画について，連邦議会の政治的判断は必ずしも首尾一貫しておらず，イデオロギー対立や政治腐敗，政治的駆け引きが常に横行した状態にあった。水運網整備においても，その遅延理由の1つに，政治的対立があった。

連邦主義者の望む内陸輸送計画とは強力な中央集権政府の下で，国内市場を統合することにあった。これに対して，厳格な憲法解釈者は，内陸部への輸送計画に内在する分かちがたい確執や腐敗を懸念し，連邦の権限を憲法のなかに明記するよう求めた[10]。彼らは法案の審議において憲法改正を盾に，対立する法案を拒否した。厳密な憲法解釈論者は憲法上，輸送上の権限が合衆国憲法のなかに明記されていないことを殊更に問題視し，憲法に遵守しない連邦権限の拡大は権力の乱用につながるとの認識を貫いた。たとえば，ジェファーソンは，連邦の郵便路建設法案に対して，ニューイングランドの連邦主義者を利するとの理由で拒否権を発動した。また，マディソンやモンローの両大統領は，内陸輸送計画における連邦の関与について支持していたが，それは憲法に連邦の権限を明記するとの条件付であった。こうした理由からマディソンはボーナスビルに対する拒否権を発動し，モンローはカンバーランド国道への拒否権を発動した。また，ジャクソンはメイズビル道路建設だけでなく，さらに4つの河川港湾法案を葬り去った。ジャクソンは複数の州にまたがる水運網や可航河川以外の内陸輸送計画を拒否し，またある時は，輸入用の河川港ではないとの根拠によって計画を拒否した[11]。この点について，河川港湾法制史のプロスによれ

ば、これらの拒否権の根拠は乏しく、内陸輸送計画の必要性の有無については、大統領の独断的な判断といわざるをえない拒否権が発動される一方で、根拠があいまいな輸送計画が連邦予算のもとで実施された[12]。それゆえ、1824年から1828年にかけて、200万ドルもの連邦予算が運河開削に投じられ、メリーランド州およびミズーリ州の道路建設は当初の計画をはるかに超える規模の700万ドルもの連邦予算がつぎ込まれた[13]。

結果的に、内陸輸送計画に投じられた連邦予算は、ジェファーソン政権（1801～1808年）が99万4,678ドル、マディソン政権（1809～1816年）が206万6,910万ドル、モンロー政権（1817～1824年）が299万7,914ドル、アダムズ政権（1825～1828年）が386万1,265ドル、ジャクソン政権期の財政支出の規模は1,445万2,376万ドルであった[14]。したがって、時の権力者の判断は、厳格なる憲法の順守でもなければ、利権争いを回避するものではなく、自らの政治的利権と無縁ではなかった[15]。

とはいえ、一連のあいまいな政治的判断にもかかわらず、1820年代後半になると、ある程度の方向性が形成された。それが、州際商業活動の規制を定めた1824年マーシャル首席判事（John Marshall）による「オグデン対ギボンズ事件」の最高裁判決であり、この判決が水運網整備の連邦介入の根拠となった。この事件は、2人の輸送業者の間で争われた営業特権に関する訴訟事件であり、複数の州にまたがる商業規制について、連邦と州のどちら側の判断が優先されるのかが争点となった。マーシャル首席判事は複数の州にわたる商業活動に限り、州の権限を退けたことから、連邦の商業規制を定めた判決とされた[16]。

いま1つの出来事はモンロー政権下で、1824年に成立した一般調査法（General Survey Act）であった。それまで、議会では大型の郵送計画に対する拒否権が発動されるなか、ペンシルベニア州議員ヘムヒル（Joseph Hemphill）は、陸軍工兵隊を主体とする国土地理調査委員会の設立法案を議会に提示した。ヘムヒルの提出した法案は、議会内の予算争奪をひとまず脇に置いて、信頼のおける土木工学上の調査に基づいた輸送計画を指針に据えることを提起した[17]。

一般調査法成立後、モンロー大統領は民間技術者と陸軍工兵隊の軍民技師に

よって構成される内陸改良技術者会議（Board of Engineers for Internal Improvement）のメンバーを任命し，国家的意義を有する河川・水運・道路の調査と輸送計画を策定するよう命じることができるようになった。これ以降，陸軍工兵隊が主導的立場となり，オハイオ川やミシシッピ川の改修・埠頭・桟橋に連邦予算が投じられた[18]。さまざまな輸送計画を含む一般調査法は，連邦議会での河川港湾関連の予算獲得の根拠となった。

同じころ，ニューヨーク州はエリー運河開削のために，専門委員会を組織し，公共事業の計画から建設業者の選定を委員会に一任した。また，フランス人工兵技師ベルナール（Simon Bernard）を主任とする要塞技師委員会が1816年に組織されたのをきっかけに，その後，国防・沿岸・水運に関する調査が実施され，その調査結果は五大湖とミシシッピ川を連結する水運計画の根拠となった[19]。いずれにせよ，1825年のエリー運河開通を機に，フィラデルフィアはセネカ湖からサスケハナへといたる運河の開削を構想し，ヴァージニア州でもチェサピーク・オハイオ運河を後押しするようになった。さらに，ニュージャージー州・オハイオ州・イリノイ州・インディアナ州もまた東西間の交易路を望むようになり，国家的・軍事的観点から陸軍工兵隊に調査を依頼するようになった[20]。陸軍工兵隊は地元の実業家や船運業者の協力を得て，連邦予算に依存せずともフィラデルフィアの港湾整備事業を完成させ実績を重ねた。また，シカゴ・ニューヨーク・ボルティモア・ミルウォーキーの各都市でも，市行政と地元商業者が一体となって資金と人員を確保し，陸軍工兵隊の水運計画を支援した[21]。

ミシシッピ川沿いのデルタ諸州では，陸軍工兵隊を構成員とするミシシッピ河川委員会（Mississippi River Commission）とともに，大規模な河川調査が実施されるようになり，調査結果に基づき連邦と州の双方が費用を負担し合いながら，河川改修や水運計画が実施された[22]。以上のように，連邦の内陸輸送計画は統一性を欠いていたが，それでも河川調査に基づく予算配分の方向性を決定づけた。この点で内陸輸送計画における連邦政府の役割は，その後の州・地方主体の水運計画の発展を後押ししたといえる[23]。

1-2　州主体の内陸輸送計画

　国内水運網の形成において資金と権限で最も重要な役割を果たしたのが，州主体の内陸輸送計画であった。ただし，州といえども輸送ルートをめぐり州議会で生じる利害対立から免れていたわけではなかった。水運の恩恵を享受できる地域とそうではない地域では，負担の不公平さが残る。このため，州の開発推進者は，厳格な憲法解釈に代わる独自の開発理念をつくり出さなくてはならなかった。

　マサチューセッツ州の介入原理は，「生産システムに新たな息吹を吹き込みながら」，多様な諸階層や諸個人の利益を一般的な利益へと調整することであった。マサチューセッツ州の輸送計画は，「不変」かつ「平等」で「共通」の利益を提示することによって，あらゆる職業と産業の活動を相互に結びつける手段であった[24]。州の財政支援や会社設立特許は，農産物市場の拡大・製造業の発展・土地取引の活性化・自由な経済活動などを保障すると同時に，その恩恵を享受する者に対して等しく負担を課すものであった[25]。だからこそ，公共性の高い事業が支持され，銀行・道路・鉄道・運河が州政府の支援対象に選ばれた。このような州の予算配分を決定し方向付けたのは，一部の企業家や投資家ではなく州議会の決定であった。したがって，州政府の経済介入は，少数の個人企業家から州民の利益を保護し，何が公共の利益であるのかを判断する多数派の意向を反映した民主的な判断に沿って実施された[26]。

　ペンシルベニア州でも，州政府の輸送計画は，個人の自由な経済活動と公共的利益を両立する理念によって支えられた。イギリスの経済的支配からの独立を掲げていた人々は，自らに認められた権利として個人の財産保護や自由な活動の保障を州政府に望んでいた。この限りで，自由な競争を保障し，交易上の独占を排除する州政府の介入は支持された。すでにペンシルベニア州には，本国での戦争・抑圧・重税から逃れるためにやってきた人々が流入したことによって，新たな開発構想の素地が形成されていた。こうした素地が存在したがために，商人・農民・製造業者・職人といった多様な社会階層が相互に利益を享

受する公共的利益を体現する手段として輸送計画は位置付けられた[27]。1824年に設立された内陸改良振興協会（Society for the Promotion of Internal Improvements）は運河計画の策定にあたり以下の内容で合意した。すなわち，同協会は「大規模な交易路は州民にとって共通の主要幹線であり，その利益すなわち，州に保有される富は等しくすべての州民に分配されるであろう」と宣言した[28]。

また，州政府の輸送計画を支えた理念として，法経済史家のシャイバーの表現を借りれば，「平等主義」（Egalitarianism）があげられる。「平等主義」とは，ニューヨーク州・オハイオ州・サウスカロライナ州・ヴァージニア州・インディアナ州で流布した開発理念で，「誰もが等しく利益を享受すること」や「州の共通の利益」といった意味合いで用いられた。したがって，「運河の時代」，交通革命は移動に要する費用を引き下げただけでなく，それ以上に民主的な意味合いを帯びていた。フランス人経済学者のシュバリエ（Michel Chevalier）によれば，アメリカの輸送革新は移動による地域間の違いを縮小し，社会階層の格差を縮小したという。輸送網の拡張を通じて，誰もが等しく移動の自由を行使することができ，誰もが交通の利便性と輸送手段を享受することができた。同様の内容はニューヨーク州知事のスワード（William H. Seward）の声明やオハイオ州運河コミッショナーの提言のなかに見出された[29]。この限りで，輸送会社への財政支援は州議会の承認を得た。以下では，州の内陸輸送計画のなかでも，鉄道登場以前に東西間交易路の中軸となった水運計画に触れていく。

1-3 州の租税政策と水運計画――州内部の地域格差の解消――

西部への水運網に先鞭を付したのは，アメリカ史上，最も成功を収めたと言われるニューヨーク州のエリー運河である。当初，エリー運河は，連邦の輸送計画の1つとして建設着工の日を迎えるはずだった。だが，政治腐敗を嫌うマディソンの拒否権によって，エリー運河への連邦の財政支援は見送られた。そこでニューヨーク州は，税収を財源にして自らの手で運河を開削し西部への交易路を切り拓こうとした。363マイルの長大な運河は700万ドルもの建設費を要

したが，1825年に開通した運河は，その建設費を凌駕する通行料収入を上げた。豊かな資金基盤を有した運河会社は国内外から旺盛な投資を引き寄せ，当初の事業計画を大幅に拡張していった。ニューヨーク州の運河の成功は連邦議会を動かした。これ以降，1830年から1860年にかけて，運河建設用地として400万エーカーの公有地がニューヨーク州に下付され，その売却金のうち300万ドルが運河会社の株式購入に投じられた[30]。

エリー運河の成功によって，ペンシルベニア州フィラデルフィア市民はニューヨークの成功に触発され，運河建設許可を州議会に願い出るとともに，自力で輸送路を切り拓いたニューヨークの経験を模倣した。このことが，メリーランド州を代表する商業都市ボルティモアやヴァージニア州のリッチモンドの開発熱を刺激し，ボルティモア・オハイオ鉄道とチェサピーク・オハイオ運河の建設着工へと結実した。また，ボルティモア・サスケハナ鉄道の建設案がボルティモア市から生じた計画であったとしても，結果的にメリーランド州の交易機会を促進する輸送計画に対して，フィラデルフィア市側は経済的な脅威として重く受け止めた[31]。こうした都市間の輸送競争が東部の内陸部への輸送路建設をさらに煽りたてたのであった。

東部の輸送競争は，さらに中西部諸州へと波及した。東部から西部への輸送建設の波に乗り遅れまいとする中西部諸州は，主要幹線の建設に着手しはじめた。まず，1825年にオハイオ州が，オハイオ川とエリー湖を連結する水運計画を採択すれば，さらに以西に位置するインディアナ州が1836年に巨額の財政支出を投じて，ワバッシュ・エリー運河の開削計画を発表した。そのまたさらに以西のイリノイ州もミシガン湖とイリノイ川を連結するイリノイ・ミシガン運河の建設に乗り出した[32]。

とはいえ，ニューヨークを震源とする運河開削ブームが，東西間水運網を自ずと結びつけたわけではない。州内部では，輸送計画の利益をめぐる政治的確執・地域振興欲（Sectional Feeling）・地域間競争（Sectional Rivalries）によって，建設費の財政負担をめぐる問題が長きにわたり工事着工の遅延につながっていた。なぜなら，ある路線の建設計画は，沿線地の利益のみを高めるばか

りで，その他の地域からしてみれば，一方的に輸送利益から排除されていると考えられたためである。かといって，すべての要望を盛り込んでしまうと，建設費は莫大な額に上ってしまう。このため，各州政府は，あらかじめ税負担の公平性を確立すべく，税制改革に着手する必要に迫られた。

　オハイオ州の場合，従来型の土地税（1799～1825年）は，100エーカーあたり一等地で1ドル50セント，二等地で1ドル12セント，三等地で75セントと土地に応じて異なる税率を適用する税体系であった（1825年時点の基準値）。この課税方式によって，州政府の租税制度は重大な欠陥を抱え込むことになった。なぜなら，税負担から逃れようとする納税者は，輸送施設や都市の遠隔地という立地条件の悪さを逆手に取り，徴税人に土地の等級を引き下げるように迫り，納税義務を回避しようとしたためである。たとえ，肥沃な土地で高い収穫量を誇っていたとしても，住民の報復や暴動を恐れた徴税人は，過小な納税申告を受け入れた。また，農業従事者の少ない都市部でも，過小な納税申告はまかり通っていた[33]。財務長官のチェイス（Solomon P. Chase）は，等級別の税体系について，「州政府や地方政府の課税査定が，あらゆる資産になされており，少なからず混乱と困難を生じさせている」ため，土地の「等級に応じた査定は，甚大な不平等をもたらしている」と指摘した[34]。こうして1825年以降に実施された税制改革では，従来の課税基準が廃止され，地価に応じた税体系が確立された。この税制改革の目的は，輸送開発の利益を享受できる住民と享受できない住民の税負担の不平等を解消することであった。すなわち，運河開通後に輸送上の利益をじかに享受できる沿線地では地価の押し上げ圧力によって税収を高め，そうではない地域での租税負担を引き下げるという財政理論に裏打ちされていた[35]。

　ニューヨーク州の場合も同じように建設費の負担問題を抱えていた。デラウェア・モンゴメリー・レンセリア・ワシントン等のハドソン川水系に属す州東部の住民は，州西部の農業地帯の競争力を高めることになる水運計画に反対した。反運河の立場を掲げた州議員によれば，州政府の推進する水運計画は，運河から利益を享受できない住民に対して耐えがたいほどの税負担を課すという

ことであった[36]。そこで，州の運河コミッショナーは，土地に課税することで税負担の公平性を図るように州議会に進言した。運河コミッショナーによれば，運河が輸送コストを引き下げ，運河沿線地の発展を促し，沿線地の地価を押し上げるならば，その租税負担は自ずと上昇すると考えられた。このことはまた，水運の恩恵を得られない運河から離れた土地の価格を引き下げ，郊外に住む人々の租税負担を軽減した。ニューヨーク州は土地税を通じて開発資金を創出しつつ，輸送の受益者負担を徹底した[37]。

同様の税制改革は，中西部でも共通して見られた。インディアナ州を例に取り上げてみよう。従来のインディアナ州財政は，21歳から60歳の男性1人あたり34.5セントの人頭税と3つの課税基準からなる土地税を主要な財源にしていた。この租税体系の欠点は，十分な税収を計上するのに不向きであっただけでなく，輸送計画の利益と負担をめぐって鉄道推進派と運河推進派の対立の原因となった点である。このことが，輸送計画の成立を阻み，工事着工の遅れの原因になっていた[38]。そこで，州は，1834年12月，土地税の評価基準の抜本的見直しと計画の変更に着手した。地価に連動した税の目的は，開発予定地の地価を上昇させて，輸送計画の恩恵を最も享受する沿線都市の税負担を引き上げることであった。ある推計によれば，地価に連動した税制は，同州28郡において80％の減税効果を発揮し，増税となったのは，鉄道の停車地や運河の寄港地を抱えるわずか12郡に過ぎなかった[39]。こうして1835年2月，土地税が州議会を通過した直後，大規模開発計画案（Mammoth bill）は可決されたわけだが，これは受益と負担の調整弁をなす租税政策によるところが大きかった[40]。

以上，州政府の輸送計画をめぐる政治的対立とその調整過程について検討してきた。州の輸送計画は，民主的な決定と自由な経済活動を両立させて，秩序ある輸送開発を実現しようとする試みであった。とはいえ，租税改革や一連の開発理念だけでは莫大な開発資金が捻出された理由にはなりえなかった。潤沢な資金の源泉は，公有地売却金や財政収入を利払い・償還のための基金に充当することによって莫大な州債が起債され，これがヨーロッパで取引されたことにある。州の輸送計画が大々的に実施されたのはロンドン金融市場の巨額の資

金力の後ろ盾があったからに他ならない。第3節では,ロンドン金融市場における州債市場の動向を概観することによって州の輸送計画の脆弱性に迫っていきたい。

第2節　運河開削資金の調達問題

2-1　外資導入の特徴

　1830年代以降,外資と輸送計画の関係はいかなるものであったのか。この点を理解するために,19世紀前半期,財務長官グスリー（James Guthrie）によって提出された海外投資家の証券保有に関する報告書を見てみよう。図表1に示された報告書は,政府と民間企業から集められた報告内容をもとに作成されたものの,海外保有額について「不明」とされる銘柄を多く含む。このため,報告書の内容から外資導入の実態を正確に把握することは困難であるといわざるをえないものの,一定の傾向を読み取ることに,まずは専念していきたい。

　この報告書から次の点を読み取ることができる。1853年,アメリカ証券の海外投資家の保有割合は16.3%であるが,これを種類別に整理してみると,合衆国政府債が46.3%,州債が38.2%,市町債が20.7%,郡債が35.8%,鉄道債が25.7%というように政府関連証券と鉄道証券の海外保有割合がいずれも高い比率を示している。これとは対照的に,銀行株・保険会社株・鉄道株・運河水運関連株の株式保有は,わずか2.5%・2.9%・2.6%・1.5%に過ぎない。この点から,少なくとも,外資の向かった先がもっぱら公債および輸送証券への投資であった点を確認できる。

　過度に少ない外資の株式保有は,地域間資金移動を制約する内在的要因と密接に関連していた。富裕商人や大地主は蓄積した資金を銀行設立資金に充て,自らも取締役として銀行経営に直接関与した[41]。彼らの資金に依存して設立された銀行は,もっぱら農家への融資や貿易信用の供与,そして輸送会社への貸付を行い,出資者の利益に即した経営に徹した。当然のことながら,こうした

図表1 外国投資家によるアメリカ証券への投資額
（1853年6月30日時点）

(単位：ドル，%)

種　　類	発行額（A）	外国人保有（B）	B/A
合衆国政府債	58,205,517	27,000,000	46.3
州債	190,718,221	79,931,507	38.2*
市町債（113市町）	79,352,149	16,462,322	20.7
郡債（347郡）	13,928,369	5,000,000	35.8
銀行株（985行）	266,724,955	6,688,996	2.5
保険会社・株式（75社）	12,829,730	378,172	2.9
鉄道会社・株式（244社）	309,893,967	8,244,025	2.6
鉄道会社・債券（244社）	170,111,552	43,888,752	25.7
運河水運会社・株式（16社）	35,888,918	554,900	1.5
運河水運会社・債券（16社）	22,130,569	1,967,547	8.8
その他の会社・株式（15社）	16,425,612	802,720	4.8
その他の会社・債券（15社）	2,358,323	265,773	11.2
合　計	1,178,567,882	184,184,714	15.6

出所：*U. S. Senate Report of the Secretary of the Treasury in Answer to a Resolution of the Senate Calling for the Amount of American Securities Held in Europe and Other Foreign Countries, on the 30th June, 1853*, Executive Document, No. 42, 33rd Cong., 1st Sess., Washington, 1854, p. 53.

注：＊ウィンスロー社（Winslow, Lanier & Co）の推計値，1億97万2,108ドル，58%。

地方色の強い銀行は，資金不足を少しでも解消しようと，地元経済の発展のために最大限に貢献した。このため，州法では州外への銀行貸付規制や市外所在銀行の株式所有制限など地域間資金移動に対して制約を課し，銀行の与信活動を域内に限定しようとした[42]。換言すれば，地方投資家は株式投資を単なる投資対象と見なさず，経済的に敵対関係にあるような近隣都市に投資しようとはしなかった。このことは，ニューオーリンズで発行された証券が，モービルやオハイオで取引されるのは稀であり，同様に，ボルティモアでニューヨーク・セントラル鉄道会社やバージニア州有運河の証券が取引されなかったという事実によって裏づけされている[43]。

　だが，1830年代の外資導入は決して州側に有利な条件でなされたわけではなかった。第1に，州債発行条件をみると，額面価格以下で起債されるケースが多く見られたことである。また，たとえ額面価格で発行できたとしても金融業者に対して高額な手数料を強要された[44]。第2に，ポンド建ての起債は，為替

変動リスクを考慮した場合,ほとんどの州債が実質的には額面以下での発行であった[45]。第3に,高い金利での発行を余儀なくされたことである[46]。

多くの人々は,外資の独占的支配によって,自らの利益にそぐわない状況へと陥ることを危惧していた。外資による土地の購入についても,多くのアメリカ人は,誰にでも開かれた自由な大地を占有しようとするヨーロッパ人を,自由と平等を侵害する不在地主として公然と批判した。外国人の土地所有と関連して,豊かな鉱物資源を抱える西部諸州では,外国人の鉱物採掘地の所有に対してしばしば禁止令を下したほどであった[47]。

こうした事情から,州の運河計画の資金基盤は,外資依存であったものの,輸送会社の運営は州議会と州知事に任命された代理人ないしコミッショナーの管理下に置かれた。たとえば,フィラデルフィア市議会は835万ドルもの鉄道株を保有することを決定し,ペンシルベニア鉄道をはじめ,同州に路線を展開する全5社に投資した[48]。その資金源は州債発行によって賄われ,その多くは海外投資家によって保有された。なかでも,英国投資家のペンシルベニア州債保有額は,他を圧倒する額に達していた[49]。メリーランド州が支援を決定したタイドウォーター運河は,州によって株式が払い込まれ,その資金は州債発行を通じてイギリスからの資金調達で賄われた。この運河は途中で積荷を詰め替えることなく,大型船がそのままペンシルベニア側の運河に乗り入れ可能であり,莫大な輸送利益が見込まれていた[50]。

ボルティモア市が建設を進めるボルティモア・オハイオ鉄道は,メリーランド州が株式を払い込んで設立された。同様にチェサピーク・オハイオ運河会社の株式も同州によって払い込まれた。株式払い込みの資金は,海外での州債発行を通じて,資金面を外資に依存する一方で,輸送会社の運営は州議会の管理下におかれた。有力なプランターとして知られるキャロル(Charles Carroll)によれば,運河や鉄道によってもたらされる利益は,商業の発展だけでなく,人的・物的交流の促進と発展をもたらし,統一的国内市場をもたらすと考えられた[51]。

2-2 ヨーロッパ州債市場と綿花金融

　図表2によれば，1830年以前，未償還州債に占める海外投資家の保有状況は，1,666万ドルのうち250万ドルで，海外保有割合は15％であった。その後，海外保有残高は1836年には5,000万ドル，1838年には6,500万ドル，1839年には1億2,500万ドルと増加していき，この間の海外保有割合も54％から74％へと増大した。

　ここで注目すべきは，ヨーロッパ州債市場と合衆国銀行の綿花金融とが密接に結びついていた事実である[52]。それは，合衆国銀行総裁のビドル（Nicholas Biddle）の名にちなんで，「ビドル体制」と呼ばれる綿花の価格操作であった。合衆国銀行は，リヴァプールに綿花買付けと販売に特化した在英代理店を設立するとともに，ロンドンにも州債の引き受けと販売を取り扱う代理店を開設した。合衆国銀行はロンドンとリヴァプールの代理店を巧みに連動させることによって，綿花取引と州債取引を通じて莫大な利益を引き出していた。その仕組みは次のとおりであった。まず，綿花商から買い付けた綿花をリヴァプールの代理店に送付し綿花相場が高騰するまで手元に置いた。この間の信用はロンドン代理店宛ての手形を振り出して綿花商への支払いに充てると同時に，ロンドン代理店側は，本国から送られてくる州債を担保にロンドンの証券市場から資金を調達した。合衆国銀行は，イギリスに金融取引を専門にする代理店と綿花取引を専門にする代理店を併設することによって，投機的な綿花取引に手を染めていった。このとき，アメリカ側にもたらされた綿花取引の利点は，第1に，綿花価格の維持，第2に，南部の綿花商に対する決済資金の提供，第3に，ロンドンでの州債発行と資金調達であった。と同時に，ビドルの綿花取引は，ヨーロッパにおける，綿花相場と州債価格の維持安定によって支えられた[53]。

　また，ベアリング商会は在米代理店との共同口座を設定し，在米輸入業者に対して，州債を担保に比較的緩やかな貿易信用を供与した。州債の海外保有額は，州の財政破綻の契機となった1837年恐慌後も増え続け，1840年代初頭まで続いた。このため，英米間貿易はいっそう活況を呈したが，それはまた，州債

図表2 州債発行額，未償還州債残高，海外保有残高の推移

(単位：1,000ドル)

州・準州	以前	1830年	1831年	1832年	1833年	1834年	1835年	1836年	1837年	1838年	1839年	1840年	1841年	総額
北東部，NE諸州														
マサチューセッツ	0	0	0	0	0	0	0	0	1,900	2,200	1,644	0	225	5,696
ニューヨーク	1,250	0	0	5,066	93	0	0	2,000	250	5,088	50	7,784	216	21,797
ペンシルベニア	6,959	4,000	3,016	2,649	3,271	2,265	960	0	15	15	6,285	3,754	3,159	36,336
メイン	0	0	0	0	0	0	0	20	2	267	507	825	133	1,735
北西部諸州														
イリノイ	0	0	0	0	0	0	0	500	3,165	0	3,478	5,079	1,306	13,527
インディアナ	0	0	0	200	0	1,790	227	7,771	0	1,400	1,363	0	0	12,751
ミシガン	0	0	0	0	0	0	100	0	5,020	451	40	0	0	5,611
オハイオ	3,800	600	0	100	0	0	0	170	550	1,710	3,476	149	369	10,924
南西部諸州														
アラバマ	100	0	0	3,800	0	0	1,600	2,400	5,000	2,500	0	0	0	15,400
フロリダ	0	0	0	0	3,000	0	900	0	0	0	100	0	0	4,000
ミシシッピ	0	500	0	0	1,500	0	0	0	0	5,000	0	0	0	7,000
アーカンソー	0	0	0	0	0	0	0	146	2,530	0	0	0	0	2,676
ルイジアナ	3,200	0	0	7,000	12,000	0	0	0	600	0	1,185	1,413	0	23,985
ケンタッキー	0	0	0	0	0	0	200	190	0	1,250	33	0	0	3,086
テネシー	0	0	0	500	0	0	35	0	0	2,881	0	0	0	3,416
ミズーリ	0	0	0	0	0	0	0	0	432	0	145	0	265	842
南部諸州														
ヴァージニア	1,631	16	140	1,155	299	826	714	15	573	959	2,364	18	133	8,744
サウスカロライナ	944	0	0	0	0	0	0	0	0	2,148	600	0	34	3,691
ジョージア	0	0	0	0	0	0	0	146	903	422	0	0	0	1,325
メリーランド	146	597	0	0	1,122	3,020	40	20	500	8,775	903	0	93	15,215
発行総額	18,029	5,713	3,156	20,470	21,285	7,901	4,775	13,212	21,425	35,066	22,177	19,023	5,798	198,030
未償還州債残高	16,660	22,365	25,393	44,708	65,771	72,854	77,496	91,492	111,259	168,817	186,349	186,349	193,349	193,495
海外保有残高*	2,500	n.a.	n.a.	n.a.	n.a.	n.a.	n.a.	50,000	n.a.	65,000	125,000	n.a.	n.a.	125,000
海外保有割合 (%)	15.0	n.a.	n.a.	n.a.	n.a.	n.a.	n.a.	54.6	n.a.	43.9	74.0	n.a.	n.a.	74.0

出所：*House Reports*, 27th Cong. 3rd Sess. No. 296, 1843, pp. 50-101より作成。

注：＊海外保有残高はWilkins, *op. cit.* pp. 50-51.

の海外発行と結びつき，輸送計画と英米間資本移動との相互依存を強めた[54]。こうして，合衆国銀行の綿花金融と州の輸送計画は切っても切り離せない関係になったのである。

第3節　ヨーロッパ州債市場と州の財政破綻

3-1　脆弱なヨーロッパ州債市場

　ところがアメリカの州債に関する法的根拠は，憲法修正第11条項に規定されたままであった。憲法上，州政府は，「他の州の市民」あるいは「外国の市民」によって告発された訴訟から免責されていた。憲法修正第11条項の成立背景は，州債発行をめぐってサウスカロライナ州の実業家ファークワー（Robert Farquhar）のジョージア州政府に対する1793年の訴訟事件にまでさかのぼる。この事件は，ファークワーがジョージア州政府に戦時物資を売却したが，ジョージア州政府が代金の支払いに応じなかったというもので，最高裁がいかなる判決を州政府に下すのかが争点とされた。当時，司法の判断は，原告である実業家の訴えを認めて州政府に支払いを命じるものであった。この判決を不服とするジョージア州側は，憲法修正をもって支払い義務を回避しようと画策した。ジョージア州からの訴えに呼応して，民間実業家に不満をいだく南部諸州は，訴訟事件からわずか3年あまりで，修正条項を成立させることに成功した[55]。

　資本輸出国側である英国政府は，自国の外債保有者に対して冷ややかな態度で接した。英国の外務大臣のアバディーン伯（4th Earl of Aberdeen）は州債をあくまでも合衆国政府が正式に発行した公債ではないと判断し，国家間の問題としては州債問題に介入しない立場を貫いた。イギリス政府の立場は，イギリス人投資家は自らの判断で州債への投資を決定したのだから，民間への投資と同様に債務不履行のリスクを受け入れなくてはならないというものであった[56]。

　さらに，州政府に対する支払請求を困難にした条件は，州債をめぐる債権債務関係のあいまいさにある。ロンドンに持ち込まれた州債は，州政府の代理人

を通じて直接に取引されただけでなく，多くの場合，ヨーロッパのマーチャント・バンカーと合衆国銀行の私的な貿易信用を媒介する適格証券として保有されていた。合衆国銀行は名称からすると連邦政府の設立銀行のように思われるが，ペンシルバニア州法によって設立された民間銀行にすぎない。合衆国銀行は1837年以降になると，州債を担保に海外の商業銀行から資金を調達して，投機的な綿花取引に関与しはじめ，州債価格の大幅な下落とととともにすでに経営破綻していた。ここでの問題は，この州債の利払いおよび元本償還を保証するのが合衆国銀行にあるのか，それとも州政府にあるのかについてあいまいさを残したことであった。アメリカの有力な銀行誌でさえも，貸付担保証券として取引された債務の責任を州政府にのみ押し付けることについて賛同しかねていた[57]。

その一方で，ロンドンの外債保有者は，アメリカにおける州議会の増税法案の可否を基準にして州債の信頼度を測っていた。ロンドンの銀行誌『銀行家回状』(Circular to Bankers)には，増税により公信用を維持したニューヨーク州とは対照的に，債務不履行に陥ったペンシルベニア州は，最低限の義務すら果たさない州として投資家の批判の的にされた。イギリスでは，投資家だけでなく，製造業者までもが対米輸出の支払い代金を州債で受け取っていた。それゆえ，アメリカを震源地とする州債の連鎖的危機は，イギリス製造業にかかわる極めて深刻な問題として報じられていた[58]。英国の有力商人トロッター(Alexander Trotter)も，アメリカの州財政に関する膨大な報告書をイギリス議会に提出して，州の信用について言及している。トロッターの手によってイギリス議会に提出された『北米諸州の財政状況と信用状況に関する諸見解』によれば，「州が着手した多くの開発計画は，運河や鉄道によって国内輸送を促進するが，円滑に開発事業を遂行するのに十分な収益をあげていない」と指摘して，増税を前提にした交渉をイギリス政府に打診していた[59]。

3-2　ヨーロッパ州債市場の破綻とその余波

1840年代初頭，州債市場の連鎖的崩壊の経緯は，合衆国銀行の綿花金融とそ

の破綻と連動して起きた。だからといって、州財政をめぐる問題が外資依存という対外的な要因だけで引き起こされたわけではなかった。州債価格の崩壊を機に、連邦主義者は海外投資家の圧力におされる形で、西部開拓に口を挟むようになり、西部諸州側としては、一歩も引けない状況に置かれた。

　さて、合衆国銀行による綿花の価格操作は、はやくも1839年10月に、同行の正貨支払停止によって行き詰まりをみせた。これは、ベルギー・プロシア・ザクセンの繊維産業の不況の煽りを受けて、イギリスでの綿花相場が下落したためである[60]。綿花価格の低迷を受けた合衆国銀行は、預金の取り付け騒ぎを引き起こし、支払手段である正貨の調達に奔走した。同行の資金難に救済の手を差しのべたのが、ロンドンのデニソン商会（Denison & Co）、同じくロスチャイルド社（Rothchilds）、アムステルダムのホープ商会（Hope & Co）といったヨーロッパの名だたる金融機関であった。これらの国際的な金融業者は、事態の波及を恐れて、州債を担保に1,220万ドルの緊急融資に踏み切った[61]。こうして綿花相場が低迷するなか、州債はヨーロッパ市場でさらに保有され続けた。

　ヨーロッパにおける州債市場への信頼は、ロンドンの代表的なマーチャント・バンカーとして知られるベアリング商会と外資導入論者のダニエル・ウェブスターの間でやりとりされた書簡を介して保障されていたに過ぎなかった。1839年10月、ベアリング商会側は、合衆国銀行の正貨支払い停止を懸念して、ウェブスターに州債の信頼性の根拠を問いただした。ウェブスターの返答は、州債を通じた債権債務契約の合法性、租税に裏打ちされた州政府の支払能力、さらに州議会での支払意志を肯定的に評価する内容であった[62]。

　だが、州債を取り巻く状況は、ウェブスターの予想をはるかに越えた事態へと動き始めていた。当然のことながら、ロンドンの州債市場は、ウェブスターの書簡で維持できるほど単純ではなかった。その兆候は、ペンシルベニア州債の利払いの遅延にあった。当時、最も財政基盤が強固と目されていたペンシルベニア州であったが、その州債の利払い停止は、海外投資家を不安に陥れた。この事態を重く受け止めたベアリング商会は、連邦政府に対して州債の利払い保証を求め、さもなければ連邦政府が州の債務すべてを肩代わりするように求

めた63)。合衆国銀行ロンドン支店のサミュエル・ジョードンは，アメリカ大統領選のさなか，連邦の緊急救済法案を立法化するために，ホイッグ党の勝利となるように，党への支援を求めた。ジョードンの助言によって，ロンドンの商人や投資家は，ホイッグ党の勝利によって，アメリカが必ずや海外投資家の訴えを聞き入れるにちがいないと信じて，1840年の大統領選でホイッグ党を資金的に支援した64)。

こうして大統領選の争点は，州財政問題における連邦の介入を認めるか否かとなった。ホイッグ党は，連邦の緊急救済法案が，国内の州債保有者の票を獲得できると睨んでいたが，その財源に公有地売却金を充当すれば西部入植者から矢のような批判を浴びることも十分に承知していた。そこで，ホイッグ党は，大統領選終了までこの計画を選挙の争点としないようにしていた65)。

これに対して，対抗勢力である民主党は，ホイッグ党が州への連邦介入を積極的に推し進めていることを印象づけようと画策した。民主党の選挙戦略は，ヴァン・ビュレン候補を支援するためにも，敵対するホイッグ党のマニュフェストである緊急救済案を，まるでアメリカ国民がイギリス海外投資家の圧力に屈しているかのように書き立てることであった。こうした民主党の選挙戦略は，1840年7月3日，国際金融業者として知られるフート商会がミズーリ州立銀行の総裁に宛てた書簡を公表することから始まった。フート商会はミズーリ州債がロンドン市場で売却不能になると脅した後で，「大統領選の結果次第では，すべての州債に多大な影響を及ぼす」という内容の文言を付け加えた。民主党はこの書簡を大々的に公表した後で，ホイッグ党候補の「ハリソンはイギリス投資家の手先である」と激しく批判した。こうした動きに乗じて，ミズーリ州議会は，フート商会の書簡をイギリス投資家の内政干渉の証とする決議案を可決したのであった66)。

ミズーリ州の外資批判は，単なる地方都市の事件にとどまらなかった。というのは，フート商会の事件はベントン上院議員をはじめとして，西部開拓者を土地投機業者から保護しようとする民主的な公有地政策の支持者の反感を強めた67)。ベントン議員は，「西部開拓者から搾り取られた正貨は，ヨーロッパの

図表3 州債価格の推移（額面価格100ドル）

	州　名	1841年以前	1841年8月	1842年3月	1842年8月	1844年6月	1845年5月	1851年10月	1852年10月
利払い維持	ニューヨーク	n.a.	n.a.	n.a.	100 3/4～1/8	106 3/4	104 1/2	n.a.	n.a.
	ニューヨーク	190～125	100～1/4	79～80	91～93	107 1/2	108	n.a.	n.a.
	オハイオ	90～120	94～95	67～68	74 1/2～76	95 1/4	97 3/4	109	110
	ケンタッキー	85～100	84～85	67～68	77 1/2～78	101	101 3/4	n.a.	n.a.
	アラバマ	100～105	n.a.	50～55	50～60	102	72 1/2	n.a.	n.a.
利払い停止	ペンシルベニア	80～115	79～80	44～48	33～37	74 1/2	73 1/2	91	96
	アーカンソー	95～100	59～63	35～45	20～45	n.a.	n.a.	n.a.	n.a.
	インディアナ	80～110	55～55 1/4	19～20	21～23	44 3/8	34 1/2	61	n.a.
	イリノイ	80～100	55～55 1/2	18～19	17 3/4～18	49	39	78	98

出所：*The Bankers' Magazine and State Financial Register*, Vol. 1, Baltimore, 1847, p. 658.
　　Hunt's Merchants' Magazine, Vol. 8, p. 78, Vol. 13, p. 84, Vol. 26, p. 220.

証券ブローカーの手に渡り，彼らの影響力は，直ちに公有地価格の引き上げに向けられるであろう」と批判した[68]。また，アラバマ州上院議員クレイによれば，海外投資家は州債償還時の価格操作で州債価格を吊り上げ，これと交換される多額の連邦債を手中に収めると指摘した[69]。西部諸州からの激しい批判は，公有地の民主的な配分に対する懸念であり，金融権力に対する根強い批判であった。すなわち州債の利払いに公有地売却金が充当されることは，西部移住者の負担のうえに，東部大都市の証券投資家やヨーロッパの投資家を利することに他ならなかった[70]。このため，大統領選はホイッグ党候補ハリソンの勝利にもかかわらず，結局のところ連邦の州財政救済法案は外資批判の厚い壁に阻まれ連邦議会を通過しなかった[71]。

　連邦の州財政救済法案の破棄は州財政再建の可能性を閉ざし，州財政への信頼は大きく揺らいだ。そしてビドル体制の頼みの綱であった州債の信頼低下によって，1841年2月，合衆国銀行の経営は完全に破綻したのである。と同時に，同行の破綻は州債の連鎖的な信用不安へと波及していった。こうしたなか，ついに外債保有者を代表するベアリング商会は，州債の大量売却という対米金融制裁に乗り出した。この金融制裁は，短期間にニューヨーク州債とオハイオ州債を売却するにとどまらず，対米貿易の担保証券から州債を除外するという厳しい対応であった。ベアリング商会の金融制裁によって，州債価格は軒並み下落していく。図表3によれば，1841年以前，州債価格はほぼ額面価格を維持し

ていたが，海外投資家の金融制裁が激しさを増した1841年以降，大幅に下落した。注目すべきは，利払いを停止した州だけでなく，利払いを維持した州の州債価格までもが，額面を下回っていたことである。全般的な州債価格の下落によって，一部の州は増税に応じた[72]。だが，ペンシルベニア州やメリーランド州などの9つの州と準州は，追加的な租税負担に批判的な態度を示した。その結果，ヨーロッパの投資家は，増税に応じない州を金融市場から徹底的に排除したのである。

このとき，利払いを維持していた州債8,149万ドルに対して，利払い停止となった州債は総額1億1,161万ドルにも達していた[73]。利払い停止を宣言した州は，1841年のインディアナ州・1840年1月のミシガン州とフロリダ準州・1841年7月のイリノイ州・1841年10月のアーカンソー州とメリーランド州・1841年10月30日のペンシルベニア州・1843年3月のルイジアナ州であった[74]。

小 括

19世紀初頭，西部への輸送計画の必要性が認識されていたにもかかわらず，連邦議会の政治的判断は首尾一貫しておらず，イデオロギー対立や政治腐敗，そして政治的駆け引きが横行した。ときの共和主義者たちは自らの利益を優先するような行動や決定を下した。ジェファーソン政権以来，東西を結ぶ連邦の内陸輸送計画は，明確な指針を欠いたまま，ときの権力者は，憲法問題を持ち出し敵対する政治勢力の事業計画を拒否する一方で，根拠を欠いた輸送計画を黙認した。

先行き不透明な状況のなかで着手された水運計画であったが，それでも，一般調査法の通過を契機に，陸軍工兵隊の国土調査が実施されるようになると，陸軍工兵隊は州と連携しながら水運計画に着手した。こうした国内水運網の形成過程において，州を主体とする強固な開発体制が構築された。運河会社は，公共性の高い分野として州議会で承認を受け，州独自の税制改革と州債発行を通じて財政支援の恩恵に浴した。州の経済介入を正当化したのは，州独自の開

発構想であった。それは，水運の恩恵を州全体の利益へと還元することで，利害の確執を抑制しながら，国内市場統合を進めることにあった。

州有運河の財源はロンドン金融市場での州債起債を通じて調達された。州債は合衆国銀行を通じて海外とりわけロンドンに渡り，合衆国銀行は州債を担保にロンドンで綿花金融を行い，さらに綿花相場を操作した。その一方で，合衆国銀行の経営不振が海外投資家の間で懸念材料となった。このころからロンドンを代表する金融業者ベアリング商会は，連邦政府に対して州の信用回復に努めるように圧力をかけはじめ，連邦の債務保証が連邦議会で拒絶されたのを機に，直ちに州債取引を凍結するという強硬な態度にでた。

海外投資家の圧力を受けて，アメリカ議会では外資との対抗姿勢を強めた。西部出身の政治家は，海外投資家の信頼回復に公有地を財源化することは，西部開拓者に対して土地の低額給付の道を閉ざすことになると批判した。海外投資家は値上がりした土地をさらに高値で売却すると考えられたためである。

それゆえ，州の財政再建の道のりは，運河を民営化すれば事足りるような単純な道のりではなくなった。その後の経緯をみれば，州政府に対する不信感は，州主体の輸送計画を解体するにはいたらなかったからである。この点は続く第2章の運河再編の過程でより明確に示された。

注
1） Ronald E. Shaw, *Canals for a Nation, The Canal Era in the United States, 1790-1860*, University of Kentucky, 1990.
2） John Lauritz Larson, *Internal Improvement, National Public Works and the Promise of Popular Government in the Early United States*, The University of South Carolina Press, 2001, pp. 1-7.
3） H. N. Scheiber, *The Ohio Canal Era: A Case Study of Government and The Economy, 1820-1861*, Ohio University Press, 1969, pp. 88-94.
4） Nathan Miller, *The Enterprise of a Free People: Aspect of Economic Development in New York State during the Canal Period, 1792-1838*, Cornell University Press, 1962, pp. 66-67.
5） 中西弘次「国内市場の形成」鈴木圭介編『アメリカ経済史Ⅰ——植民地時代〜

南北戦争期——』東京大学出版会，1972年，260頁。
6) Edward Lawrence Pross, *A History of River and Harbor Appropriation Bills, 1866-1933*, Ph. D. Dissertation, Ohio State University, 1938, p. 18.
7) A. Gallatin, *Report of the Secretary of the Treasury on the Subject of Public Roads and Canals*, 1808, A. M. Kelley, New York, 1968, p. 8.
8) *Ibid.*, pp. 5-8.
9) *Annals of Congress*, 14th Cong., 2d Sess., 1816, pp. 851-854.
10) Karen M. O'Neill, *Rivers by Design, State Power and the Origins of U. S. Flood Control*, Duke University Press, 2006, p. 17.
11) Pross, *op. cit.*, pp. 21-22.
12) *Ibid.*, p. 22.
13) Louis Cain, "Transportation, Internal Improvements and Urbanization", Jonathan Hughes and Louis Cain ed., *American Economic History*, 7 ed., Wesley Addison, Boston, 2007, p. 150.
14) U. S. Congress, *Statement of Appropriations and Expenditures for Public Buildings*, 47th Cong., 1st Sess., S. Doc. VII, Washington: GPO, 1886.
15) ジャクソンが大規模な内陸開発法案に拒否権を発動したことは有名であるが，彼が承認したカンバーランド河川開発事業は，彼自身のナッシュビル・プランテーションの利害と関係していた。Todd Shallat, *Structures in the Stream, Water Science, and the Rise of U. S. Army Corp of Engineers*, University of Texas Press, Austin, 1994, p. 146.
16) *Ibid.*, p. 125.
17) 法案は下院を115対86，上院を24対18で可決された。*Ibid.*, p. 127.
18) *Ibid.*, pp. 126-127.
19) *Ibid.*, p. 124.
20) *Ibid.*, p. 125.
21) O'Neill, *op. cit.*, p. 22.
22) ミシシッピ河川委員会（Mississippi River Commission）については第5章第1節1-2を参照。
23) Cain, *op. cit.*, p. 150.
24) O. Handlin and Mary F. Handlin, *Commonwealth-Study of the Role of Government in the American Economy: Massachusetts, 1774-1861*, New York University Press, 1947, pp. 53-55.
25) *Ibid.*, pp. 113-119.

26) 髙橋和男「自発的結社と株式会社――歴史的経路依存の視点から――」岡田泰男・須藤功編『アメリカ経済史の新潮流』慶應義塾大学出版会, 2003年。O. Handlin, "Origins of the American Business Corporation", *Journal of Economic History*, Vol. 5, 1945, pp. 2, 22.
27) William J. Duane, *Letters Addressed to the People of Pennsylvania Respecting the Internal Improvement of the Commonwealth, by means of Roads and Canals*, Philadelphia, Jane Aitken, 1811, pp. 9-12.
28) *First Annual Report of the Acting Committee of the Society for the Promotion of Internal Improvement in the Commonwealth of Pennsylvania*, Philadelphia: Joseph R. A. Skerrett, 1826, pp. 6-7.
29) シャイバーが指摘するところによれば,ホイッグ党とジャクソン主義者の政治指導者は,平等主義という共通枠組みを利用することによって,公共事業に対する州政府の財政支出に対する批判を回避した。Scheiber, *op. cit.*, pp. 89-94.
30) O' Neill, *op. cit.*, p. 18.
31) Cain, *op. cit.*, p. 152.
32) *Ibid.*, p. 152.
33) E. L. Bogart, *Financial History of Ohio*, University of Illinois Studies in the Social Sciences, University of Illinois Press, 1912, pp. 181-183, 193.
34) *Ibid.*, p. 200.
35) *Ibid.*, pp. 200-203.
36) Miller, *op. cit.*, p. 66.
37) 土地税への賛同者は,将来の運河沿線地が運河の建設費を負担するように制度設計した。租税負担には,西部土地投機者や投資家も同意した。彼らは運河敷設によって地価が上昇することを期待していたためである。*Ibid.*, pp. 67-71.
38) E. J. Benton, *The Wabash Trade Route in the Development of the Old Northwest*, The Johns Hopkins Press, 1903, p. 52.
39) J. W. John, "The Property Tax as a Coordinating Device: Financing Indiana's Mammoth Internal Improvement Sysytem", *NBER Working Paper*, November, 2001, pp. 9-12.
40) Benton, *op. cit.*, pp. 52-53.
41) 1830年から1844年にかけて西部地域における銀行の取締役の職業は,113名中,商人が64名,法律家・医師が14名,輸出業者が10名,政府関係者が7名,農家が2名,その他が13名であった。イリノイ州スプリングフィールドで有力な資本家14名中13名が,ショーニータウンでは10名中6名が州内の銀行と関係をもっていた。

これらの銀行は開発事業の21.5%を貸付けたと言われる。C. H. Golembe, *State Banks and the Economic Development of the West, 1830-44*, Ph. D. Dissertation, Columbia University, 1952, p. 89, 187.

42) D. R. Dewey, *State Banking before the Civil War*, Washington, GPO, 1910, pp. 122-126, 200-207.

43) J. L. Sturm, *Investing in the United States, 1798-1893, Upper Wealth-Holders in a Market Economy*, New York; Arno Press, 1977, p. 93.

44) ミシシッピ州は奴隷州であったことから，海外投資家から13%の発行手数料を課された。Reginald Mcgrane, *Foreign Bondholders and American State Debts*, The Macmillan Company, 1935, p. 194. 額面以下での州債発行を余儀なくされたミシガン州は，財源不足分を追加発行された州債によって補填しなければならなかった。*Ibid.*, pp. 146-147. ポンド建ての発行に際して，メリーランド州債，イリノイ州債，ミシガン州債はすべて額面価格を下回る起債を余儀なくされた。*The Bankers' Magazine*, Baltimore, Vol. 1, 1847, p. 658.

45) 英米間の為替相場は，1830年以降9.45%ほどポンド高であった。1839年にニューヨーク商工会議所がイギリス側に為替相場の見直しを要求したが，1874年まで為替相場が安定することはなかった。M. G. Myers, *The New York Money Market*, Vol. 1, AMS Press, 1931, pp. 72-73.

46) ヨーロッパでの起債条件および起債額は，5%州債が1億1,754万ドル，6%州債が7,111万ドル，7%州債が711万ドルという内訳で発行された。*Bankers' Magazine*, Boston, Vol. 4, 1849-1850, p. 220.

47) A. I. Preffer and L. Rikki, "Quintane, Foreign Investment in the United States: A Nineteenth Century Perspective", *Stanford Journal of International Law*, Vol. 17, 1982.

48) *Hunt's Merchants' Magazine*, Vol. 34, 1856, p. 500.

49) ペンシルベニア州債発行残高3,467万ドルのうち，イギリス投資家の保有残高は2,002万ドルであった。*Hunt's Merchants' Magazine*, Vol. 20, 1849, p. 268.

50) *Hunt's Merchants' Magazine*, Vol. 20, p. 486.

51) Archer Butler Hulbert, *The Great American Canals, Vol. 1, The Cheasapeak and Ohio Canal and Pennsylvania Canal*, The Arthur H. Clark Company, 1904, pp. 107-112.

52) ここではジャクソン大統領の拒否権により営業停止となった第2合衆国銀行とその後ペンシルベニア州法によって設立されたペンシルベニア合衆国銀行との混同を避けるため，後者を合衆国銀行と表記している。

53) *Ibid.*, p. 92. 入江節次郎『世界金融史研究』藤原書店，1991年，425～431頁。
54) Mira Wilkins, *The History of Foreign Investment in the United States to 1914*, Harvard University Press, 1989, pp. 68-69.
55) J. V. Orth, *The Judicial Power of the United States, The Eleventh Amendment in American History*, Oxford University Press, 1987, pp. 12-29.
56) Mcgrane, *op. cit.*, pp. 53, 202.
57) *The Bankers' Magazine*, Baltimore, Vol. 1, 1847, p. 263.
58) *Circular to Bankers*, No. 777, No. 793, No. 823, No. 825, No. 826, 1843.
59) A. Trotter, *Observations on the Finance Position and Credit of Such the States of the North American Union as have Contracted Public Debts*, 1839, Reprint, A. M. Kelly: New York, 1968, pp. 350-355.
60) L. H. Jenks, *The Migration of British Capital to 1875*, Thomas Nelson and Sons Ltd, 1927, p. 96.
61) Wilkins, *op. cit.*, pp. 67-68.
62) Trotter, *op. cit.*, pp. 363-368. ウェブスターとベアリングの書簡はCalvin Colton, *A Letter Daniel Webster, In Reply to His Regal Opinion to Baring, Brothers & Co upon the State Bonds and Loans of State Credit*, Warden Hayward, New York, 1840.
63) *Congressional Globe*, 26th Cong., 1st Sess., Appendix, 1840, p. 127.
64) Jenks, *op. cit.*, pp. 105-106.
65) Mcgrane, *op. cit.*, p. 27.
66) *Ibid.*, pp. 29-30.
67) 西部連邦議員と連邦公有地政策の議会審議について，その目的と立法過程を分析した研究には，折原卓美『19世紀アメリカの法と経済』慶應義塾大学出版会，1999年，第3章を参照。
68) *Congressional Globe*, 26th Cong., 1st Sess., Appendix, 1840, p. 90.
69) *Congressional Globe*, 26th Cong., 1st Sess., Appendix, 1840, pp. 128-129.
70) *Congressional Globe*, 26th Cong., 1st Sess., 1840, pp. 82-83.
71) 連邦の州救済法修正案は17対28で否決され，こうした連邦の介入自体を違憲とする決議が28対3で可決された。*Congressional Globe*, 26th Cong., 1st Sess., 1840, pp. 244-245.
72) *The Bankers' Magazine and State Financial Register*, Vol. 1, Baltimore, 1847, p. 658. *Hunt's Merchants' Magazine*, Vol. 8, p. 78, Vol. 13, p. 84, Vol. 26, p. 220; B. U. Ratchford, *American State Debts*, AMS Press, New York, 1966, p. 133.

73) *Niles' National Register*, Vol. 67, 1845, p. 371.
74) Mcgrane, *op. cit.*, pp. 69, 91, 114, 133, 152, 182, 200, 237, 255.

第2章　1840年代の運河再編にともなう南北の分断

はじめに

　1830年代，内陸部の輸送網を支えた州有運河はロンドンのマーチャント・バンカーと合衆国銀行の投機的な綿花金融に翻弄されたことから，ロンドンの海外投資家の信頼を失い破綻した。この点はロンドンの米国州債価格の崩壊を契機としながらも，運河再編の経緯は州内部の政治経済的な状況に応じて違いを残した。本章では，1840年代の債務危機から財政再建までの道のりをたどることによって，単線的な民営化論へと収斂しない運河再編の経緯を提示するとともに，1850年代の南北対立の観点から運河再編の意義を考察する。

　従来の研究史では，州有運河が非効率な事業運営によって破綻し，その後解体したと説明された。これらの議論に共通するのは，州有運河の破綻要因が，1837年にアメリカを襲った金融恐慌と州政府に対する不信感の高まりによるものと考えられたことである。たしかに，政府の財政支援を通じて州有運河が瞬く間に乱立し，ずさんな事業見積もりと放漫な事業運営がなされた。その結果，州の輸送計画に対する人々の不信感を煽ったことは想像に難くなかった。アメリカ金融史家のマイヤーズが指摘するように，州有運河に対する人々の不信感が高まるにつれて，私企業への信頼が高まった[1]。また，米国財政史家の観点からは，ラチフォードが州の介入の後退原因を増税法案の成立に求めている。納税者は州政府による運河経営の失敗が税負担の増大に直結することを認識した。その結果，運河会社への州の財政支援を禁止または規制する法律が州議会で次々と承認された[2]。

しかしながら，「州有運河の破綻・政府介入の衰退」と「私企業・自由放任の台頭」という構図では，政府介入の構造的欠陥を明らかにしたものの，その後の運河再編の経緯を解明してこなかったと言わざるをえない。研究史では，州財政あるいは州有運河の破綻を論じることで，水運計画さえも同様に終焉してしまったかのように描いていた。

ここで注目すべきは，運河再編を牽引した主体の役割である。1840年代の州の債務危機から財政再建までを明らかにしたマクグレーンは，増税法案の成立過程に着目して，州財政の実情を個別具体的に明らかにした。マクグレーンの研究の独自性は，個別事例に則した州財政の再建過程を検証することによって外資の役割を提起することにある。外資の介入によって北部州は債務の償還義務を遵守したのに対して，南部においてその多くが償還義務を拒絶したのである。ベアリング商会の経営史を著したハイディも，州財政危機におけるマーチャント・バンカーの役割に著作の一部を割いている。ハイディによれば，ヨーロッパの海外投資家によって任命された代理人と州議会のあいだの交渉が，州議会に増税法案の可決を促し，州の財政再建にとって決定的な要因として作用したことを明らかにした。

本章では，マクグレーンの分析視角に依拠しているが，本書の関心に即して論点を2点ほど指摘しておきたい。まず，州財政ないし運河再編のインパクトを検討することにある。州財政再建のさなかに繰り広げられた州有運河の再建は，海外投資家に対する根強い不信感と，運河再編の負担をめぐる問題も加わって頓挫していた。言わば，外資と州の確執に州内部の利害対立が複合的に絡み合った状況であった。そこで，州当局に代わりニューヨークやボストンの銀行家や実業家が運河再編計画を先導することになった[3]。彼らは，運河の民間譲渡を通じて自らをして経営に携わり，州議会と外資の要求を調和させることに成功した。このため，運河再編過程は輸送会社と州議会の関係を完全に断ち切ることなく進められた。

もう1つには，この点と関連して，彼らのような海外投資家の代理人による財政再建構想は，各州の財政状況を加味して州有運河を再編しようとする試み

である限り，必ずしも公共的利益の解体や政府介入の終息へと帰結するものではなかった。運河開通後の状況をみると，政府介入が後退するどころか，南部と北部はミシシッピ川の水運を優位に支配しようと画策し，よりいっそう政府の財政支援を求めた。事実，運河開通後の動向を見れば，政府の輸送計画が収束するどころか，水運の主導権をめぐり南北間の政治的対立がよりいっそう激しくなった。北部主要都市を結ぶ運河開通は，ミシシッピ・デルタに隣接する諸州にとって，河川輸送および港湾都市の優位性を失いかねない深刻な問題として受け止められた[4]。とすれば，政府介入と運河再編の関係をあらためて検討する必要があるといえよう。

　以上の論点を踏まえて，本章では州有運河の再編について考察する。このとき，州有運河の民間譲渡と州財政の関係についてさらなる検討を加え，運河再編の地域的差異について言及する。次に，これらの分析に基づき，運河開通が南部と北部の政治的対立を引き起こした背景を明らかにしたい。したがって，本章の目的は，前章で提示した州独自の水運計画が，州の財政危機によって解体することなく保持されたこと，そして州の水運計画が運河開通後に南北間の対立の火種になった点を考察することにある。

第1節　債務危機に対する州の反応

1-1　ミシシッピ・デルタの利害関係者の反応

　外資に対して最も鋭い批判を展開したのがミシシッピ州であった。ミシシッピ州の利払い拒否については，すでに広く知られていた。ミシシッピ州のグウィン（William M. Gwin）下院議員やウォーカー（Robert J. Walker）議員，ミシシッピ州知事のマクナット（Alexander McNutt），そして後に南部同盟政府大統領に就任したデビス（Jefferson Davis）は，州債の売買契約の違法性を盾に，海外投資家や東部大都市の金融業者を非難した[5]。

　南部政治家の外資批判は，ミシシッピ川下流の輸送事情と関係していた。メ

キシコ湾とミシシッピ川を結ぶ河道は，商品作物を遠方へと輸送するうえで不可欠な航路であった。なかでも港湾都市ニューオーリンズの取引額は，対英戦争終結から1840年にかけて3倍にも達した。ニューオーリンズの地方新聞にはミシシッピ可航河川の利便性を享受できるニューオーリンズとその水運上の優位が報じられた。しかし，後に報道内容によって，ニューオーリンズ港の優位性は過剰な期待と誤った見解として修正されることになる。ニューヨークのエリー運河開通をきっかけに，ニューオーリンズ港は優位性と利便性を失いつつあった。エリー運河がニューヨークと五大湖間の物資の水路として機能し始めると，北部ではニューオーリンズ経由のダウン・リバー・トレードに依存せずとも，はるかに短時間かつ安全に西部に物資を輸送することができるようになった。エリー運河を通じて西部からニューヨークに運び込まれる穀物はニューオーリンズのそれに比べて20倍にも達した[6]。さらに，ミシシッピ川一帯は度重なる洪水によって河川に隣接する船着場は濁流に飲み込まれた。目測困難な川底の障害物によって蒸気船事故が多発するようになり，多くの船員や乗客の生命が奪われた。1821年から1830年のあいだに蒸気船の事故にともなう人命の喪失は343名であったが，1851年から1860年のあいだの死亡人数は3,674名に達した[7]。

　この点で，南部の商業利害は水運の安全性の観点から，ミシシッピ川航路が北部と比べて著しく劣勢であることを認めざるをえなかった。堤防や船着場の倒壊は，積み荷の流出や劣化を招く原因となり，結果的に，大農園主は割高な輸送費に悩まされることになった。ある調査によれば，ミシシッピ川の港湾都市はアメリカで最も割高な港であると報じられたほどである。1853年には五大湖を経由した北部の輸送網が全米の輸送量の62％を占めたのに対して，ミシシッピ川を下るダウン・リバー・トレードは29％であった[8]。

　また，北部を代表する合衆国銀行が州債を担保に英国より資金を調達し，北部製造業や輸送業者に対して優先的に信用を供与した点も西部にとっては不満の種になっていた。合衆国銀行は，ロンドンでの投機的な綿花取引に州債を利用し，綿花相場を支配していた。北部の銀行業に不満を抱く南部プランターは商業会議を開催し，北部に依存しない自立した経済基盤と水運網の整備を求め

た[9]。

　そこで，南部側の批判は不平等な信用供与を行った合衆国銀行に向けられた。ミシシッピ州知事のマクナットはプランターの利益保護を最も優先した人物であり，また，反銀行主義者の立場をとって，銀行の州債取引の違法契約を盾に，州債の全面的な利払い拒絶に根拠をもたせた。とりわけ，彼をして過激な外資批判にはしらせたのは，ホープ商会から州知事に届けられた支払督促状であった。マクナットは，アムステルダムに拠点をおくホープ商会との取引契約の違法性について，合衆国銀行の設立特許を引き合いに出した。彼が目をつけたのは，ホープ商会が同行を通じて州債を保有していたという事実であった。マクナットによれば，銀行と州の代理人で交わされた違法な州債売買の取決めは，私的で個人的な契約にすぎないと判断された。したがって，マクナットは州債の売買に関する州議会の関与と責任をきっぱりと否定した。そのうえで，たとえ契約が州議会の承認を得たものであったとしても，そもそも額面以下での売買契約は州法上の規定に照らし合わせると違法とされた[10]。さらに，違法な州債取引によって，ミシシッピ州の被った損害は，マクナットによれば108万ドルにも達していた[11]。マクナットの立場からすれば，北部の銀行はまず州に与えた損失を補填すべきであり，州の責任云々について言及するのはその後のことであった。

　グウィン下院議員の演説に耳を傾けてみよう。議会における彼の発言は，ニューヨーク市の銀行家との論戦のなかで展開された。グウィンによれば，ミシシッピ州議会は，ユニオン・バンク設立を支援するために州債を発行した。この点で，銀行設立におけるミシシッピ州議会の関与は明白であった。しかし，ミシシッピ州議会が，同行の経営に全面的な責任を負い不良債権処理に州財源を充当すべきか否かとなると話は別であった。利払いに税を充当するには，州法にのっとり再度，議会で審議するように明記されていた。ミシシッピ州法に則して，州議会の責任を引き出すには，住民投票において過半数の承認を得なくてはならなかった[12]。プランターの意向を色濃く反映する住民投票において，州債の利払いを支持する票は462に対して，拒否の票は772に達した。プラン

ターの大部分は，州有銀行から土地を担保に農業資金を借り入れており，仮に銀行がなくなれば，自らの負債を帳消しにできると考えた[13]。これを受けて1845年州議会の決定は，利払い再開のための増税案を拒否し，プランターの保護を優先した[14]。

1-2　財政再建に向けて州の試み──ペンシルベニア州とメリーランド州の事例──

債務危機における州の個別事情を検討するにあたり，州債の利払いを維持しようと努めた州の事情にも触れておかねばならない。州債の利払い再開を試みた州は，ペンシルベニア州とメリーランド州であった。両州は連邦の救済措置案の破棄以降，州財政の再建について審議を重ねていた。両州の財政再建策は，増税の導入[15]，事業会社売却，州債の追加発行であった[16]。

ペンシルベニア州の債務危機は，累積した元本の利払い費に比べて，あまりにも事業収益が低く，急激な財政赤字を計上したためであった。もともと，ペンシルベニア州は通常の歳出が歳入を上回る赤字財政に置かれていた[17]。これに加えて，莫大な州債の利払い費は，年間120万ドルにのぼっていたが，すべての公共事業から得られる収益はわずか13万ドルに過ぎなかった[18]。ペンシルベニア州政府は，事業収益不足から生じた財政赤字を補填するため，さらに利払い債を発行せざるをえなかった。

財政改革を掲げたペンシルベニア州議会は，1840年6月に新たな税法を成立させた。この法律は奢侈品や金融資産に課税するもので，もっぱら富裕者への課税を強化するものであった。課税対象は，300ドルを超える奢侈品（装飾時計・遊覧車・高級家具）と債券・銀行株・配当・不動産・公務員の給与であった。続いて，州の管轄下にある銀行に救済紙幣（Relief Note）と呼ばれる小額銀行券の発行を認めて，州債の決済手段を創造する償還政策が審議された。当初，小額紙幣の発行は健全な銀行経営の観点から批判されていたが，利払い負担を軽減し通貨不足を補うという名目で支持され，1841年5月法案は可決された[19]。

ところが、このような急場凌ぎの対応策は、州財政の根本的な解決手段になりえず、かえって州財政を危機的状況に陥れた。納税者は減価した救済紙幣を好んで納税手段に利用した。しかも、減価した紙幣であっても、州当局は額面で引き受けなくてはならなかった。州には減価した紙幣が還流し、結果的に州財政を著しく悪化させた。事態を重く見た州議会は、毎年20万ドルの救済紙幣を回収して事態の改善に奔走し、州が保有する株式を売却して財政赤字を補填しようとした。それにもかかわらず事態は改善しなかった。当初420万ドルの値をつけた州保有資産は今や139万ドルに下落していた[20]。なかでも、州保有の銀行株は公益性を害するとの懸念から個人投資家への売却が見送られた。その結果、州財政の破綻は決定的となり、ペンシルベニア州は1844年2月と8月の利払い延期を余儀なくされた。

 こうした州保有株式の売却に対する根強い懸念は、ペンシルベニア州保有の運河会社の売却をめぐって、よりいっそう浮き彫りになった。この運河はペンシルベニア州のなかでも最大規模の財政支援を受けた事業であり、当初の売却価格は1,600万ドルと予想されていた[21]。だが、州議会は「自由で独立したわが州が外国人に自らの権益の中軸を渡すことに」懸念を表した。1845年の下院議会では運河売却の住民投票の無効を訴える決議案が提出されたほどである。こうした動きによって、ペンシルベニア州の財政再建は遅々として進展しなかったのである[22]。

 メリーランド州でも、州の運河コミッショナーが投資した輸送会社の事業予測を見誤り、莫大な財政赤字を州議会に計上した。メリーランド州の財源は、ボルティモア・オハイオ鉄道株の配当のみで、ボルティモア・サスケハナ鉄道やサスケハナ・タイドウォーター運河会社からの配当は無きに等しかった。また、最大の収益を見込んでいたチェサピーク・オハイオ運河は、拡張工事に遅れを取り、十分な事業収益を上げていなかった。このため、輸送会社から得られる収益はわずか15万ドルに過ぎず、45万ドルの利払いに、とうてい及ばない額であった[23]。

 事態を重く受け止めた州議会は、1841年3月23日、州債の利払いのために新

たな租税法案を通過させた。増税は個人資産と不動産に対して100ドルあたり20～25セントを課すもので、当初6万ドルから60万ドルへと10倍の増収が期待された。この増税は、税収としては期待どおりの成果を上げたものの、だからといって州財政の救世主とはなりえなかった。というのは税収受取の大半は、減価した利付債券での納税であり、正貨での納税額は1割にも満たなかったためである[24]。したがって、税収の増加は、財政基盤の健全性を示す要因ではなかった[25]。

この点に関連して言えることは、州債政策が一時的な弥縫に終止するあまり債務の根本的整理を怠ったことである。メリーランド州税務局長オーウェンは、利付債券の発行を通じた州債償還策が利払い負担の軽減に寄与する点を認めたが、その代償として州の財政状況を悪化させた最大の原因であるとも指摘した[26]。

州財政の破綻に起因して、小額紙幣の乱発は、紙幣の減価と信用不安を引き起こし、運河開削工事に携わる請負人と運河労働者をさらに困窮させる結果となった。チェサピーク・オハイオ運河では、運河完成が不透明な中で、運河労働者に支払われる銀行券が目減りすれば、彼らが受け取る賃金も減ってしまう。財政不安が長引く中で、工事現場の不満は募り、現場の風紀や秩序は乱れたばかりか、労働者の暴動が巻き起こり、州政府はたびたび暴動の鎮圧に乗り出さなくてはならなかった[27]。

1-3　銀行の不正取引に対する批判——インディアナ州の事例——

中西部諸州において、連邦政府から公有地として各州に配分された土地売却金を運河建設の財源とする考え方は、内陸開発事業の根幹であった。このとき州債の元本償還および利払いの財源は、運河開通後の事業収益と土地売却金であった。すなわち、州債発行政策は、運河開通後の西部フロンティアの移住と開拓と連動していた[28]。

中西部諸州は、運河開通を呼び水にして、移住者の流入を当て込んだ財政基盤を確立しようとしてきた。それだけに、債務危機以降に生じた運河開削工事

の中断は，脆弱な財政基盤と移住停滞の悪循環を招き，財政再建を困難なものとした。とりわけ，ヨーロッパ金融市場への依存体質が，結果的に州財政の逼迫を招いたことは疑いようのない事実であった。実際，インディアナ州の主要銀行であったモリス運河築堤会社（Morris Canal and Bank Co.）は200万ドルの州債の販売を一手に引き受けていた。モリス運河築堤会社は，ロスチャイルド・パルマ商会・ベアリング商会・合衆国銀行・ホープ商会と取引関係を結んでヨーロッパ市場にインディアナ州債を販売しようとした。しかし，合衆国銀行の正貨支払い停止をさかいに，ヨーロッパ金融市場での取引に陰りが見え始めた。1839年8月以降，モリス運河築堤会社は資金不足に悩まされるようになり，経営破綻に陥った[29]。

　モリス運河築堤会社の経営破綻に直面したインディアナ州では，州の開発事業の実態調査に乗り出した。このときに提出された報告書は，内陸改良委員会（Board of Internal Improvements）と企業の癒着関係を白日のもとにさらした。内陸改良委員会は，1838年にモリス運河築堤会社に90万ドルの州債を譲渡する見返りに，同社より10万ドルの報酬を受け取っていた。これは明らかに贈収賄の疑いのある現金授受であった。というのは，モリス運河築堤会社は，正貨の授受をともなわない信用取引で大量の州債を引き受ける契約を結んでいた。モリス運河築堤会社は易々とインディアナ州債の販売代理店の地位に就くことに成功し，州債の販売手数料や販売にともなう為替差益を独占した。さらに，内陸改良委員会は，取引の見返りとしてモリス運河築堤会社の株式を格安で購入する権利を与えられ，同社株式のキャピタル・ゲインまでも得ていた[30]。州議会は，この取引によって生じた損失を盾に，不正な州債取引によって生じた利払いを回避しようとした。また，一部の州議会議員からは，不正であるか否かで州債を見分けることなど非現実的であるという声すらあがり，すべての利払いを拒絶せよ，というような過激な意見まで議題にのぼった[31]。

　モリス運河築堤会社の不正取引の余波はこれだけにとどまらなかった。利払い費を将来の税収に依存していたインディアナ州にとって，モリス運河築堤会社の経営不振は，運河工事の中断に直結した。州はこの非常事態に対処するた

めに，土地税率を引き上げて建設資金を確保しようと努めたが，運河開通に懸念を抱いた移住者は定住を控え始めた。1835年から1837年までの地価の上昇は，輸送の恩恵を直接受ける都市部で4ドル55セント，後背地で2ドル74セントであった。これに対して，1837年から1842年にかけての地価下落幅は，都市部で5ドル49セント，後背地で2ドル69セントであった[32]。結局のところ，当初の土地の値上がり分は運河開削工事の中断にともなう地価下落によって相殺された。

州議会は重い税負担を移住者に課すのであれば，かえって州への移住を停滞させるのではないかと懸念しはじめた。ホイッグ党も民主党も，住民に割高な租税負担を課すような再建計画をもちかけ，政党の支持基盤を失うことを恐れたために，暗黙裡に財政問題を棚上げした[33]。その結果，資産税と人頭税の一部を州債の利払いに充てることを定めた法律は1842年に廃止された[34]。

こうした主張の真意は，西部への移住促進を通じて，財政再建を果たそうとする州側の狙いが背景にあった。運河開通に不安を抱く移住者・投資家・商人たちは，運河沿線地への移住を躊躇していた。同じような財政状況に置かれたイリノイ州知事もまた，利払いにともなう増税が絶えず住民に不安を与えるために，移住の障害になっていることを公表した[35]。中西部諸州は，たとえ税負担を引き上げてまで運河を開通させたとしても，西部移住が増税によってむしろ停滞してしまうというジレンマを抱えていた[36]。

第2節　新たな運河再建案の登場

2-1　州有運河の民間譲渡

州政府は財政再建に向けた増税に失敗したばかりか，南西部や中西部からは，銀行に対する批判が噴出した。この時点で海外投資家の強硬な態度はいやおうなく修正を迫られた。ロンドンの『銀行家回状』(Circular to Bankers) は「ヨーロッパの州債保有者は合衆国州の増税を待って，直ちに追加融資を決定する…

中略…しかし，民主主義の原理は公債の利払いに資する課税の障害になるため，公信用にとって好ましくない」と報じた[37]。ロンドンで示された見解は，海外投資家の対米金融の対応に修正を迫るものであった。

　ベアリング商会は1843年7月に金融業者と共同して2,000ポンドの基金を募り，海外投資家の代理人をアメリカに派遣し，財政再建を促す戦略を選択した[38]。海外投資家の代理人には，ベアリング商会在米代理店のプライム・ワードやトマス・ワードを中心に，ボルティモア・オハイオ鉄道の法律顧問のラトローブ（J. H. B. Latrobe），ニューヨークの生命保険会社頭取バトラー（Charles Butler），同じくニューヨークの銀行家レーヴィット（Davit Leavitt），ボストンの投資家であるローレンス兄弟やマサチューセッツ前州知事デイビス（John Davis），ボストンの有力な商業誌の編集長でのちに鉄道会社総裁に就任したカーティス（Benjamin Curtis），同じく鉄道推進派ネイサン・ヘイル（Nathan Hale），土木技師スウィフト（William Swift）が任命された。代理人たちは州議会におけるロビー活動や財政再建計画の提示によって州議会の利害調停に関与しながら，増税に対する政治家および住民の理解を得ようと試みた。

　こうした代理人の認識は，ボストンの有力紙『ノース・アメリカン・レビュー』の論考に即してまとめると，州債の増税法案を可決した州，返済の意思を持ちながらも財政上の問題を抱えた州，あらゆる債権債務関係を不当な契約とみなした州の3つを識別していた（図表1参照）。増税法案を可決した州は，ペンシルベニア州・メリーランド州・インディアナ州・イリノイ州であり，1840年代以降すべての州債の利払いと元本償還のために増税を宣言した州であった。その一方で，ルイジアナ州・ミシガン州・アーカンソー州は，債権債務の違法性を訴え，一部の州債の利払いを拒否した。最後にミシシッピ州とフロリダ準州は州債の売買契約そのものの違法性を盾にすべての債務を拒否した。

　各州の債務処理に対するスタンスは，増税法案の可決に先立つ外資の役割に応じて違いを残した。まず，増税法案を可決した州から見ていこう。この4州のうちペンシルベニア州を除いて，州有運河が民間の経営主体に譲渡されてい

図表1　州の債務処理状況

州・准州	債務不履行日	返済日	対応策
利払い再開			
イリノイ	1842年1月	1846年7月返済開始	増税法案可決・州有運河事業の民間譲渡。
インディアナ	1841年7月	1847年7月返済開始	増税法案可決・州有運河事業の民間譲渡。
メリーランド	1842年1月	1848年1月返済開始	増税法案可決・州有運河事業の民間譲渡。
ペンシルベニア	1842年2月	1845年4月返済開始	増税法案可決・運河事業の民間売却。
一部債務不履行			
アーカンソー	1841年1月	1869年7月返済開始	一部州債の契約の違法性を理由に拒否。
ルイジアナ	1843年1月		プロパティ銀行債については債務不履行。
ミシガン	1842年2月		モリス運河築堤会社の引受分については債務不履行。
全面的な債務不履行			
フロリダ	1841年1月		1842年2月利払い拒絶。海外投資家の追加貸付なし。
ミシシッピ	1841年5月		銀行設立目的の州債すべて債務不履行。

出所：インディアナ：*HMM*, Vol. 21, 1849, pp. 156-160. ペンシルベニア：*HMM*, Vol. 20, 1849, p. 262. メリーランド：*HMM*, Vol. 20, 1849, pp. 487-489. ミシガン：*HMM*, Vol. 22, 1850, pp. 136-144. ミシシッピ：*Nine Years Democratic Rule*, 1847, p. 190. Mcgrane, *op. cit.*, pp. 204, 218. フロリダ：*Ibid.*, pp. 237, 241. アーカンソー：*Ibid.*, p. 255. ルイジアナ：*Ibid.*, pp. 182, 189.

る。イリノイ・インディアナ・メリーランドの3州において，州有運河は，海外投資家の代理人によって運営される民営運河へと再編された。海外投資家の代理人は，州より運河会社の運営をまかされ，土木技師や測量技師の任命・建設請負業者との請負契約・運河用地の売却・輸送施設の維持管理を委任された。運河会社の経営を委ねられた実務家は，労働者の雇用・路線調査・水路道路の建設・水力供給事業・資産処分に携わった。この取決めにおいて，海外投資家側の利点は，投資家の息のかかった代理人に資金を貸し付けることで，健全な運河経営と利払い計画を確実に進めることができた。一方，州側の利点は，運河完成後の事業収益を償還基金に充て，住民の税負担を可能な限り軽減するとともに，円滑なる州債の利払い元本償還を実現できたことにある。海外投資家と州政府の取決めは運河開通を通じて双方の利益を実現する合意であった。

　これに対して，部分的な州債の償還および利払いに応じた州のケースと比較すると，これに先立つ外資の役割がよりいっそう理解できる。ミシガン州は，利払い費を捻出する目的で，セントラル鉄道とサザン鉄道の売却を決定した。しかし，英国の有力紙『ロンドン・タイムズ』は，ミシガン州債の保有者に向

第 2 章　1840年代の運河再編にともなう南北の分断　57

けて次のように警告を発した。すなわち，この二つの路線はいまだ完成しておらず，ミシガン債を保有する投資家は，このような財政再建案を支持してはならないと注意を呼びかけた[39]。ミシガン州は，利払いに先立つ外資導入に失敗し，事業売却益を得ることができなかった。その結果，ミシガン州は，利払いを宣言したが，一部の債務返済を拒んだのである。

　州債の償還および利払いを拒絶したミシシッピ州では，海外投資家との連携が不十分なまま失敗に終わった。1850年代以降の鉄道建設ブームのさなか，ミシシッピ州は，財政上の信頼を回復し，海外市場から鉄道建設資金を調達する気運が高まりはじめていた。その兆候は1852年に州債償還のための増税法案が州議会に提出されたことや，前プランター銀行頭取であったスコット（Charles Scott）が州債の返済義務を支持した点に端的に示されている。この動きを受けてニューオーリンズの有力紙は，ミシシッピ州債の利払いおよび償還の可能性について期待を込めて報じた。海外投資家やベアリング商会も債務の返済に向けた広報活動を開始した。だが，結局のところ，鉄道推進派の試みは挫折した。その最大の要因は，海外投資家の関心がすでに州債よりも北部の鉄道証券に移りつつあったためである。広報活動費の拠出に難色を示す投資家が現れ始めたことは，ベアリング商会とフート商会の足並みの乱れにつながった。その結果，増税法案の通過を左右する1857年の州知事選において，返済拒否派が支持派の立候補を打ち破り，ミシシッピ州債問題は20世紀初頭まで引きずることになった[40]。

　以上の点からすれば，州債の利払いを全面的に順守する条件は，州有運河への追加貸し付けと深く結びついていたと理解することができる。当初，海外の州債保有者は，増税を通じた州財政再建が宣言されるまで，州への貸し付けを見合わせていたが，事態の改善が見られないため，対米金融制裁を断念して，代わりに州への追加支援を決定したのである。

　海外投資家の代理人カーティスは，州財政再建の理念的枠組みをボストン有力紙『ノース・アメリカン・レビュー』の論説のなかで提示した。この中でカーティスは，州の債務は個人の債務と何ら変わるところがなく，債務の返済

を拒絶することは、外国人であれ、アメリカ国民であれ所有権を侵害する行為に等しく、自然法の秩序に反するだけでなく、州全体の公益を否定する行為であると非難した。その一方で、カーティスは利払いを停止した州すべてを同一視するのではなく、州議会の動向をみすえた再建計画を提示した[41]。

こうした認識に基づき、海外投資家の代理人は財政基盤の脆弱な州に対しては、運河開通までの資金提供を財政再建案に盛り込んだ。すなわち、「州議会では、今のところ債務不履行の決議が通過していないが、一部の州債の利払いを凍結している。運河開通に必要な資金を貸し付ける投資家が、州議会に切望することは、対外的な信頼の回復に努めることである。それは、運河完成に要する資金を調達して、信頼の根拠を示さなくてはならない…中略…われわれは、残念ながら、運河の完成以外に、州の財政政策にたいする法的介入手段をもちあわせていない。われわれは、あなた方の州に自らの意見を表明するか、州知事が次期州議会で財政再建の要求を満たす効果的手段を採択するよう促すことしかできないのである…中略…だが、われわれは、法的に定められた手続きによって選出された代理人への融資になら喜んで同意する」[42]。

2-2 インディアナ州の財政再建

州議会が州債の返済義務を認めるのか否かは、外資の追加融資と密接に関連していた。最後に、財政再建の個別事例についてさらなる検討を加え、その結果として、運河再編の地域差を明らかにする。

まずは中西部の事例から見てみよう。発展途上にあるだけよりいっそう厳しい財政状況に置かれていた中西部では、東部沿岸部州よりもいっそう困難を極めた。インディアナ州では、州債残高1,450万ドルに対して、州政府の財政収入はわずか4万ドル程度に過ぎなかった[43]。こうした状況で、ニューヨーク生命保険会社のバトラーは、州議会と外債保有者を調停すべく、上院議員と下院議員24名から成る財政委員会を通じて、州議会との交渉に入った。この交渉は、インディアナポリスで1845年12月25日から翌年1月17日にかけて行われた。

バトラーは州知事に宛てた書簡の中で財政再建案を州議会との協議のうえで

図表2　ワバッシュ・エリー運河の再建計画

年度	総距離 (マイル)	建設費総額 (ドル)	税収 (ドル)	通行料・売水収入 (ドル)
1846	188	2,929,000	130,000	150,000
1847	188	2,929,000	136,000	175,000
1848	224	3,404,000	142,000	225,000
1849	337	4,944,000	148,000	330,000
1850	374	5,585,000	154,000	390,000
1851	374	5,585,000	160,000	425,000
1852	374	5,585,000	166,000	450,000
1853	374	5,585,000	172,000	475,000
1854	374	5,585,000	178,000	500,000
1855	374	5,585,000	184,000	500,000

出所：*Letter of Charles Butler, op. cit.*, pp. 34, 70より作成。

作成する旨を強調し，州債の利払いと償還への理解を求めた。バトラーがインディアナ州財政委員会に検討を要請した再建案には，第1に，州債の利払いに増税分を充当すること，第2に，運河開通後の通行料収入および運河に隣接する土地の売却金を州債償還の基金とすること，第3に，新たな州債発行による借り換えであった[44]。ところが，州側は当初このバトラー構想に難色を示した。インディアナ州財政委員会によると，資産100ドルあたり30〜35セントの税の妥当性は以下の点から問題視された。第1に，正貨の海外流出による銀行券価値の変動，第2に，農村と都市部の税負担格差，第3に，運河から直接利益を得る住民とそうでない住民の受益者負担に不公平性を残すことにあった。運河からじかに水運の恩恵をえられない住民は，輸送利益と税負担に不公平感を募らせていたといえよう。

　バトラーは，すぐさま新たな代替案を提出して負担の公平化を図った。提出された再建計画は，この交渉の中で最も重要な取決めとなった。バトラーの計画は，租税収入に依存するのではなく，事業収益を主たる財源とする構想に改められた。これこそが，バトラー構想の核心部であった。州議会に提出された通行料収入と租税収入の見積もり（図表2）によると，運河開通後に期待される通行料収入は，1846年から1855年にかけて毎年15万ドルから50万ドルであり

実に3倍の伸びに対して，予想される税収は13万ドルから18万4,000ドルとわずか1.4倍であった。バトラーがいかに運河開通後の収益に期待を寄せていたのかが，この図表から確認できる。この潤沢な収益基盤を前提に，バトラーは運河のために発行された州債を運河会社で引き受けることによって，州の債務負担を大幅に削減した[45]。

バトラーの構想が運河完成後の事業収益を州債の償還および利払い費の主たる原資としている以上，運河開削工事の再開から運河開通までに要する追加資金を海外投資家から調達しなければならなかった。そこで，バトラーは運営面について州側に大幅な譲歩を迫った。すなわち，内陸改良委員会の権限を海外投資家の代理人へと一時的に委ねると同時に，資金管理を州管理銀行ではなく，バトラーの息のかかったニューヨークの銀行を通じて行うことを州議会に認めさせた[46]。また，経営陣の任命を海外投資家に委ねることを，追加融資の条件に加えた[47]。こうしてバトラーは運河会社の経営を海外投資家の代理人へと移譲させることによって，海外投資家にとって安全かつ魅力的な投資対象へと再編した[48]。以上の調整段階を経て，増税法案は，1846年1月15日下院を61対33で，17日に上院を32対15で通過した[49]。

こうした実績によって，民間の実務家の重要性は中西部で広く認識された。たとえば，『ハンツ・マーチャント・マガジン』に掲載されたイリノイ州知事の声明によれば，民間の実務家の自由な経済活動こそが州全体を利する行為であり，州財政再建の原動力とされた[50]。この種の発言は『アメリカ鉄道ジャーナル』[51]にも掲載され，広く報じられることとなった。同じく『バンカーズ・マガジン』でも，運河再編における実務家の役割がはっきりと記されていた。すなわち，「管見の限りバトラーが州債の財政再建案を提出するまで，ワバッシュ・エリー運河を民間へと譲渡することをインディアナ州では誰も考えつかなかった。また，バトラーの提案以前に州債償還のために運河を完成させようと思いつく者はインディアナ州には誰一人としていなかった」[52]。

このように運河事業は一見すると個人実務家に引き継がれたが，現実には，運河再編は言わば条件付きの民営化に過ぎなかったといえる。この点はインデ

ィアナ州下院議員セクレスト（Henry Secrest）の報告書から読み取ることができる。すなわち，「重大な問題の解決によって，インディアナ州にもたらされる利益は，ドルやセントに換算できないであろう。運河完成による社会的利益や道義的利益はいうまでもないことだが，財政的利点は，計り知れないであろう。そうしたもろもろの利益は，州への大移住に見出される。移住者は，わが州を通過し立ち去るどころか，農地価格の上昇と健全かつ勤勉な人々の増加によって，わが州に定住するであろう。運河事業は課税対象を増大させ，そして製造業や機械工業の企業活動を結びつける原動力となる。こうして，わが州の名声や経済力は多大なものとなる」[53]。以上の州議会の認識からすれば，やはり州有運河への民営化は，州の公益理念を満たす限りで支持されたといえるのである。

2-3 メリーランド州の財政再建

　南部におけるベアリング商会の戦略は，州議会で対立していた鉄道推進派と運河推進派の利害調停にあった。この点を確認するうえで，チェサピーク・オハイオ運河会社（Chesapeake and Ohio Canal，以下Ｃ＆Ｏ運河と略記）の事例を見てみよう。Ｃ＆Ｏ運河会社の経営破綻は，メリーランド州の財政破綻に端を発している。メリーランド州の債務危機は，Ｃ＆Ｏ運河を支援する州政府とボルティモア・オハイオ鉄道（Baltimore and Ohio Rail Road，以下Ｂ＆Ｏ鉄道と略記）を支持するボルティモア市の対立に見出される。両者は，いずれも州西部地域に位置するカンバーランドへの路線拡張を画策していた。カンバーランドへの路線拡張は，豊かな鉱物資源とその輸送需要が見込まれる収益性の高い路線であった。Ｃ＆Ｏ運河は，メリーランド州の財政支援の下で運河建設を拡張していく一方，Ｂ＆Ｏ鉄道は，会社設立特許に遅れをとるものの，1827年4月までに一足早く株式払込みを済ませ建設を開始していた[54]。

　ここに，建設ルートの優先権をめぐり，両者の主導権争いの幕が切って落とされた。すなわち，法的な設立特許に付随する優先権は，Ｃ＆Ｏ運河に付与されるべきだが，他方で，企業実態としてはＢ＆Ｏ鉄道にも優先権を付与すべ

きではないのかと考えられたのである。ところが，裁判所の判決は，鉄道業を独占的な企業活動とみなして，C&O運河側に建設の優先権を認めたものとなった。このため，B&O鉄道は建設を一時中断せざるをえなかった[55]。一方でメリーランド州から派遣されたC&O運河の取締役は，輸送独占に抵抗することを名目に，運河建設に対するさらなる財政支援を引き出した[56]。なぜなら，鉄道業では鉄道会社がレールなどの輸送施設と車両などの輸送手段をどちらも独占するが，運河では，輸送施設である水門や水路を運河会社が所有するが，輸送手段である輸送用船舶は，個人事業主に委ねられたからであった。

運河会社の動きに対して，1842年10月ボルティモア市で開かれたB&O鉄道の株主総会は，競合路線となるC&O運河に対して，運賃値下げ競争の引き金となるため，州西部への運河拡張計画を深刻に受け止めた[57]。B&O鉄道総裁のマクレーンやブラウン商会を代表とするボルティモアの鉄道推進派は，州議会において運河支援法案にことごとく反対したばかりか，増税法案の成立を阻止し続けた[58]。鉄道推進派の反運河の立場は，一部の利害に限定されることなく，ボルティモア市民の共通認識でもあった。ボルティモア市議会では，運河への財政支援がわずか1票差で州議会を通過したことを受けて，州財源の不公平な配分を痛烈に批判した[59]。ボルティモア市議会で採択された決議は増税の阻止で一致すること，これこそが州議会の腐敗を食い止める大義名分となった。

そこで，ベアリング商会在米代理人の要請のもとで，土木技師スウィフトとボストン出身の鉄道推進派ヘイルは，西部鉱物資源の莫大な輸送利益の公平なる配分を実現すべく，運河と鉄道の和解を試みた。代理人によって州議会に提出された報告書には，アレゲニー地域における石炭および鉄鉱石の輸送によって得られる利益について詳細に検討された。報告書によれば，鉄道と運河はボルティモアだけでなく，隣接するジョージタウン・アレクサンドリア・ウェストヴァージニアに鉱物輸送の恩恵をもたらすと記された。「石炭取引から得られる利益だけで，他の収入源に依存せずとも，いわば増税せずとも，運河や鉄道の建設費を賄うのに十分である」が，その前に鉱山における運河と鉄道の輸

送力を拡充するには，追加資金を必要とした。このため，代理人はベアリング商会や海外投資家からの追加融資を引き出すため，州議会に財政再建法案の通過を求めた[60]。

さらに，代理人の利害調停は，運河経営の再編にも明確に示された。C＆O運河に関する取決めによれば，土地・建物・輸送施設（水路や閘門）などの資産を運河トラスティに譲渡し，経営を運河トラスティに委任した。運河の実質的な経営を掌握する運河トラスティのメンバーには，ボストン鉄道推進派として知られるデイビスやヘイル，そしてニューヨークの銀行家レーヴィットが任命された[61]。この人選は運河再建に鉄道利害の要請が反映されたことを示すとともに，鉄道と運河の政治的対立が解消されたことを内外に強く印象づけた。

その結果，州議会では，鉄道推進派も運河推進派も州財政再建案に同意したのである。B＆O鉄道の株主総会の中で西部地域への建設計画を発表し，その根拠として路線拡張による競争力の強化・建設費の追加融資・西部輸送の強化を打ち出した[62]。海外投資家の代理人は路線拡張計画への合意を機に，海外投資家を通じて鉄道建設の資金調達に乗り出し，その見返りとしてボルティモアの鉄道推進派に財政再建法案を支持するように迫った[63]。

では，運河が東部投資家の手に委ねられたという事実は，南部州の政府介入の後退を決定づけたのであろうか。C＆O運河への追加融資には，ベアリング商会の30万ドルやボストン投資家の20万ドルの他に，ヴァージニア州からの財政支援30万ドル，ワシントンとアレクサンドリアとジョージタウンの10万ドル，建設業者の20万ドルが拠出された[64]。しかも，こうした南部政府の財政支援は，南部商業利害の要請と合致するものであった。南部における可航河川の整備計画は，ニューヨークの金融力に依存しない独自の経済圏を築くことにあった。この限りで，1837年にオーガスタの地で開かれた南部商業会議では，南部プランターの経済力を結集することなしに，北部に対する南部の経済的独立を実現することは困難であるとの認識を共有したうえで，運河および鉄道事業への資金の傾斜配分，および南部銀行業の与信能力の強化について合意を得た[65]。

さらに1840年代に入ると，南部商業集団の利害は，水運網の改良にともない，

南西部へと拡大され，ミシシッピ川沿いの都市，テネシー州メンフィスで開催された河川港湾会議へと結実した。河川港湾会議の関心事は，ミシシッピ川を中軸とする南部水運網の整備を目指すカルフーン構想の実現に注がれた。彼は南部主要都市チャールストン（サウスカロライナ州）・リッチモンド（ヴァージニア州）・ボルティモア（メリーランド州）と南西部主要都市のメンフィス・ニューオーリンズを結ぶ輸送計画を連邦議会に提出した。こうした南部勢力の結束は，やがてB＆O鉄道の完成ならびにC＆O運河に基づくチェサピーク水運網の発展によって，南米と西部辺境の地カリフォルニアへの一大水運構想へと発展した[66]。

第3節　運河開通にともなう南北の分断

　州財政再建は，中断されていた運河建設の再開をもたらした。C＆O運河・I＆M運河・W＆E運河は，ニューヨークのエリー運河と並ぶ規模に達しており，主要都市を結ぶ巨大水路として期待を集めた。東部沿岸大都市（ニューヨーク）と北西部主要都市（シカゴ）は，運河開通によって，五大湖・イリノイ川・オハイオ川・ミシシッピ川上流にまたがる一大水上輸送網を手に入れたのである。

　その一方で，東西間交易ルートが形成されたことによって，西部穀倉地帯への輸送ルートをめぐり，北部は南部と政治的に鋭く対立した。北部の水運計画は，アレゲニー地域の鉱物資源を東部沿岸の工業都市に向けて，低い費用で輸送する長大な計画へと発展した。とりわけ北部にとっては，ミシシッピ川を介したダウン・リバー・トレードに依存せずとも，五大湖を経由し西部へと輸送路を拡張できた。これに対して，南部の商業利害は，北部の動きをミシシッピ川の水運に対する脅威と捉えた。南部州は，西部への奴隷制と大農園経営の拡張を画策しており，ミシシッピ川下航路の整備を軸にして，メキシコ湾からパナマ地峡を抜けて西部への一大水運システムを構想していた。

　南部で開催された商業会議で議論された内容は商品作物の海外輸出を軸とし

た南部・南西部の経済発展にあった。彼らの共通認識は，経済的な自由主義を標榜したのではなく，国の財政支援を求めるものであった。1839年チャールストンで開催された商業会議では農産物の輸送費引き下げ，輸送網整備への投資，港湾都市における貿易金融の強化で合意に達した[67]。

　1845年にはミシシッピ川改良会議がメンフィスで開催された。この会議は12の州と地域から520名の代表を集めた大規模な会議となり，なかでも注目を集めたのが，会議を主導したサウスカロライナ州上院議員のカルフーン（John C. Culhoun）であった。彼はメキシコ湾とミシシッピ川およびオハイオ川の安全な可航路の必要性を説き，そのための財政支援を連邦政府に求めた[68]。カルフーンはミシシッピ川を外洋とつながる内海と考え，この可航河川の整備を進言した。彼の水運構想は国家的規模の事業として計画され着手されるべきものであり，ミシシッピ川と五大湖の連結・南大西洋向け港湾都市への鉄道敷設・ミシシッピ川堤防・造船所・乾ドック・兵器工場の建設・海軍病院の整備・先住民掃討のための軍事路であった[69]。この会議の内容は南部の有力紙『ド・ボウズ・レヴュー』（De Bow's Review）において次のように報じられた。「メンフィス会議において強く印象づけられたことは，南部と西部の幸運なる同盟と共同の瞬間にある。両者は共に一つになる運命にあり，引き離されることは決してない」[70]。

　同様の計画はミシシッピ川中流に位置するセント・ルイスで開催された商業会議でも主張された。この会議において河川計画は「人命保護」・「財産保護」・「軍事路」の3つの柱から定義された。すなわち，「最も危険な障害は目測では確認できない川底の障害物・切り株・流木である…中略…河川航行における障害物によって，河川輸送は危険になるばかりか，時として蒸気船を航行不能にしてしまう…〔こうした障害物は──引用者〕ミシシッピ渓谷の商業取引にとって最大の問題であり，毎年のように船や積荷に損害を与えるだけでなく，多くの人命を奪ってきた」と示された[71]。すなわち，水難事故による損害は，積荷の破壊・到着の遅延・船舶の修理費・船員雇用に加えて，割高な保険料を船主に課すため，輸送競争力を削ぐ要因であった[72]。蒸気船輸送の発展にともな

う水難事故は無視できない事態となっていた。

　また，河川航行上の危険を取り除くことは，商業上の利点だけでなく軍事的観点からも重視された。対メキシコとの軍事的衝突やインディアンの反乱から住民を保護して，なおかつ西部フロンティアの治安を維持するうえで，ミシシッピ川は軍の派兵，武器および戦時物資の輸送路として機能しうる。こうして河川計画は，人々の財産を保護して西部公有地価格を引き上げ，国土の拡張に寄与するものと考えられた[73]。河川の整備なくして，南部の商業・財産・人命はいまや危機にさらされた。なぜなら「イリノイの河川計画は確実に進展しており，北東部都市との間で始められている。東部へと向かう主要航路はすでに完成しており，大型船舶の寄航を実現している」ためであった[74]。

　これに対して，北部の河川計画は，1846年にシカゴで開催された公聴会において，シカゴ市民の要請に代表された。公聴会で確認された方針は，南部の利益を排除して，あくまでも北部主導による西部フロンティアへの航路拡大にあった。すなわち，「シカゴは五大湖とイリノイ川にまたがる水運の中継地に位置しており，この地で開催された本会議は，五大湖と河川の利害関係者に影響を与える。こうした理由からセント・ルイス商工会議所の要求をとり上げることは非現実的である…中略…すでに南西部利害は自らの利益を表明するメンフィス会議を開催した。北西部は自らの要求を断固主張し…中略…セント・ルイスはこの決定に従うべきである」[75]。

　翌年の1847年，シカゴで開催されたシカゴ河川港湾会議（Chicago River and Harbor Convention）では，大西洋岸の港湾を整備するとともに，五大湖と東岸を運河で連結し，その財源を連邦政府の負担のもとで実施する決議が通過した[76]。しかも，その後の修正案では，その財源が輸入関税によって捻出する旨が付け加えられた[77]。この点で，北部の河川計画は保護関税を嫌う南部側の利害と真っ向から対立した。

　そして1863年，南北戦争の最中，シカゴで開催された全国船舶運河会議（National Ship Canal Convention）の中で，総会議長ブレイナードは，エリー運河開通の功労者デウィット・クリントンの偉大なる功績を称えながら，河川輸送

の重要性について以下の演説を行っている。彼は運河を流れる水流を人間の血液に例えながら,「人間の生態システムにおいて，心臓の鼓動によって血液が大動脈や毛細血管をつたって循環するように，国内の輸送網を一つに統合することは，商業の根源的活力となるであろう…中略…一つの精神と共益のもとに創られる国民国家は，内部からも外部からも敵の脅威にさらされることはない」という有機体論を展開した[78]。さらに続けて,「河川整備は五大湖とミシシッピ川を結びつけて，一方で太平洋側からアジアの富を，他方で大西洋側からヨーロッパの富をもたらす国道の一つとなるであろう」[79]と述べた。すなわち，北部の河川計画は，可航河川を通じて広大なる土地に散在する経済圏を有機的に連結する共益の理念を，自立した北部社会の形成に即して構想されたものであったといえよう。

こうした決議のなかで謳われる国家の統合原理は，もっぱら北部の利益を反映していた点に留意すべきである。北部の利益を反映した会議では，可航河川の開発根拠について「商業利益」・「国益」・「軍事路」の3点から定義した[80]。すなわち,「東部と西部における莫大な穀物生産は，戦争遂行の際の軍事資金の源泉となり，われわれを国家破産の窮地から救ったことは明白なる事実である。その生産額は南部綿花輸出の途絶にともない，わが邦の域内取引の5分の3に達しており，同じく租税収入の5分の3を占めている。運河拡張計画は，穀物の生産性を最大限に高め，公有地価格を引き上げ，東部製造業者や労働者のパンの価格を引き下げ，さらには海外貿易を拡大するであろう。こうして，富は最大限に高められるのである」[81]。

小　括

ここまでは海外投資家と州議会の間で展開された運河再編の影響に着目し，南北間対立の背景を考察した。本章では，まず州財政破綻の実情に注目して，ベアリング商会の対米金融戦略が，連邦の州財政支援の挫折以降に大きく転換した点を明らかにした。この点をマクグレーンの類型に即しながら整理すると，

東部州と北西部州では比較的に州債の返済義務を遵守していたのに対して，南西部のルイジアナ州やミシシッピ州では返済を拒絶する傾向にあった。

運河の再編過程は，海外投資家の利益を優先する形で実施されたのではなく，州の実情に配慮する形で進められた。増税に先だつ外資導入は，州側に債務返済の重要性を認識させたのであり，このことは，運河への追加融資と引き換えに，運河を譲渡して経営を海外投資家の代理人に委ねるものであった。海外投資家の代理人を務めたニューヨークやボストンの個人企業家は，未完成の運河事業を完成させた立役者となり，じかに運河経営に携わった。

中西部インディアナ州の場合，海外投資家の代理人は増税への反発を十分に考慮して，運河開通後の事業収益を見込んだ財政再建構想を提案した。銀行誌や商業雑誌，鉄道ジャーナル誌は，代理人による州の財政再建が経済的利点だけでなく，むしろ，金銭的価値に還元できない公益性を有すると報じた。民間の代理人は，地方の開発規範と投資家の利益を首尾よく両立したからこそ，州議会の支持を得ることに成功したのである。南部メリーランド州の場合，運河推進派と鉄道推進派の対抗関係に州の財政問題が複合的に絡み合っていた。海外投資家の代理人は，鉄道会社と運河会社の利害対立の調和を図り，新たな運河事業への財政支援を取り付けるのに成功した。

その一方で，運河開通は東西間の輸送網の発展において重要な役割を果たしたが，他方で南北間の政治的対立をよりいっそう浮き彫りにした。運河の再編は輸送事業に対する州議会の政治的影響力を解体することなく，むしろ地域の規範に沿った形で実施された。南部メリーランド州のC＆O運河およびB＆O鉄道の和解調停は，その後，南西部諸州を巻き込み，南部商業会議を舞台にプランター・金融業者・輸送業のエリートたちの関係をより緊密にしていく。そこでは，北部に対する南部経済の自立を保持しようとする南部の開発理念が次第に形成された。こうした南部側の動きに対して北部側も商業利害の結束を強化していく。1830年代に形成された州主体の内陸輸送体制は，1840年代になると，ミシシッピ川を挟んで南部と北部へと分裂した。

注
1） Margaret G. Myers, *The New York Money Market, Vol. 1*, Columbia University Press, 1931, pp. 145-147.
2） B. U. Ratchford, *American State Debts*, AMS Press, New York, 1966, pp. 120-122.
3） 1840年代アメリカの債務危機とその帰結に関する研究については，イングリッシュ，グリナス，シラー，ウォリスの研究がある。これら一連の研究はNBERの研究プログラム「アメリカの経済開発」を主題にした成果である。これらの研究の目的は，州の財政再建と民主主義の関係を問うことで，効率的な資源配分を考察することにある。これに対して，本章では南北間対立の歴史的文脈から州財政再建を検討することで，イングリッシュたちの分析手法とは距離を置く。W. B. English, "Understanding the Cost of Sovereign Default: American States Debts in the 1840's", *The American Economic Review*, Vol. 86, No. 1, 1996. A. Grinath, J. J. Wallis and R. E. Sylla, "Debt, Default and Revenue Structure: The American State Debt Crisis in the Early 1840s", *Historical Paper 97*, NBER, March 1997.
4） Mentor L. William, "The Chicago River and Harbor Convention, 1847", *The Mississippi Valley Historical Review*, Vol. 35, No. 4, 1949, p. 607.
5） *Congressional Globe*, 27th Cong., 3rd Sess., 1843, p. 272, pp. 294-295.
6） Scott P. Marler, *The Merchants' Capital, New Orleans and Political Economy of the Nineteenth Century South*, Cambridge University Press, 2013, pp. 41-43.
7） *Report on the Agencies of Transportation in the United Sates, Including the Statistics of Railroads, Steam Navigation, Canals, Telegraph, and Telephones*, Department of the Interior, Washington, GPO, 1883, p. 5.
8） アメリカからリヴァプールへの綿花輸送費（100ベールあたり）はニューオーリンズからの場合，55ドル31セント，ニューヨークからの場合，39ドル25セントであった。Marler, *op. cit.*, pp. 41-43.
9） Herbert Wender, *Southern Commercial Conventions, 1837-1859*, Ph. D. Dissertation, Johns Hopkins University, 1927, p. 20.
10） *Bankers' Magazine and Statistical Register*, London, Vol. 4, 1849, pp. 346-349.
11） 損失の根拠は，次のとおり。第1に合衆国銀行がヨーロッパからの借入担保として売却した分が18万3,000ドル，第2に英米間の為替レートから生じた損失が90万ドル。*Ibid.*, p. 347.
12） *Congressional Globe*, 27th Cong., 3rd Sess., Appendix, 1843, p. 172.
13） ミシシッピ州では，負債から逃れるためにテキサスに移住する債務者もいた。R.

Mcgrane, "Some Aspects of American State Debts in the Forties", *American Historical Review*, Vol. 38, 1933, p. 681.

14) *Nine Years of Democratic Rule in Mississippi: Being Notes Upon the Political History of the State, From the Beginning of the Year 1838, to the Present Time*, Jackson, MI., Thomas Palmer, 1847, pp. 232, 254, 256, 262.

15) メリーランド州では1841年資産税が初めて導入された。課税対象は俸給・給与・所得500ドルあたり税率2.5％の所得税と時計，銀製品，銀行券，手形，為替などであった。*Niles' National Register*, Vol. 72, 1847, p. 290. ペンシルベニア州では1840年6月増税法案が成立した。課税対象は奢侈品，金融資産，給与，不動産であった。*Hunt's Merchants' Magazine*, Vol. 20, 1849, pp. 260-261.

16) 東部諸州では輸送会社の売却が実施された。メリーランド州では1843年3月に1,170万ドルの売却案が発表され，ペンシルベニア州では1843年と1844年に銀行株420万ドルおよびメイン・ライン株1,600万ドル，コロンビア鉄道株400万ドルの売却が発表された。*Ibid.*, pp. 261-262, 488.

17) *Hunt's Merchants' Magazine*, Vol. 20, 1849, pp. 263-264.

18) Mcgrane, *op. cit.*, p. 67.

19) *Niles' National Register*, Vol. 60, 1841, p. 213.

20) *Hunt's Merchants' Magazine*, Vol. 20, 1849, p. 261.

21) 州議会の提案した売却案は，最低落札価格を2,000万ドルに設定したために買い手がつかなかった。*Hunt's Merchants' Magazine*, Vol. 20, 1849, p. 262, *Niles' National Register*, Vol. 66, p. 64, Vol. 67, pp. 359, 368.

22) 1844年，ペンシルベニア州で実施されたメイン・ライン運河売却の是非を問う住民投票の結果は，売却賛成が14万9,748票に対して，反対が12万4,598票であった。Hartz, *Economic Policy*, pp. 163, 172.

23) *North American Review*, Vol. 58, 1844, p. 125, Mcgrane, *op. cit.*, p. 91.

24) 1847年度直接税納税額76万9,821ドルのうち利付債券での受取りは，72万3,610ドルに達していた。*Hunt's Merchants' Magazine*, Vol. 20, 1849, p. 490.

25) 1847年度州財政報告の中で，輸送会社からの受取額は，ボルティモア・オハイオ鉄道株の配当が1万5,000ドル，サスケハナ鉄道が1万4,000ドル，タイドウォーター運河が6万3,250ドルであった。*Niles' National Register*, Vol. 71, 1847, p. 279.

26) *Niles' National Register*, Vol. 65, 1847, p. 292.

27) 浜文章「アメリカ南部の運河経営と移民労働者──19世紀前半チェサピーク・アンド・オハイオ運河の場合──」『社会経済史学』第54巻，6号，1989年，74頁。

28) *Illinois Senate Journal*, 9th, Assem., 2nd Sess., 1835, pp. 97-102.

29) *Hunt's Merchants' Magazine*, Vol. 21, 1849, pp. 153-155.
30) *Ibid.*, p. 155.
31) *Letter of Charles Butler, to the Legislation of Indiana in Relation to the Public Debt, Indianapolis*, Morrison and Span, 1846, pp. 39-40.
32) John, J. W., "The Property Tax as a Coordinating Device: Financing Indiana's Mammoth Internal Improvement System", *NBER Working Paper*, November 2001, p. 17.
33) Mcgrane, *op. cit.*, p. 136.
34) *Letter of Charles Butler, op. cit.*, p. 7
35) *Niles' National Register*, Vol. 67, 1845, p. 29.
36) 運河史研究のショウは, 州債の利払いを維持したオハイオ州の財政状況を, 「奇跡」と評している。Shaw, *op. cit.*, p. 210.
37) *Circular to Bankers*, November 29th, No. 884, 1844.
38) ベアリング商会の計画に資金協力した金融業者は, ホープ, オーバレント・ガーニー, デニソン, レイド・アービング, ロイドの5社であった。Hidy, *op. cit.*, p. 313.
39) Mcgrane, *op. cit.*, pp. 165-166.
40) *Ibid.*, pp. 212-218.
41) *North American Review*, Vol. 58, 1844, pp. 140-141.
42) *Register of Subscribers to the $1.6 Million Canal Construction Loan*, 1843, no page.
43) *Hunt's Merchants' Magazine*, Vol. 12, 1845, p. 279.
44) *Letter of the Charles Butler, op. cit.*, pp. 33-36.
45) *Ibid.*, pp. 37-39, 71, 92.
46) *Ibid.*, pp. 71-72, 77-78, 86.
47) *Bankers' Magazine*, Baltimore, Vol. 1, 1847, pp. 264-265.
48) *Bankers' Magazine*, Baltimore, Vol. 3, 1849, pp. 167-168.
49) *Ibid.*, p. 69.
50) *Hunt's Merchants' Magazine*, Vol. 24, 1851, p. 244.
51) *American Railroad Journal*, Vol. 18, 1845, p. 4.
52) *The Bankers' Magazine*, Baltimore, Vol. 3, 1849, p. 169.
53) *Letter of Charles Butler, op. cit.*, p. 102.
54) S. Edward, *J. H. B. Latrobe and His Times, 1803-1891*, Waverly Press, Baltimore, 1917, pp. 336-339.

55) *Hunt's Merchants' Magazine*, Vol. 20. 1849, p. 483.
56) *Niles' National Register*, Vol. 65, 1844, p. 291.
57) *Niles' National Register*, Vol. 63, 1842, p. 122.
58) *Niles' National Register*, Vol. 66, 1844, pp. 68-69.
59) Sandlin, *op. cit.*, pp. 152-153.
60) *Report of the Present State of the Chesapeake and Ohio Canal: The Estimated Cost of Completing it to Cumberland*, Dutton and Wentworth, Boston, 1845, pp. 39-40.
61) *Niles' National Register*, Vol. 73, 1847, p. 83.
62) *American Railroad Journal*, Vol. 20, 1847, pp. 710-712. Vol. 21, 1848, pp. 789-792.
63) Mcgrane, *op. cit.*, p. 100.
64) *Niles' National Register*, Vol. 72, 1847, p. 179. Vol. 73, 1847, p. 83.
65) William Watson Davis, *Ante-Bellum Southern Commercial Conventions*, Alabama Historical Society, Montgomery, 1905, pp. 158-165.
66) *Ibid.*, pp. 177-178.
67) *Ibid.*, p. 166.
68) Vicki Vaughn Johnson, *The Men and the Vision of the Southern Commercial Conventions, 1845-1871*, University of Missouri Press, 1992, pp. 101-102.
69) Davis, *op. cit.*, p. 168.
70) *The Commercial Review of the South and West*, New Orleans, Vol. 1, 1846, p. 20.
71) *A Report, The Commerce and Navigation of the Valley of the Mississippi*, St. Louis, 1847, p. 9.
72) *Ibid.*, p. 10.
73) *Ibid.*, p. 13.
74) *Ibid.*, pp. 26-27.
75) William Mosley Hall, *Chicago River and Harbor Convention, An Account of its Origin and Proceedings*, Fergus' Historical Series, No. 18, Chicago, 1882, pp. 23-24.
76) *Proceedings of the Harbor and River Convention*, Chicago: Daily Journal Office, 1847, pp. 39-41.
77) *Ibid.*, p. 43.
78) *Proceedings of the National Ship-Canal Convention*, Tribune Book and Job Steam Printing Office, Chicago, 1863, pp. 7-9.

79) *Ibid.*, p. 9.
80) *Report of the Committee on Statistics for the City of Chicago, National Convention*, Tribune Book and Job Steam Printing Office; Chicago, 1863, p. 32.
81) *Report of the Proceedings of the Board of Trade, Mercantile Association and the Business Man of Chicago*, Tribune Book and Job Steam Printing Office; Chicago, 1863, pp. 4-5.

第3章　内陸輸送開発における運河民営化と余波

はじめに

　本章は，前章から引き続き，運河民営化の一側面であるトラスト型民営運河の経営動向に着目し，19世紀中期における運河再編の意義を考察する。具体的には，経営上の成功を収めたイリノイ・ミシガン運河を事例に取り上げる。

　アメリカの国内市場形成期における混合企業・政府介入の役割およびその歴史的性格に関する研究者の問題関心は，主として運河・水運の変遷過程とその帰結を分析対象としてきた。多くの研究は，1830年代における運河の建設ブーム後，1850年代の運河衰退までの経緯を踏まえて，州政府を運営主体とする運河事業いわゆる州有運河（State Canal）の問題点を解明してきた。実際，経営上の成功を収めた州有運河は極めて少なく，個人企業家に売却されるか，鉄道との輸送競争に敗北し閉鎖に追い込まれた。総じて，州有運河の特徴は，低い収益性・脆弱な財政基盤・外資依存体質を有していたが故に，財政赤字を抱え込む体質であったことで知られている。

　そこで，本章では運河再編に際して，個人企業家に対する根強い懸念と運河民営化の関係について，いま少し掘り下げて考察していきたい。財政危機の克服策として提起された州有運河の民間への払下げは，住民からの根強い抵抗によって破棄され，また，州有運河の採算性の低さから，投資家にとって魅力的な投資対象になりえなかった。むしろ，運河の時代において，運河再編はトラスト方式を通じた事業運営にこそ典型的なあり方として現れた。トラスト型民営運河が支持されたのは，運河を個人に売却せずとも州側に運河の所有権を留

保したままで経営を個人企業家に委ねることによって，地域開発の規範と首尾よく折り合いをつけることに成功したためである。1840年代の州の債務危機における運河の民営化は，かかる経済的・社会的背景からであった。

ところが，運河トラスティの研究は，運河史における重要な論点を含んでいるにもかかわらず十分に解明されてきたとはいえない。州有運河の解体以降，運河がどのようにして開削され，どのような経営方針に基づいて運営されたのかといった基本的事実の解明への関心は，総じて希薄であった。本章の分析対象であるイリノイ・ミシガン運河会社に限定すれば，パトナム[1]とクランケル[2]の事例研究，さらにはコンツェやモラレスを中心とした研究グループ[3]の中でも運河トラスティを部分的に扱っているが，その設立背景や運河事業への影響といった論点は，いまだ検討の余地を残している。

ところで，この時期の運河は，各地域内の小規模な輸送需要を満たすために建設された「利潤追求型」と，西部への通商路確保のために建設された「開発型」に大別される[4]。前者は，既存の交易路における営利活動を目的とした運河であり，規模も比較的小さいことから民間資本によって建設された。これに対して，後者は，輸送手段に対する国民的要求と地域の開発利益を両立するものであった[5]。このような類型に則って運河事業を概観したとき，運河の営利的側面と公益に即した非営利的側面の関係はどのように把握されているのだろうか。言い換えれば，「開発型」に類別されるイリノイ・ミシガン運河会社が，1850年代，鉄道の時代においてもなお，経営上の成功を収めたとすれば，どのような形で営利的側面と非営利的側面を両立させたのであろうか[6]。本章では，こうした分析視角から運河史像を再検討することで，州の財政破綻とその後の私的資本の発達が運河民営化の推進要因であったとする開発史像を相対化し，新たな水運史を提起できると考えている。

以上の研究史の現状と課題を踏まえて，第1節では，イリノイ州開発事業の一環として実施された運河開発の動向を概観し，第2節で，運河トラスティの成立事情を探ることによって，第3節では，民営運河の存立根拠を検討する。そのさい，イリノイ・ミシガン運河を州有運河（1836〜1843年）とトラスト型

民営運河（1845～1871年）に時期区分し，両者の経営動向を比較しつつ，運河民営化の意義を考察する。

第1節　イリノイ州運河事業の特質

1-1　州有運河の設立

　アメリカにおいて運河が水運史のうえで隆盛を極めたのは，1830年代のことであった。運河事業は局所的な経済発展と密接に結びついていたために，地域間で激しい利害衝突の原因となった。イリノイ・ミシガン運河も例外ではなかった。イリノイ・ミシガン運河は1825年に州議会の特許を得て設立されたが，1836年まで建設着工に向けた動きを見せることはなかった。建設着工の遅れの原因は，連邦政府より付与された運河用地の売却に失敗して十分な建設費を調達できなかったことにあるが，輸送計画をめぐる根強い政治的確執も建設着工への障害となっていた。イリノイ川とミシガン湖を連結する水路から交易上の利益を得ようとする州北部とは対照的に，主要河川から遠く離れた州南部では，北部に有利な輸送計画に不満を抱いていた[7]。このため，イリノイ州南部の政治家は，運河と比べて低予算かつ輸送時間も短く，冬季の河川氷結に制約されない鉄道建設を支持した[8]。

　イリノイ州南部の鉄道推進派に対して，運河推進派として知られるダンカン（Joseph Duncan）州知事は，輸送計画の再調査を州議会に要請した[9]。この再調査の真意は，運河独自の利点を強調することによって，運河を州の公共事業として印象づけることにあった。運河によってもたらされる利点は，第1に，鉄道よりも農産物の大量輸送に適していること，第2に，個人船主の自由な競争による運賃の低下，第3に，この点と関連して鉄道独占を排除することにあった[10]。輸送施設（線路・駅）と輸送手段（列車）を保有する鉄道会社は，独占に陥り易いため輸送上の利益に対する脅威として映ったが，これに対して運河は，船舶を所有する者なら誰にとっても開かれた輸送路であり，自由な経済

活動を保障する手段と見なされた[11]。また，ミシガン湖を頂点に終着点ラサールまでの自然流下によってつくり出される水流は，船舶の往来だけでなく，水力として工業用機械の動力源に転用可能であった[12]。こうした観点からすれば，運河の幅員が広ければ広いほど，ますます多くの人々が運河からの利益を享受できたのである[13]。運河事業が鉄道に比べて特別な位置付けを付与されたのは，それが単なる輸送手段ではなく，製造業発展のための原動力であり，輸送独占に対する防波堤でもあったためである。そうした事情とあいまって，運河の建設費は運河の公共性を反映して，1823年の63万ドル，1833年には410万ドルへと跳ね上がり，1837年には1,325万ドルへと高騰していった[14]。

運河建設費の高騰は，州全体の公益性の原則によって正当化されていたとしても，輸送計画の見直しをめぐり運河推進派と鉄道推進派の利害確執をさらに激しいものにした。鉄道推進派は，運河建設を全面的に凍結して，低予算で建設できる鉄道への代替案を提示した。これに対して，運河推進派は，運河事業の見直しを提言しながらも，反輸送独占の観点に固執し，鉄道建設案に反対し続けた。両者の確執は，自らの利益となる事業計画を主張して譲らず，その後も埋まることなく平行線をたどってしまう[15]。そこで，州議会の下した決定は，鉄道と運河の利害確執を解消させるために，多目的な事業計画を盛り込んだ総合内陸開発（General System of Internal Improvements）を打ち出さざるをえなかったのである[16]。

この点は，州債発行の推移によって確認できる。州債発行額と発行目的の推移については，図表1に示したとおりである。州債発行に変化が現れたのは，1840年以降であった。運河事業と銀行設立を目的に発行された州債は，1840年に入ると発行目的を特定しない開発事業債となっていった。開発事業債の内訳を見ると，鉄道・河川改良・郵便路建設・郡政府への補助金給付であり，いわば，運河への幅広い支持を得んがための，ばら撒き型の予算配分となっていた[17]。建設計画をめぐる政治的駆け引きは，まさに，州政府に巨額の財政支出を負わせる結果となったのである。このとき，莫大な建設費を賄う財政基盤は運河建設を目的に付与された公有地であった。

図表1　イリノイ州債発行の推移

(単位：ドル)

年　月　日	利子率	償還期限	発行目的	発行額	未償還残高
1836年1月9日	6	1860	イリノイ・ミシガン運河	500,000	500,000
1837年3月2日	6	1860	イリノイ・ミシガン運河	500,000	500,000
1837年3月4日	6	1860	銀行設立	2,665,000	2,665,000
1839年2月23日～1840年2月1日	6	50年以内	イリノイ・ミシガン運河	3,465,993	3,356,545
1839年3月1日	6	1860	一般財政費	128,000	121,000
1840年2月1日	6	1870	開発事業債	4,231,444	4,231,444
1840年2月1日	6	不明	開発事業債	1,334,120	847,482
1840年12月16日	6	1870	州債利子支払い	300,000	0
1841年2月26日	6	不明	開発事業債	81,822	81,822
1841年2月26日	6	1850	銀行設立	369,998	369,998
1841年2月27日	6	1865	州債利子支払い	804,000	804,000
1841年2月27日	6	不明	銀行設立	50,000	50,000
総　額				14,430,377	13,527,291

出所：*Relief of the States-Public Lands, House Report*, No. 296, 27th Cong., 3rd Sess., 1843. pp. 88-89.

1-2　州有運河の財源問題

　開発事業債が発行される以前，イリノイ州政府は自ら特許を与えて設立した銀行に州債を引き受けさせることによって資金を捻出し，運河会社に融資する見返りに，運河コミッショナーを会社に派遣して運河開削に着手した。運河会社への融資目的で発行された州債は運河債と名付けられた。運河債の引受け額と引受機関は図表2に示したとおりである。これによると，1836年1月9日と1837年3月2日に発行された運河債は，州有銀行（State Bank）によって引き受けられており，州内で消化されていた。だが，1837年7月以降になると，次第に，州債発行は外資に依存するようになっていった。このとき，州債は，州議会から任命された代理人の手によって，ニューヨークのフェニックス銀行，合衆国銀行ロンドン支店やその他のマーチャント・バンカーへと売却された。

　ただし，州債が海外で大量に保有された最大の理由は，ゆるぎない州政府の徴税権に対する高い信頼性に裏付けされたものであった。ニューヨークの投資家バトラー（Charles Butler）は[18]，徴税権に基づく州の運河事業の安全性を

説いた[19]。また,フェニックス銀行(ニューヨーク)の頭取デラフィールド(J. Delafield)は,イリノイ州代理人のコールズ(Edward Coles)に充てた書簡の中で,運河開通にともなう商業発展によって,州全体の利益につながる点を強調したうえで,州政府の財政支援を運河建設の財源にするように提言した[20]。デラフィールドの書簡を受け取ったコールズは,州知事に対して次のような内容の書簡を送っている。ヨーロッパ人投資家達は運河の採算性に強い懸念を抱いていた。このことが運河会社の信用を低下させ,資金調達の障害となり計画の失敗を招いた。ならば,運河開削工事の円滑なる着手には,運河開通までの建設期間を,あるいは少なくとも完成の目途が立つまでの建設費を州財政から補填することを説いた。要するに,州知事宛ての書簡では,州政府は,揺るぎなき政府の公信用を駆使して企業活動を積極的に鼓舞せよ,という旨が明記されていたのである。

　これは,東部大都市で資金調達に奔走していたコールズの率直な見解であったといってよい。コールズによって企図された資金捻出策は,州政府の財政赤字を一時的に増幅させたとしても,商業の拡大によって通行料収入と資産価値を高めるならば,財政赤字を相殺できる,という財政理論に裏打ちされたものであった。すなわち,州有運河は,莫大な財政支出を抱えたとしても,追加の税を課すことなく,運河から得られる事業収入だけで遂行できると考えられた。以上の書簡の内容から,当時の州政府は,財政上の制約にわずらわされることなく運河開削に着手できたと考えられる。1835年12月,イリノイ州開発管理委員会は,以下に示される利点に基づいて,運河への財政支援を表明した。第1に,州債の利払い費に運河用地売却から得られる財源を充当し,追加の税負担を課さないこと,第2に,運河用地の取引は州議会の統制下に置くことによって,投機的な土地の売買を未然に防ぎながら,西部への移住者に健全な公有地価格で土地を提供することにあった[21]。

　ところが,イリノイ州開発管理委員会の思惑とは反対に,州の公有地政策は,極めて投機的な運河用地の取得状態を招いた[22]。州は,土地取得者を支援するために,土地取得の分割払いを認めており,取得価格の10%を支払いさえすれ

ば，応募者に最大20年間の支払猶予を認めた。さらに，運河用地への払込み手段として，運河紙券や州債などさまざまな支払方法を認め，1868年まで正貨での支払いを事実上猶予した[23]。この運河用地取得の優遇措置こそが結果的に州財政破綻のきっかけとなった。すなわち，正貨の授受をともなわない土地処分は，運河用地への応募者数を増加させたものの，地価の投機的な上昇を招き，土地取得者を債務不履行へと追い込んだ。なかでも最も投機的に取得されたのがシカゴ・タウン・ロットと呼ばれる市街地の区画であった。市街地の各区画（Lots）の募集は，第1回が1830年9月，第2回が同年の10月，第3回が1836年12月になされ，合計で415区画にあたる123万ドルを売却した。この間の一区画の単価は1830年9月に234ドルの値を付け，その後1836年12月には4,380ドルへと約18倍も高騰した[24]。このため，土地取得者は，支払猶予を認められていても，次の払込みに応じられなかった。運河コミッショナーから提出された報告書によれば，486区画のうち，30％を占める147区画の取引が支払不履行となり，その後，没収されるか売買契約を破棄された[25]。また，別の調査でも，141万ドルの取得分のうち，59％にあたる84万ドル分の土地が没収されていた事実が報告された[26]。運河用地の売却益を州債の利払いに充てていた州政府は，たちまち資金難に陥った。

　イリノイ州の輸送計画の破綻を招いたもう1つの原因は，追加の州債発行を通じて捻出された財政余剰金を未払い利子に充当するというその場凌ぎの策を採用したことである。利払い費の補填を目的に発行された州債は，1840年12月16日と1841年2月27日にかけて実施された（図表1参照）。この州債売却は失敗に終わった。というのは，大口の引き受け機関であるニューヨークのフェニックス銀行は，額面以下の州債を違法な契約と見なして，州債の引受けを拒否したためである[27]。その結果，1841年まで1ドルの額面価格で取引されていた州債は，1841年8月には55セント，1842年3月には18～19セント，1842年8月には17.75セントへと下落した[28]。それでも，あくまでも運河建設の継続に固執する州政府は，建設費の支払い代金として建設請負業者に対して開発基金コミッショナーを支払人とする融通手形の発行を認めた。この手形発行がさらに

図表2　イリノイ・ミシガン運河債の発行額

年　月　日	発行数	額面	発行通貨	引き受け先	発行金額（ドル）
1836年1月9日	500	1,000	ドル	州有銀行	525,000
1837年3月2日	500	1,000	ドル	州有銀行	500,000
1837年7月21日	300	1,000	ドル	デラフィールド（フェニックス銀行・NY）	300,000
1839年2月23日	1,000	225	ポンド	合衆国銀行（ロンドン支店）	976,396
1839年2月23日	100	225	ポンド	ニューヨークの投資家	100,000
1839年2月23日	150	225	ポンド	ライト商会（ロンドン）	145,188
1839年2月23日	1,000	225	ポンド	ロンドンの銀行（Maganic Smith 商会）	1,075,000
1839年2月23日	197	1,000	ドル	建設請負業者	197,000
1839年2月23日	84	1,000	ドル	ダフィ商会	36,000
1840年2月1日	—	—	ドル	銀行手形発行	409,448
総　額					4,264,032

出所：Putnum, *op. cit.*, p. 47.

運河財政を圧迫し続けた。この融通手形は，運河建設地で決済手段として一時的に流通したものの，発行直後に減価し，建設請負業者をさらに苦しめた[29]。

第2節　州有運河からトラスト型民営運河へ

2-1　州有運河の破綻

　イリノイ州財政委員会は，財政危機に瀕した状況にあっても，増税案を州議会で審議することに難色を示し，次のような見解を出している。「現行の財政システムのもとで計上される歳入はむこう5年間の歳出を賄うであろう。したがって，増税が良いものか悪いものかはともかくとして，住民を過度に圧迫しない財政政策こそが，州を負債から解放する真の財政システムなのである」[30]。こう主張して増税の可能性を否定した後で，財政委員会は，運河開通後の用地売却と通行料を運河債の利払いに充てるように進言した。また，運河開通後の輸送量は，エリー運河の輸送量をはるかに凌駕する規模に達すると推定された。すなわち，イリノイ州全域の「大地は，低コストで耕作され，極めて生産的であり，勤勉で企業家精神に富んだ人々と良好な気候にも恵まれ」，経済発展を

実現するとされた。運河開通後の通行料収入は，州債の利払いだけでなく元本償還にも充当されるがゆえに，運河用地価格を引き上げなくても政府の借金を返済する財源を確保できると考えられた[31]。運河の利点は，健全なる地域発展を通じて，負担なき財政再建を実現するものであった。

ただし，イリノイ州は自力で運河開通までの資金を確保することに難色を示した。破綻した運河会社の犠牲を重い税負担という形で住民に強いるのであれば，すべての輸送計画を破棄せよ，という声すらあがった[32]。こうした見解に対して，ギャラティン郡のゲイトウッド議員は，個人企業家の利益追求行動の危険性を説くことによって，住民の利益保護を第一に優先して，州主導の輸送計画を支持した。その結果，輸送計画の全廃および民営化案は州議会での立場を失う代わりに，個別の輸送計画の修正案となって再び検討された。たとえば，クック郡のジョセフ・ネイパー議員，ワシントン郡のジョン・クレイン議員，ヴァーミリオン郡のアイザック・ウォーカー議員は，複数の鉄道建設計画をセントラル鉄道に一元化する修正案を提出した。同様に，サンガモン郡のジョン・ドウソン議員やシャンペイン郡のジェイムズ・ライアン議員が，ノーザンクロス鉄道への支援を主張すれば，マディソン郡のロバート・スミス議員も，テレホート・シェルビービル・アルトン鉄道建設を請願したのである[33]。

また，州議会では不当な州債取引の実態が白日のものとなったことで，財政再建自体が疑問視された。1837年3月の州法の規定に照らすと，州法では額面以下での州債の売却を禁止していたにもかかわらず，開発基金コミッショナーとロンドンのライト商会（John Wright & Co.）は額面以下で州債を引き受ける契約を交わした。モンゴメリー郡，ボンド郡，スコット郡で開かれた代表者会議では，州債の不正な取引を批判する決議が採択され，州の借金返済を拒否した[34]。不正な州債の売買契約を盾に返済を拒否することは，州議会では必ずしも満場の支持を得るにはいたらなかったものの，輸送計画の失敗を納税者に負わせてはならないことは，州議会の共通見解であった[35]。イリノイ州の住民は，租税負担のともなわない輸送計画に賛成したのであって，租税負担のともなう輸送計画を支持したわけではなかった[36]。

フォード州知事（Thomas Ford）は，州議会での声明で，莫大な債務負担が住民の肩に重くのしかかる危険性を示唆したうえで，同様の負担を移住者にも強いることになるのではないかと懸念を示した。州への移住促進には輸送網の整備が不可欠な条件となっていた。だが，移住者はたとえ交易機会の拡大を約束されたとしても，重い税負担を課される土地に移住することを好まず，移住先としてイリノイ州を敬遠した[37]。

2-2 トラスト型民営運河の創設

以上から明らかなように，州の借金返済をめぐる州政府と海外投資家の確執は，もはや当事者で解決できない状況にあった。州側は西部移住の妨げとなりかねない増税に対して消極的な態度を取り続けた。一方，海外投資家は，増税法案が州議会を通過するまで，運河会社への追加融資に応じない構えを見せていた。膠着状態のなか，西部開発や土地取引に投資したニューヨークとボストンの実務家は，州政府に代わる新たな政策担当者となり，海外投資家との交渉を再開した。

ホイッグ党系の政治家でマサチューセッツ前州知事ジョン・デイビスは，ボストンの投資家とニューヨークの銀行家を中心に協議を重ね，イリノイ・ミシガン運河を中心とする河川改良工事の再調査を開始した。実務者たちの協議会は，通行料・用地売却・水力供給から得られる運河収益を運河建設費に充当することを裏付けた調査結果を海外投資家に提出した[38]。

だが，ニューヨークの銀行家であっても，ロンドンの海外投資家との交渉は，やはり難航を極めた。なぜなら，海外投資家は，運河会社への追加融資に合意する条件として増税を要求してきたためであった。一方，運河の早期完成を望む州北部の政治家は，増税に賛成したものの，鉄道を推進する州南部の政治家は，州北部のみを利するような税負担に反対した。そこで，ニューヨーク・エクスチェンジ銀行家レーヴィット（David Leavitt）は，運河トラスティを創設し，自らをして運河会社の経理担当人となり，運河会社の経営に着手したのである。運河トラスティは，州の抱えた政治的状況を加味して，州債を2つに

分類した。すなわち，レーヴィットの計画は，州債のうち運河建設を目的に発行された債務（いわゆる運河債）を州債から切り離し，運河会社の負債に組み入れ，納税者の税負担を軽減した[39]。その結果，1845年3月1日，運河法が州議会を通過し，翌年7月から州債の利払いが再開されたのである。

　このような経緯で創設された運河トラスティとは，具体的にどのような組織であったのか。運河トラスティの設立根拠となる運河法に依拠しながらこの点を確認したい。運河トラスティは，1845年3月に施行された運河法に基づいて創設された。同法では，第1部，運河トラスティの創設に関する条項（第1条項から第9条項），第2部，運河建設に関する条項（第10条項から第14条項），第3部，運河完成後の事業運営に関する条項（第15条項から第22条項）と補足法からなる[40]。

　第1部は，それまで資金面と運営面を担っていた開発基金コミッショナーと運河コミッショナーを廃止する代わりに，運河トラスティに運河事業を統括する権限を与えた。運河トラスティは，3名の受託者から構成され，会社の最高経営責任者の地位を与えられた。事業方針の決定は，トラスティの2名以上の合意をもって賛成多数として実行に移された。この2名のトラスティの任命権は，追加融資100ドルあたり1票の割合で州債保有者に付与されており，残り1名の任命権を無条件で州議会に認めていた。追加融資への申し込みをみると，イギリスの投資家が72万ドル，次いで，ニューヨークの投資家が27万ドル，イリノイ州の投資家が9万4,000ドルとなっている[41]。初代の運河トラスティには，ニューヨークのレーヴィット，陸軍工兵隊技師（Corps of Engineers Army）ウィリアム・スウィフトが海外投資家から任命され，ジェイコブ・フライが州知事により任命された。第1部の規定によれば，運河会社を支配したのは，追加融資の応募者の大部分を占めたニューヨークとイギリスの投資家であり，彼らによって指名された運河トラスティということになる。

　第2部は，運河技術者の任命とそれによる運河事業全体の掌握を運河トラスティに委ねることを規定していた。運河トラスティから任命された技術者集団は，技師長を筆頭に，主任技師・常駐技師および同補佐・測桿手および同補

佐・土地管理人および同補佐・州トラスティ補佐・蒸気機関技師および同補佐からなり，256の請負業者を統括した。運河の完成後は，運河長・補佐役・監督技師・監督技師補佐・通行料徴収人・運河監視員・水門管理人・守衛が運営を担当した。この規定により，運河コミッショナーを通じて行使された州議会の政治的な影響力は，はるかに制限されることになった。これまで，運河労働者の雇用を優先するように圧力をかけてきた州知事に対して，運河トラスティは，技術者の増員を決定できる体制を整えたといえる[42]。州知事が運河労働者の雇用を優先させたのは，アイルランド系移民の移住促進を狙ってのことであった。これに対して，技師長グッディング（William Gooding）は，運河労働者の雇用よりも技術者の採用を優先して計画の規模縮小を進言した。州側は，グッディングの進言を拒否し解雇を要求した。しかし，州債保有者によって任命された2名の運河トラスティは，グッディングの経験と実績を評価して，州側の申し出を不当解雇として退けて，経験豊かな土木技師を起用し続けた[43]。

さらに，運河会社の運営について記された第3部では，運河開削をめぐる企業の営利活動と政府規制が併記されている。運河トラスティは，閘門・ダム・水力供給を営む権限，および運河関連施設・建築資材・運河用地を州から譲渡された。運河関連の資産を譲渡された運河トラスティは，会社の経営資金や負債の償還基金を捻出して新たな事業運営に着手した。また，通行料の決定は，州議会の意見を加味しながらも，最終的には運河トラスティの判断に委ねられた。これは，自由な経済活動を通じて通行料は必然的に低下するという，言わば競争原理に支えられていた。

これに対して，地価の決定権は，州議会から任命された州の査定人に委ねられていた。このことは，運河用地の処分を個人に委ねることに対する根強い不信感に配慮したものと考えられる。地価の決定を州議会に委ねたことは，民主的な公有地政策，ならびに西部移住者の保護と健全な公有地価格を維持するうえで好ましかった。このような運河法の規定は，移住促進の観点から地価の決定については州議会に権限を留保しながらも，運河トラスティに対しては，営利活動を認めていたことになる。すなわち，イリノイ州の運河事業は，規制的

側面と営利的側面を明確に分けた運河事業へと再編されたといえる。

第3節　トラスト型民営運河の成功と限界

3-1　運河トラスティの資金問題

　ここまでは，州の運河再建をめぐり州と外資の利害確執に州南部と州北部の対立が複合的に絡み合った状況において，運河トラスティの創設が財源問題の解決に重要な役割を果たした経緯を明らかにしてきた。本節では，運河トラスティ創設後の運河経営について検討し，運河がイリノイ州の内陸輸送に果たした役割を明らかにする。この点は，トラスト型民営運河の存立意義にかかわる議論とも関係する。

　運河トラスティが創設されたものの，1845年の運河法のなかで定められた追加融資の最初の払込みをめぐって，海外投資家とイリノイ州のあいだでは，いまだ合意に達していなかった[44]。海外の州債保有者は，すでに運河会社に莫大な資金を投じており，そのうえ追加融資を加えるとあまりにも負担が大きすぎると感じていた。その矢先に，運河開削工事に従事する労働者の不足とこれにともなう工事着工の遅れが報じられたことで，ますます海外の州債保有者は，追加融資に難色を示すようになった[45]。

　一方，イリノイ州の投資家は，自らの置かれた苦境を訴えて支払期日の猶予を求めていた。ジェイコブ・フライは州内投資家の代表として「すべての投資家が各自の払込みに足る資産を有しているわけではない」ことを延期の主な理由にあげていた。州内投資家の多くは，運河建設請負業者でもあり運河破綻の煽りを受けて倒産の危機に陥っていた[46]。

　運河トラスティに寄せられた請願書によれば，運河建設請負業者は，州の財政危機の余波を受けて，請負契約を履行できずに破産に追い込まれていた。運河建設請負業者は，州政府から州債や運河紙券を建設資金として受け取っていたことから，債務危機によって目減りした証券に不満を抱き，州政府に救済を

要請した[47]。こうした事情から，運河建設請負業者は，運河トラスティと新たな請負契約を結んだとしても，建設資金を手にするまで工事を再開できなかった。

　こうしたなか，運河会社の置かれた不利な状況を打開するための新たな動きがみられた。1846年4月17日，イリノイ州のロックポートで開かれた運河会社の役員会議は，全会一致でグッディングの事業計画の規模縮小案に合意した。建設計画見直しの目的は，合理的かつ早期の運河開通を実現することにあったが，もう1つにはヨーロッパの州債保有者の合意を得られるような説得力のある水運計画を提示することでもあった[48]。

　グッディングは，エリー運河の技師補佐の任を経てオハイオ州やインディアナ州の運河開削に携わった後，その実績を評価され1835年にイリノイ州の運河コミッショナーに就任した人物であった。グッディングは，何よりもまず，運河の早期完成こそが投資家の信頼を得る唯一の手段であると考えて，それまでの大規模な運河計画を破棄して，計画の規模縮小を提案した。州有運河の時代に計画されたミシガン湖とイリノイ川を結ぶ計画は，ミシガン湖から大量の水を引くことができるという利点を有した。その反面，ミシガン湖に対して運河全体をより深く開削しなければならず，大量の労働力・建設資材・建設期間を要した。州有運河が深水運河（Deep-Cut Canal）と呼ばれた所以である。

　これに対して，グッディングの代案は，運河の機械化（蒸気式揚水機の設置）と運河支流からの水供給を併用することによって，ミシガン湖から大量の水を引かなくても，運河船の航行に必要な水流を確保しようとする計画であった。これは，渇水期と満水期で水量に2倍もの差が生じるイリノイ川の自然条件に配慮したものである。満水期に生じる問題は，豊富な水流が洪水を引き起こし建設資材や関連施設を破壊し建設工事の遅延を招いた点にある。かといって，渇水期には，水流不足から効率的かつ迅速な輸送を妨げることが予想された。グッディングは自然条件の制約を，支流と運河の結節地点に設置された蒸気式揚水機から主水路へと水流を供給する水利政策を導入することによって解消し，さらには労働力の節約と工事期間を短縮しようとした。

さて，支線改良工事の概要は，デプレイン川支線・カンカキー川支線・カルメ川支線・フォックス川支線の４つの工事から成る（地図１）。この４つの工事は，各支線の水流を主水路へと誘導する目的を有する。この４つの支線と運河を有機的に結びつけたのが，水位調整をなす閘門と蒸気式揚水機であった。こうした支線改良工事は，支流から主水路へと水を引くことによって，ミシガン湖から取水するよりも効率的に運河の水位を管理できるように計画された[49]。このことはまた，工場への水力供給をなし，運河関連施設に対する人々の信頼と運河沿線の経済発展に寄与するものと考えられた[50]。運河トラスティはグッディングの計画を承認し[51]，蒸気式揚水機の導入に向けて技術者を招聘することを決定し，1846年７月に早々とニューヨーク・クリーブランド・ピッツバーグ・バッファローの機械工場に３名の技師を派遣した[52]。その結果，運河トラスティは，海外投資家から追加融資を引き出すとともに，建設請負業者への支払いをなし工事再開に導いた[53]。

　同計画の有効性は，はやくも1847年11月に証明されることになった。夏と秋で２倍の水位差のあるイリノイ川では，労働者は洪水被害の危険にさらされながら，過酷な作業を強いられていた[54]。洪水による河川の氾濫を防ぐには，新たに防波堤や防護門の設置を要したため，工事期間の延長を招くと懸念された[55]。しかしながら，こうした工事の延長は，運河の開通に影響を与えることはなかった。その理由は強力な２基の蒸気式揚水機によって水を供給できたためであった[56]。

3-2　鉄道開通と運河経営

　運河開通の1848年からわずか２年あまり経ったイリノイ州では本格的な鉄道の時代が到来した。1850年代，鉄道輸送は水運の補完的な輸送手段から東西間交易を担う主要な輸送手段へと急速に発展した。1830年にわずか23マイルだった鉄道の敷設距離は，1845年には4,633マイルへと急増した。このうち，オハイオ州・イリノイ州・インディアナ州・ウィスコンシン州の中西部だけで1860年代の鉄道建設の約31％を占めた[57]。鉄道は，付加価値の高く嵩の小さい貨物

地図1　イリノイ・ミシガン運河と支流

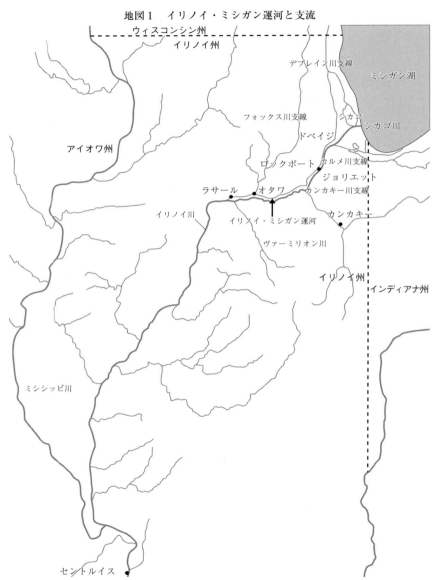

出所：George F. Barrett, *The Waterway from the Great Lakes to the Gulf of Mexico*, The Sanitary District of Chicago, 1926.

輸送において，運河と比べてはるかに優位に立ち，農産物加工品・機械類・商品・食料品・食肉加工品などの輸送品を次々と運河から奪っていった[58]。

それにもかかわらず，鉄道との輸送競争によって生じる運河の損失は，同地域における輸送需要の増大によって相殺された。トウモロコシ・小麦・大麦・ライ麦・オート麦の総生産量は，1845年ではわずか102万ブッシェルであったが，1855年になると1,663万ブッシェルへと急増した[59]。穀物の増産を受けて，運河会社の共通見解は，「大型船輸送は蒸気船よりも安い輸送費であり，両者は，鉄道輸送と比べてはるかに割安であり，運河は鉄道と競合していない」という内容であった。ただし，両者の協調関係は，一定の条件の下で成立していた。「鉄道との競争が運河の脅威となる」のは，「イリノイ川の水不足」にあると記されたように，「イリノイ川が現在の状況に置かれている限り，営業期間の半分が操業停止になる」と指摘された。要するに，イリノイ川の水不足の打開にこそ，鉄道との輸送競争を回避する条件が見出されたといえる[60]。

では，こうした蒸気式揚水機は運河経営のなかで如何ほどの重要性を占めていたのだろうか。運河の経費は，大別すると水力供給費・支線改良費・関連施設の維持管理費の3つに分類される。水力供給費には蒸気式揚水機と石炭や石油の燃料費・補修・修繕費・人件費が含まれる。支線改良費は各支線（カンカキー川・カルメ川・デプレイン川・フォックス川）の拡幅や延長工事にかかる建設費であり，そして，水路・道路橋・水道橋・ダム・閘門・曳船路といった関連施設の維持管理費である。これらの支出は，「イリノイ川の改良工事にとって重要であったばかりか，運河沿線およびその近隣住民にとって極めて重要」かつ公益性の高い支出であった。なかでも，水力供給事業は各支流の水不足によって河川水位が低下する時期であったとしても，運河輸送に必要な水流を供給する役割を担った[61]。

蒸気式揚水機と支線改良に特化した運河経営は，シカゴと沿線地の交易を促進させ，シカゴを北西部最大の商業中心地へと導いた。1858年の『年次報告』によれば，イリノイ・ミシガン運河を通じて，シカゴから沿線地（オタワ・ラサール・ロックポート）に向けて，木材・商品・農業加工品・塩など建築資材

グラフ1　運河船の通行手続き回数

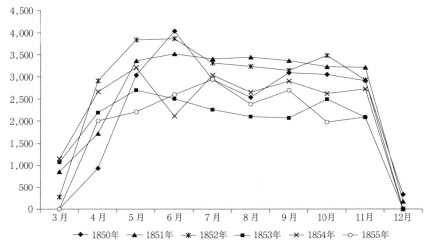

出所：*Reports of the Board of the Canal Trustees* の各年度より作成。

や製造品が輸送され，反対に沿線地からシカゴに向けて，トウモロコシ・小麦・砂糖・石炭といった一次産品が輸送された[62]。たとえば，シカゴで荷積みされた木材85,167千フィートのうち，ラサール向けに出荷された分が56,029千フィートであり，このうち運河輸送は29,138千フィートに達した。また，石材の輸送では，2万3,976ヤードが運河を通じて運ばれた[63]。こうしてイリノイ・ミシガン運河はシカゴから沿線地に向けた建設資材の供給ルートとなり，沿線地からシカゴ向けの一次産品供給ルートを開拓したと言えよう。

このような中西部の域内取引は，運河の輸送パターン・通行料収入・運河用地の取得状況に反映されていた。12月初旬から3月下旬にかけて河川氷結の影響を受ける運河輸送は，自然条件の制約を受けることから，鉄道よりも不利な輸送手段と考えられていた。しかし，運河の通行手続き回数を示すグラフ1によれば，輸送手続き回数の山は，小麦の収穫期にあたる5～6月と9～10月にかけてピークに達していた。冬場の河川氷結の影響は，考えられていたよりもはるかに小さかったものと考えられる。

第3章　内陸輸送開発における運河民営化と余波　93

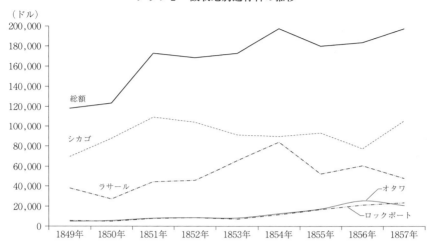

グラフ2　徴収地別通行料の推移

出所：*Reports of the Board of the Canal Trustees* の各年度より作成。

このため，通行料は，1850年代の鉄道ブームにもかかわらず，農産物輸送の増加によって，右肩上がりを記録した。グラフ2に示された地域別の通行料を見ると，運河の船着地に位置するラサールの通行料が若干の伸び悩みをみせるなか，シカゴとロックポートの通行料が上昇したことから，全体として通行料は伸びている。こうした沿線地とシカゴの相補的な交易関係は，沿線市街地の区画（ロット）への売却金となって運河経営に還元された[64]。運河沿線の土地取得状況を示したグラフ3は，運河トラスティの『年次報告書』に基づいて再現されたものである。グラフ3は，各年度の未売却ロット（区画）を表示することで，運河沿線地の土地取得を示すものである。グラフの低下は沿線市街地の取得状況を示している。以上の点を念頭におきながら，グラフ3を眺めると，1853年から1857年にかけて，カンカキーおよびラサールの市街地では，未売却の区画が目立つのに対して，シカゴ・ジョリエット・オタワ・ドペイジ・ロックポートでは，未処分の区画は残りわずかとなっている。運河開通によって沿線地の発展を狙った運河会社の思惑は，少なくとも1850年代時点では成功を収

グラフ3　運河沿線都市の土地取得状況

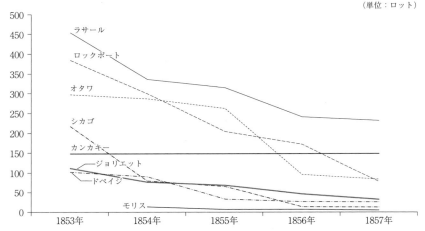

出所：*Reports of the Board of the Canal Trustees* の各年度より作成。

めたといえる。

3-3　民営運河の限界と運河の再州有化

　イリノイ・ミシガン運河会社は1860年代以降になると経営上の困難をきたし，州に再び返還され，州有運河として20世紀初頭まで管理され続けた。そこで，最後に残された課題は，同運河会社の経営動向の分析を通じて，トラスト型民営運河が州営運河へと再び転換した背景を明らかにすることである。

　図表3は，1848年から1870年にかけての運河会社の収益と支出を示している。運河の収益は，運河開通後，右肩上がりで上昇したが，1855年をピークに減収に転じた。その原因として考えられるのは，土地売却が1855年をピークに，急速に低迷したためであった。土地売却の低迷の原因は，1857年恐慌とその後の不況による地価下落にある[65]。ニューヨーク証券市場の崩壊を契機に全国に波及した恐慌の余波は，中西部の農業にも深刻な打撃を与えた。土地を抵当に銀行から資金を借り入れていた農民は，負債の返済資金に困窮し，不良債権を抱えた銀行は倒産に追い込まれた。抵当に入れられた土地は利用されることなく，

図表3　イリノイ・ミシガン運河会社の経営状況

(単位：千ドル)

年度	土地売却	通行料収入	その他	収益総額	160万ドル借入金	運河債償還費	一般管理費	運河改良費	その他	費用総額	差額
1848	249	87	41	377	169	0	206	44	49	468	-91
1849	213	118	14	345	329	0	121	32	0	482	-137
1850	363	125	9	497	331	0	23	56	18	428	69
1851	355	173	5	533	393	0	17	58	13	481	52
1852	271	168	9	448	335	0	17	53	16	421	27
1853	437	173	14	624	526	0	17	44	19	606	18
1854	566	198	12	776	2	558	16	53	19	648	128
1855	628	180	12	820	0	670	16	70	14	770	50
1856	540	184	10	734	2	875	15	91	17	1,000	-266
1857	340	197	8	545	40	333	16	113	16	518	27
1858	181	197	4	382	0	35	13	58	14	120	262
1859	60	132	3	195	0	309	15	74	14	412	-217
1860	18	138	11	167	0	162	14	82	10	268	-101
1861	7	218	3	228	0	1	13	55	12	81	147
1862	1	264	12	277	0	140	11	55	8	214	63
1864	93	156	14	263	0	270	13	66	10	359	-96
1865	105	300	11	416	0	1	12	124	9	146	270
1866	98	302	30	430	0	272	13	116	11	412	18
1867	79	252	28	359	0	157	12	162	9	340	19
1868	28	215	47	290	0	253	18	122	9	402	-112
1869	20	238	31	289	0	261	29	200	56	546	-257
1870	0	149	40	189	0	190	14	108	10	322	-133
総額	4,652	4,164	368	9,184	2,127	4,487	641	1,836	353	9,444	-260

出所：Report of the Board of the Canal Trustees の各年度より作成。

木材や穀物輸送の停滞を招いた[66]。また，運河トラスティに譲渡された運河用地は，州の査定人によって低額に固定されたままとなり，このこともまた，土地からの収入を低下させる原因となった。土地の過小評価に不満を抱く運河トラスティは，再三にわたり地価の不当性を訴えたが，地価を回復させることはできなかった[67]。

通行料収入の低迷も運河経営にとって痛手となった。通行料収入の推移を見れば，1865年300千ドル，1866年302千ドル，1867年252千ドル，1868年215千ドル，1869年238千ドル，1870年149千ドルとほぼ一貫して低下傾向を示している（図表3を参照）。また，運河船の通行手続き回数は，1862年の7,044回から

1870年の2,903回へと低下し，1860年に201隻を数えた運河船も1877年に140隻へと減少した[68]。そこで，通行料収入の低迷に歯止めをかけるには，大型船の航行を可能にして，穀物・木材・石材・鉱物などの輸送量を増大させなければならなかった。このころから，グッディングは書簡を通じて運河の拡幅工事と水門の大規模化を要請するようになっていた[69]。

ところが，運河用地売却の低迷は，運河会社の資金繰りを悪化させ，拡幅工事の着工を遅らせる原因になっていた。その最大の原因が多額の負債であった。運河会社の負債には，まず，「160万ドルの借入金」と呼ばれる社債で，運河トラスティが運河完成に必要な追加資金を調達する目的で発行したものがある。2つ目の「運河債」は，州政府の債務であったが，1845年の運河法によって，運河トラスティが運河会社の資産を譲渡する際に引き受けた負債であった。旺盛な運河用地に対する需要に支えられて「160万ドルの借入金」は1853年に返済された。だが，1854年以降，「運河債」の償還費は，土地売却の停滞と重なり，明らかに会社の資金繰りを悪化させていた[70]。

資金難に直面した運河トラスティは，シカゴ市が推進する運河拡幅計画に沿って，ミシガン湖と運河を直結する運河の深水化工事を決定した。1865年，シカゴ市によって計画された運河拡幅計画は，シカゴとロックポート間を開削して直接ミシガン湖から水を引く内容であった。この運河拡幅計画は，シカゴの急激な人口増加にともない，生活および産業廃水を処理するために，汚水の希釈用水をミシガン湖からシカゴ市内を流れるシカゴ川に引き入れる計画であった。シカゴ市の全面的な資金援助のもとで進められた水利政策は運河会社にとっても大量の水流を運河全体に供給できる，またとない好機であった。運河トラスティは大型船の航行による通行料増収を見込んでいた[71]。

しかしながら，運河拡幅工事は輸送能力の拡充を目的にした工事ではなく，都市化にともない発生した水質汚染を改善するためであり，輸送能力の拡大に直結するものではなかった。このため，ミシガン湖から引かれた水流は，シカゴ市の利用に限定されてしまい，運河拡幅工事は，運河全体に水流を供給することなく，運河輸送の停滞を招いた。むしろ，新たに開削された運河は，シカ

ゴ・ロックポートに限定されたために，水力供給は以前と比べて低下した。したがって，通行料収入の低下の原因は，次のように報じられた。すなわち，「イリノイ川の渇水は5月初旬から営業期間終了まで続いた。蒸気式揚水機は5月15日まで稼動していたが，それは，シカゴ市のために稼動していた」[72]。支線から主水路に水力を供給していた揚水機は，いまやシカゴ市の排水処理のために稼動するようになった。

運河への不利益は，それだけではなかった。運河がシカゴ市の公衆衛生事業へと組み込まれたことは，明らかに高コストの運河経営の原因にもなった。運河経営の費用は，土木技師や徴収員などの人件費からなる一般管理費と蒸気式揚水機の維持管理に分類されていた。運河建設時に高騰した一般管理費は，1850年以降横ばいに推移しているが，運河・支線改良費は，運河の利用が低迷するなかにあって，1864年66千ドル，1865年124千ドル，1866年116千ドル，1867年162千ドル，1868年122千ドル，1869年200千ドルへと急増した。それは，輸送事業との関連を失った蒸気式揚水機の燃料費や修繕費の追加負担分であった（図表3参照）。

こうしたなか，沿線地の住民は，運河からもたらされる水力を確保する観点から，シカゴ市民の利益になるような改良工事に反対した。なかでも，穀物の取引業者であったノートン商会は，運河開通とともに水力を利用して製粉工場や梱包工場さらには大規模な穀物倉庫を集積したヤードを建設し，ロックポートを代表する企業へと成長した[73]。ノートン商会と同様に，水力を利用した製造業者や工場は，ロックポートのみならず，その後オタワやジョリエットといった運河沿線の中小新興都市にも見られるようになった。代表的な企業には，Economy Light and Power Co., Great Western Cereal Co., Ottawa Hydraulic Co., Northern Illinois Light and Traction Co. があった。運河の水流を水資源として活用した企業や個人事業家は，拡幅工事にともなう水力供給の減少を営業不振の一因と批判した[74]。

蒸気式揚水機と支線を軸に水運業を展開してきた運河トラスティは，まさに排水処理と水力供給を両立することに失敗したために，州政府に経営を譲らざ

るをえなかった。年次報告の中でも,「現在のところ計画されているイリノイ川改修工事は,大容量のダムと蒸気船用水門からなり,州議会の予算から建設されることになっている。議会で承認された予算を通じて,ダムは排水処理を行い,それらは,良好な輸送を実現するであろう」というように,会社側からも運河の州有化を求める声があがった75)。輸送・排水・水力の3部門を統制する運営基盤は,公共的観点に立ち民営から州有運河へと再転換した。

小　括

　ここまで,州有事業と民営事業の対照的な経営実態から,どのようにして運河事業が再建され運営されたのかを考察してきた。ここから明らかになったことは,イリノイ・ミシガン運河の経営再編は,州政府の失敗とその後の個人資本家の成長によるものではなかったことである。運河の再州有化は,この点を最もよく表した事例であった。

　イリノイ・ミシガン運河は,鉄道と比べて低額の輸送事業として支持されたが,資金面において問題を抱えていた。そこで,州政府は州債発行によって一般財源に制約されない開発金融を採用したが,こうした開発金融は,運河用地の投機的な取得を引き起こし,最終的に州の財政破綻に直結した。また,運河建設の再開には,運河の民間払下げや増税に対する住民から根強い反発を受けたことから,新たな建設資金の調達方法を迫られていた。こうした政治問題と財源問題の解決こそが,運河トラスティ創設の推進要因であった。州有運河から民営運河への方針転換は,州保有の運河会社を個人企業家に払い下げるのではなく（州有運河を解体するのではなく）,運河の民間譲渡を呼び水にして外資を取り込む策であった。すなわち,州有運河は移住者保護の観点から運河用地の民主的管理に裁量を残しつつ,競争的運賃決定を通じた事業運営を民間資本家に委ねる形で再編されたといえる。

　したがって,イリノイ州における運河民営化は,成長しつつある民間資本家の所産ではなく,むしろ脆弱な州財政を補う外資導入方法に過ぎなかった。イ

リノイ・ミシガン運河の他に，メリーランド州のチェサピーク・オハイオ運河やインディアナ州のワバッシュ・エリー運河でもトラスト方式がみられたことを考慮すれば，イリノイ州の事例は，決して特異な事例ではなく，この時代に広く見られた運河再編方法であった。

　運河トラスティが地域発展に及ぼした影響は以下のとおりである。1850年代以降，イリノイ・ミシガン運河が鉄道時代の到来後も経営上の成功を収めたのは，水運の利便性を軸に，シカゴと沿線地の交易を促しただけでなく，移住や沿線都市の発展をもたらしたことにあった。「開発型」に類別されるイリノイ・ミシガン運河の成功は，まさに域内の公益実現に沿った形で実現されたといえよう。

　ところが，1857年の金融恐慌とその後の不況が地価下落と土地売却益の低迷を引き起こした。資金繰りを悪化させた民営運河は，自力で運河拡幅計画に着手する経営基盤を失った。この機に乗じて，シカゴ市は都市化にともなう水質汚濁を解決するため，支線改良から大規模な運河開削への変更を運河トラスティにもちかけて，ミシガン湖からシカゴ市内に大量の水を引くことに成功した。しかし，このような運河拡張工事が工場の動力源となる水力や輸送能力を低下させたために，製造業者の不満は高まった。その理由の中には，明らかに水力事業を支配しようとするシカゴ市に対する不満が含まれていた。このように，トラスト型民営運河は，シカゴと沿線地の交易機会を促進した側面と，水力供給をめぐり両者の対立を顕在化させる側面を有していたことになる。この観点からすれば，1871年におけるイリノイ・ミシガン運河の再州有化は，シカゴ市への経済集中とそれに対抗しようとする沿線新興都市との軋轢を反映していた。換言すれば，輸送網の発展が個人事業家の成長を促し，必然的に州有事業を解体するとは限らないのである。第4章では，1871年以降，イリノイ州運河事業と都市基盤整備の動向について，さらに立ち入った考察を進めていく。

注
1) J. W. Putnam, *The Illinois and Michigan Canal*, University of Chicago Press,

1918.
2) H. J. Krenkel, *Illinois Internal Improvements, 1818-1848*, The Torch Press, 1958.
3) Michael P. Conzen and Melissa Morales, *Setting the Upper Illinois Valley, Pattern of Change in I & M Canal Corridor, 1830-1900*, Studies on the Illinois and Michigan Canal Corridor No. 3, Chicago, 1989.
4) 運河の類型について, 東西間通商ルートの確保を目的とした開発型運河には, エリー運河, ペンシルベニア州運河, チェサピーク・オハイオ運河, ジェイムス・リバー・アンド・カナワ運河, オハイオ・エリー運河, イリノイ・ミシガン運河, ワバッシュ・エリー運河が含まれる。中西弘次「国内市場の形成」鈴木圭介編『アメリカ経済史Ⅰ——植民地時代〜南北戦争期——』東京大学出版会, 1972年, 264頁。
5) 加勢田博『北米運河史研究』関西大学出版部, 1993年, 25〜27頁。
6) 地域開発を担うべく設立された株式会社を「営利企業」としての側面のみ議論することは, その成立史において死角が生じる。高橋和男「地域開発・株式会社・共和主義——J. マジュウスキーの「市場発展」論——」『アメリカ経済史研究』創刊号, 2002年, 64頁。
7) Krenkel, *op. cit.*, p. 38.
8) *Illinois Senate Journal*, 9th Assem., 1st Sess., 1835, pp. 228-249.
9) 州知事ダンカンは運河推進派として知られており, 主に運河沿線のシカゴ市やラサール市からの支持によって知事に当選した。1834年の知事選でダンカンが選出されたことは, イリノイ州北部の利害が南部に勝利した証であった。Putnam, *op. cit.*, p. 24.
10) *Illinois Senate Journal*, 9th Assem., 2nd Sess., 1834, p. 230.
11) 加勢田, 前掲書, 160〜161頁。
12) 運河主水路から南北に伸びる支線は, 連邦の公有地付与の対象とされていなかったこともあり, 1830年代初頭時点で, 運河輸送網における明確な位置付けはなされていない。W. A. Howe, *Documentary History of the Illinois and Michigan Canal, Department of Public Works and Buildings*, Authority of State of Illinois, 1956, pp. 141-150.
13) イリノイ・ミシガン運河の規模は水面幅60フィート (約18.2m), 川底の幅36フィート (約10.9m), 水位6フィート (1.8m) となり, 当時としてはチェサピーク・オハイオ運河やペンシルベニア州の運河と同規模であった。
14) Krenkel, *op. cit.*, p. 41.
15) *Ibid.*, pp. 150-176.

第3章　内陸輸送開発における運河民営化と余波　101

16) 1837年6月5日，イリノイ州議会では健全な財政基盤と豊富な公有地を資金源に，すべての開発事業を公共事業局の統制下におき，イリノイ川を軸にした河川開発と州南部への鉄道建設が決定された。*Illinois Senate Journal*, 12th Assem., Special Sess., 1837, pp. 13-23.
17) *Illinois House Journal*, 11th General Assem., 1839, pp. 14-15.
18) バトラーは，インディアナ州の財政再建案を議会に提出し，ワバッシュ・エリー運河会社のトラスティに任命され，州から運河事業を委託された人物であった。運河再編におけるバトラーの役割については，本書第2章を参照。
19) Letter from Butler to Coles, April. 22, 1831, *Illinois House Journal*, 9th Assem., 2nd Sess., 1835, pp. 21-22.
20) Letter from Delafield to Coles, April. 20, 1835, *Illinois House Journal*, 9th Assem., 2nd Sess., 1835, pp. 19-21.
21) *Illinois Senate Journal*, 9th Assem., 2nd Sess., 1835, pp. 97-102.
22) シカゴのロット単価は，1830年9月の234ドルから1836年12月時点で4,380ドルへと上昇した。*List of Town Lots Sold by the Board of Canal Commissioners*, 1830-1843より算出。
23) Putnam, *op. cit.*, pp. 76-77.
24) *List of Town Lots* より算出。
25) *List of Town Lots* より算出。
26) *Illinois House Journal*, 11th Assem., Special Sess., 1839-1840, p. 18.
27) *Hunt's Merchants' Magazine*, Vol. 27, 1852, p. 664.
28) 1841年までの州債価格は *The Bankers' Magazine*, Baltimore, Vol. 1, 1847, p. 658 より算出。1841年8月以降は，*Hunt's Merchants' Magazine*, Vol. 8, p. 78, Vol. 13, p. 84, Vol. 26, p. 220より算出。
29) Putnam, *op. cit.*, pp. 52-53.
30) *Report of the Canal Commissioners*, December 15, 1842, U. S. Senate, 27th Cong., 3rd Sess., 1843, p. 13.
31) *Ibid.*, pp. 14-17
32) Krenkel, *op. cit.*, p. 185.
33) *Illinois House Journal*, 8th Assem., Special Sess., 1839-1840, pp. 46, 211, 250, 258, 283, 284, 287, 299.
34) 拙稿「1840年代前半期における国内開発事業の破綻——連邦と州政府の支払再開策を中心に——」『アメリカ経済史研究』第4号，2005年，13～14頁。
35) 『ハンツ・マーチャンツ・マガジン』で報じられたイリノイ州住民の税負担につ

いて,「7万人の掘建て小屋に住む農民 (log-cabin farmers) 1世帯あたりの負担はおよそ300ドル」であった。*Hunt's Merchants' Magazine*, Vol. 27, 1852, p. 662.

36) *Illinois General Assembly, House Report*, 12th Assem., 2nd Sess., 1841, pp. 3-4.
37) フォード州知事は,「州の資産に比べてはるかに巨額の債務は,住民の脅威となっている。彼らは,重圧的な租税負担を予期しながら生活している。そうではなかったら州に移住したであろう人々によって,同じように考えられたのである」と指摘した。*Illinois House Journal*, 24th Assem., 1st Sess., 1844-1845, p. 17. 同様の内容は,全国的な商業誌『ナイルズ・レジスター』にも掲載されている。*Niles' National Register*, Vol. 67, 1845, p. 291.
38) *Illinois House Journal*, 24th Assem., 1st Sess., 1844-1845, p. 288.
39) 1848年から1870年にかけて運河トラスティによって利払い・償還された運河債の総額は,未払い利子が215万ドル,元本が211万ドルであった。*Reports of the Board of the Trustees*, 1870, pp. 60-61.
40) 運河トラスティ創設の根拠法は,1843年運河法に着想をえており,1845年の補足法と併せて運河トラスティの取締役会において承認された。*Minutes of Meeting of the Canal Commissioners Board*, 03/01/1845, pp. 1-12.
41) *Reports of the Board of the Trustees*, 1846, p. 25.
42) 技師,事務員の任命,給与をめぐる採決の結果は,賛成2,反対1。反対票は,常に州から任命された州トラスティであった。*Minutes of Meeting of the Canal Commissioners Board*, 06/23/1845, pp. 61-63.
43) John M. Lamb, "William Gooding, Chief Engineer, I. & M. Canal", *Illinois Canal Society*, No. 5, 1982, pp. 137-138.
44) *Reports of the Board of the Trustees*, 1846, p. 24.
45) *Minutes of Meeting of the Canal Commissioners Board*, 04/17/1846, pp. 97-98.
46) *Minutes of Meeting of the Canal Commissioners Board*, 06/19/1845, pp. 22-23.
47) 請負業者は州債の債務不履行が続くなか,建設を再開のため先買権法の適用を申請した。William Byrne's Petition, July 17. 1845, *Contractors' Preemption Petitions*.
48) *Minutes of Meeting of the Canal Commissioners Board*, 04/17/1846, pp. 97-98.
49) 報告書には,「カルメ川支線・フォックス川支線・カンカキー川支線を中心に,船舶航行に要する水流をミシガン湖に依存することなく供給することができる」と,支線改良工事の重要性が記された。*Reports of the Board of the Trustees*, 1846, p. 170.
50) *Ibid.*, 1846, p. 172.

51) 運河に必要な水量について，フィスクは毎分1万1,947立方フィートと主張し，同じくグッディングは毎分1万2,500立方フィートと誤差はわずかであった。また，蒸気式揚水機を導入した場合，技師は7,500立方フィートの水流が供給されると判断した。*Ibid.*, pp. 184-185.
52) *Ibid.*, p. 179.
53) 請負業者のライアンは，州から3,425ドル，トラスティから1,000ドルの前払いを受けて，追加融資の払込みに応じることができた。*Minutes of Meeting of the Canal Commissioners Board*, 04/21/1846, pp. 98-99.
54) Talcott to Trustees, June 16th. 1846, *Letter Books, 1836-1914.*「イリノイ川河口と運河の終着点，第197建設区域は防波堤用ダム以外すべての工事を終わらせている」。
55) *Reports of the Board of the Trustees*, 1847, pp. 278-279.
56) *Ibid.*, p. 196.
57) Jonathan Hughes and Louis P. Cain, *American Economic History*, 8th edition, Addison Wesley, 2011, p. 155.
58) *Hunt's Merchants' Magazine*, Vol. 26. 1852, pp. 437-440, Vol. 39, 1858, pp. 425-427.
59) *Ibid.*, p. 422.
60) *Reports of the Board of the Trustees*, 1854, p. 420.
61) *Reports of the Board of the Trustees*, 1856, pp. 67-68.
62) イリノイ川上流域の交易パターンについては Michael P. Conzen and Morales ed., *op. cit.*, pp. 9-21. を参照。
63) *Reports of the Board of the Canal Trustees*, 1861, pp. 385-386.
64) タウン・ロットの取得価格は，土地検査官の価格64万ドルに対して，70万8,000ドルと10.6％の値上がりを示していた。Reports, *op. cit.*, 1850, p. 99.
65) *Reports of the Board of the Trustees*, 1859, p. 23, *Reports of the Board of the Trustees*, 1861, p. 348, *Reports of the Board of the Trustees*, 1862, p. 402.
66) William Gooding, Jan 6th, 1865, *Letter Books*.
67) 査定人の評価の他に，現金払いの猶予を認めた取得方法，さらには運河用地の転売や不動産抵当を改善することが議会に求められた。William Gooding to Albert Dow, June 10th, 1865, *Letter Books*.
68) *Reports of the Board of the Trustees*, 1881, Appendix, p. 176.
69) William Gooding to J. J. Williams, June 3rd, 1865, *Letter Books*.
70) 資金繰りを悪化させた要因には，ロンドンにおける利払い負担，イリノイ川の

水不足による通行料の低迷，運河用地の低迷，維持管理費の増加があげられる。*Reports of the Board of the Trustees*, 1864, pp. 512-515.
71) *Reports of the Board of the Trustees*, 1865, pp. 577-592.
72) *Reports of the Board of the Trustees*, 1870, pp. 67-68.
73) ノートン商会に関する記述は，Micael P. Conzen and Adam R. Daniel, *Lockport Legacy, Themes in the Historical Geography of an Illinois Canal Town*, Committee on the Illinois & Michigan Canal Corridor No. 4, Chicago, 1990, pp. 36-52. を参照。
74) ノートン商会から運河トラスティに充てた書簡には，「われわれは，シカゴ市に利益をもたらす運河の開削工事によって，昨年4月から11月にかけて，工業用水車に供給されていた水力を奪われている。私どもの製粉工場の最大生産能力は，1日あたり200バレルであり，通常でも，1日あたり120バレルの生産を誇っている」と記されており，年間の損失額は2万4,800ドルと見積もりされた。Norton & Co. to the Canal Trustees, May 7th, 1866, *Letter Books*.
75) *Reports of the Board of the Trustees*, 1870, p. 66.

第4章　世紀転換期のコレラ対策と大規模河川計画

はじめに

　前章では，イリノイ・ミシガン運河の衰退要因が鉄道との輸送競争によるものではなく，運河が水力や下水処理へと転用された経緯を明らかにした。本章では，運河が世紀転換期になると，水運・水力・下水路へと多目的化した経緯について，同時期に登場した「衛生改革」・「反鉄道独占」・「帝国建設」の3つの観点から考察する。

　世紀転換期の水運計画は，大河川からその支流にいたるまで，水を資源として無駄なく活用すべきとする資源保全の考え方に基づいて構想された。それは河川水を水運・水力・上下水道・農業用水へと転用するものであり，多目的な水利用を統べるべく集権化された管理機構を整備したものであった。米国河川港湾法制史の第一人者として知られるプロスは，鉄道との競争によって国内輸送の背後に押しやられてきた水運網が再び資源保全の観点から計画された点を指摘し，世紀転換期の時代を「河川港湾事業の復活」（Renaissance of Rivers and Harbors）と名付け称した。河川港湾の整備拡充は，巨大船舶の航行を可能にし，輸送コストを削減した。また，巨大船舶の推進力となる水流は，水力発電や上下水道としても用いられ，経済的利益を超えた公共性を有すると考えられた[1]。この観点からすれば，アメリカにおける資源保全の成立意義は，民主的な水利用をなしてさまざまな社会階層に影響を及ぼしたことにある[2]。

　その一方で，高度な専門知識に裏打ちされた水運事業は，むしろ水の配分問題を際立たせ，水をめぐる権力争いの原因となった。ヘイズは，『効率性の福

音』のなかで，アメリカの資源保全の取り組みは，高度な専門知識を習得した一部のエリート主導のもとで，水利用の合理化を目指したが，そうした一元的な資源管理に対する抵抗勢力との確執を引き起こしたと指摘している。河川行政の現場では，地質調査所（Geological Survey）のF. H. ニューウェル，森林局のG. ピンショ，陸軍工兵隊のA. マッケンジーたちエリートは，資源の利用方法と管理主体をめぐり対立を繰り返した。こうしたエリートの対立は，水の利権と結び付いた社会集団の対立を象徴した。したがって，水利用の合理化は水争奪を招いたばかりか，社会の分断をいっそう際立たせた[3]。

その後，スウェインの『連邦資源保全策：1921〜1933年』では，水をめぐる対立構造が不変かつ固定化されていたわけではなく，むしろ変化に富んだ政策形成過程に着目するようになった。陸軍工兵隊と保全主義者の間の和解，あるいは前者の認識の変化や歩み寄りは，資源配分をめぐる永続的な対立ではなく，保全計画に合意形成の余地が見出だされた。スウェインの研究は，資源をめぐる対立構造が決して静的なものでなく，絶えず変化していく中で，ある程度合理的な水利政策が河川行政の現場において受容された点を実証した[4]。

以上の研究史を踏まえると，水運計画をめぐる「対立と調和」の歴史は，本章で扱う主要なテーマであるが，利害の対立にせよ調和にせよ，変わりゆく利害構造において，水運計画が大規模になった点について2点ほど本章で考察する視点を提示しておきたい。

まず，水運とコレラ対策の関連性について，シカゴを事例に考察していく。シカゴでは急激な都市化（人口集中）や工業化（食品加工業の発展）とともに，コレラが流行するようになった。そこで，衛生改革が提唱され，科学的根拠に基づき，上下水道・排水施設・公衆便所が設置されていった。しかし，衛生改革は大規模な水運計画を推進するシカゴ実業界の意向に左右された[5]。彼らは，衛生改革を否定する代わりに，独自の開発理念を全面に出すことで，水運網のさらなる拡大を望んだ[6]。彼らの望みは，水質汚濁の代償を払ったとしても，ミシシッピ川の水運網整備を通じて，南米・ヨーロッパ・アジアにかけての世界市場を開拓する水運帝国を構想していた。

次に，衛生改革の挫折によって不合理な水利用が定着したのか否かについて検討する。大規模な水路計画は莫大な汚水希釈水をミシガン湖から取水し，イリノイ川に放水する計画であったが，この過程で生み出された水流を水力発電や船舶の推進力に転用するというものであった。経済発展を優先するシカゴの商業団体は計画を支持したが，衛生改革論者は洪水や深刻な水質汚濁を招くとして強く反対した。衛生改革は科学的知識の有用性を高めた一方で，理想と現実のはざまで揺れ動いた[7]。衛生改革の挫折は，当時のアメリカ社会が科学的知識によって全面的に合理化されなかった点を示しているが，さりとて，そうした合理化に対する抵抗勢力が全く非合理な選択をしたとは考えられないであろう。衛生改革の拒絶は，不合理な水利用を反映したのではなく，むしろ，それと異なる合理的動機があったのではないかと推察されうる。

本章の第1節では，水運とコレラ対策の関係を考察し，第2節では衛生改革が大規模な水運計画によって挫折した経緯について考察する。第3節では，「衛生改革の挫折」・「反鉄道独占」・「帝国建設」の3つの観点から，大規模な水運計画の意義を考察していく。

第1節　水運とコレラ対策の関係史

1-1　初期の検疫体制

アメリカでコレラや黄熱が大流行したのは東部沿岸の港湾都市であった。ニューヨーク・ボストン・フィラデルフィアのコレラ対策は，長らく港湾の検疫を強化する立場と上水供給を重視する立場がそれぞれの権限を主張してきた。このため，東岸都市では首尾一貫した検疫体制を実施できずに，たびたびコレラに悩まされてきた[8]。シカゴの場合，まず1835年に保健委員会（Board of Health）が発足し，次いで衛生法規が策定された。その2年後には，衛生法規にのっとり船舶内部・食品加工場・生鮮市場での検疫が開始された。それにもかかわらず1850年になると再びコレラが大流行したため，市議会はコレラの予

防策として検疫が何も予防的効果を発揮していないとの結論を下し，1860年代になると財政上の理由から保健委員会は廃止された[9]。

とはいえ，初期の検疫体制が伝染病の予防効果を果たさなかったことは，ごくありふれた現象であったようである。天然痘・黄熱・ジフテリア・猩紅熱の感染経路は，ヨーロッパからの船舶を通じて，港から町へと伝播すると考えられた。この限りで，港での防疫検査は，伝染病の発生を未然に食い止めると考えられた。とはいえ，伝染病の猛威は，患者や死者数からみれば，当時の社会秩序を崩壊させるほどではなかった。それでも，黄疸や高熱の苦しみや全身の内出血などを罹った者の悲惨な容態は，人々の不安を煽るのに十分であり，天然痘やコレラに罹患した者の存在は，感染を恐れた住民の流出や商業施設の閉鎖など経済停滞の引き金となった。この限りで保健委員会によって任命された保健員の任務は，港の検疫や行政指導に加えて，病人への治療，および食料と住宅の提供と定められた。だが，ひとたび伝染病が終息すると，彼らの権限は執行停止になるか，あるいは政治的利権と結びついた栄誉職となって形骸化した[10]。

それでも，貿易と商業で発展を遂げた都市の有力実業家は，たびたび襲う伝染病によって，投資や企業の誘致に支障をきたすことを認識し始めた。このため，コレラ対策は防疫検査から上下水道の改善へと主眼を移すようになった。各地の企業家の多くは，現地の衛生管理団体への支援活動をはじめとして，上下水道事業に関与するようになった[11]。こうした背景から，大都市ではニューヨークのクロトン水路，ボストンのコスチュエイト水路が建設され，水が遠方から引き入れられた。また，フィラデルフィアではチェサピーク・デラウェア運河，シカゴでは衛生船舶運河，ニューオーリンズでは大規模な水路が次々と建設され，運河を介して汚水は河川へと流された。大都市の対策は，都市に上水道を供給する単一目的型の水路と，下水処理水を水上交通や水力発電へと転用する多目的型の水路に分類できる。このような上下水道事業の違いは都市の経済規模や人口動態，そして地理的条件にある程度のところ規定された[12]。

いずれにせよ，1860年から1920年にかけて，アメリカの上下水道は劇的に改

善された。この間，主要都市の衛生対策の成果は，住民の97％に上下水道を供給し近代的な浄水施設を整備するにいたった。上下水道の普及にともないコレラやチフスの死亡率も１万人あたり58人から3.6人へと改善された。衛生状態の改善は衛生学・化学・細菌学の進歩によるものであり，なかでもニューオーリンズ・ボストン，ニューヨーク・フィラデルフィア・シカゴの水質改善は目覚ましかった[13]。

1-2　水質改善における水運の役割

　シカゴにおける水質の改善は，前ボストン市技監チェスブロウ（Ellis Sylvester Chesbrough）によって構想された。チェスブロウはロンドンやフランスの先駆的対策をシカゴに導入するうえで，ニューヨークやボストンで培った衛生対策の豊富な経験を活かした人物であった。1855年11月，彼が作成した下水路計画は，まず，各建物に下水管を設置し，そこから屎尿や廃棄物をシカゴ川に流し，次に，シカゴ川に流れ込んだ汚水を運河から下流へと流すという内容であった。このとき生み出された水流は，船舶航行の推進力に利用された[14]。1860年７月，チェスブロウの『中間報告』には，運河を下水路として利用しながら，輸送路としても活用する計画が盛り込まれた[15]。その後，チェスブロウの計画は，1863年４月にシカゴ市公共事業局（Board of Public Works）の『年次報告』の中で正式に採用された[16]。

　これに対して，シカゴ市議会や商工会議所の代表は，シカゴ市公共事業局の提案に慎重かつ懐疑的であった。この点は，運河会社の『年次報告書』のなかで指摘されている。運河会社側からの報告によれば，廃棄物を大量に含んだ汚水が運河に沈殿し，船舶航行の障害になっていた。運河会社にとって，シカゴの下水路建設は，運河輸送の根幹を揺るがしかねない問題として深刻に受け止められた。このため，運河会社は蒸気式クレーンを導入して，漂流物を除去しなければならなかった[17]。

　このような問題点を解決すべく，運河会社とシカゴ市の間で協議が進められた。シカゴ市議会は，チェスブロウ・運河会社の主任技師グッディング・シカ

ゴ市長のシャーマン（F. C. Sherman）を代表にすえた合同調査委員会を立ち上げ，1865年1月，大規模な運河拡幅工事を実施することで合意にいたった[18]。翌年には，運河の排水能力を向上させるために最新の蒸気式揚水機が導入された。新式揚水機の導入にあたりシカゴ市公共事業局と運河会社は，下水処理に関する合意を交わしている。この合意は，シカゴ市の財政支援によって運河の拡幅工事を実施する見返りに，ミシガン湖から運河に水流を供給する揚水ポンプを下水処理に転用することであった[19]。運河会社にとって運河拡幅は大型船舶の航行を可能にするため，大幅な収益増となる。この取決めによって，年間3億1,374万立方フィートもの水がシカゴ川から運河へと供給されるようになり，約3万5,750立方フィートもの漂流物が下流へと排水された[20]。こうして，運河と下水事業は切っても切り離せない，相互に依存せざるをえない関係になった[21]。

　コレラ対策が運河事業と結び付いた背景は，東部大都市と比べて発展途上に置かれたシカゴ固有の事情が関係していた。シカゴはイリノイ州最大の都市であり，市の人口規模は1849年から1859年にかけて4倍もの人口増加を記録したが，それでも総人口はわずか9万5,000人に過ぎなかった[22]。都市間競争を有利に進め，さらなる経済発展を願うシカゴ産業界にとって，都市用水のインフラ整備費をできるかぎり低く抑えて，移住者への税負担を軽減しておく必要があった[23]。なぜなら，移住者や実業家は，衛生対策のかさむ都市への定住を好まなかったからである[24]。たとえ市内に下水道管を敷設しても，シカゴの人口が増加しなければ，税収は伸び悩み，市の財政は危機的状況に陥ってしまう[25]。実際，シカゴは，事業計画にそって多額の市債を発行したが，市債引き受けに際して，銀行から多額の手数料を請求されていた[26]。シカゴ市財政が将来の税収入に依存する限り，効率的な下水道建設は必要不可欠であった。

　以上の事情から，シカゴ市は1860年から1870年にかけて160マイルもの下水道を建設してボストンやニューヨークやシンシナティの大都市と並ぶ下水道を整備したが，下水道の使用料金を他の都市よりも低く設定した[27]。だが，このことがかえって，下水道建設費を賄うのに十分な収入の確保につながった。市

の水道事業の収入は，1863年の19万2,246ドルから1872年の44万5,834ドルへと増加し，この間，水道料金から得られた総収入の412万ドルは下水道建設費の299万ドルを補填するのに十分な収入であった[28]。シカゴでは下水道事業を通じて，割安な水道料金と移住の好循環をつくり出した。

　水運と連動したシカゴのコレラ対策は，水を資源として無駄なく活用することにあった。それは，第1に，新たな下水処理施設を建設することなく，上下水道の利用者負担を軽減したこと，第2に下水処理水の水運への転用，第3にインフラ整備を通じた都市の成長であった。だが，シカゴが中西部最大の商業都市へと発展を遂げるにつれて，かえって伝染病が恒常的に発生するようになった。その結果，1885年以降，公共事業局は下水処理から撤退することになる。

第2節　新たな下水道計画にともなう水路の大規模化

2-1　1880年代のコレラの大流行

　コレラがシカゴで再び蔓延するようになったのは1880年以降のことである。この背景には，シカゴの急激な成長が主な原因としてあげられる。1892年に刊行された『イリノイ州歴史統計・第2巻』によれば，シカゴの人口は，1870年で29万人，1880年で50万人，1890年で109万人と増え続け，この間3万7,042の商業施設が立ち並び，3,100の企業で15万人が雇用された。その一方で，歴史統計には都市繁栄の影の部分，すなわち水質汚濁が市民の健康と生命を脅かした事実も記された[29]。

　コレラの原因は，人口増加にともない生活廃水が増えたためであるが，また同時にシカゴ食肉加工業の成長も関係した。図表1にはシカゴの家畜取引の推移が示されている。これによると，1876年以後，シカゴへの家畜の入荷量，そしてシカゴからの出荷量は一貫して増加した。これまでシカゴの畜産市場は，西部から運ばれてきた「生きた家畜」をニューヨーク・ボストン・フィラデルフィアなど東部市場へと出荷する中継地に過ぎなかったが，1876年以降になる

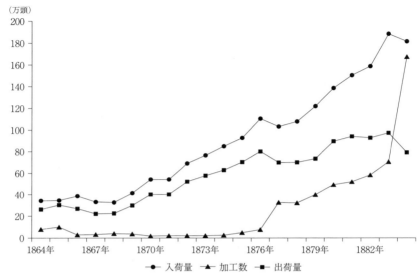

図表1　シカゴにおける家畜取引の推移（1864〜1884年）

出所：*Letter from the Secretary of the Treasury, Range and Ranch Cattle Traffic*, 48th Cong., 1st Sess., 1885, p. 57.

と，いったんシカゴで家畜を加工してから東部市場へ出荷するようになった。その理由としては，冷蔵列車が実用化され，加工肉の冷凍輸送が可能になった点があげられる。輸送技術の革新によって，シカゴの畜産業界は，「生きた家畜」を輸送しなくても，加工肉を遠方へと輸送できるようになったためである。だが，シカゴでは大規模な家畜追い込み場（Union Stock Yard）が建設され[30]，ここから流れ出た汚水がシカゴ川の水質を悪化させ，コレラの原因となった。

イリノイ州の死亡統計（図表2）によれば，クック郡におけるコレラの犠牲者に占めるシカゴ市の割合は極めて高い水準にあった。1881年，クック郡全体でコレラの犠牲者は1,218人であったが，そのうちシカゴ市の犠牲者が1,110人であった。他の年度をみても，コレラを原因とする犠牲者の9割ほどが，シカゴ市に集中していた。

図表 2　死亡者数とその原因

年　度	1881年		1882年		1883年		1884年	
場　所	クック郡	シカゴ市	クック郡	シカゴ市	クック郡	シカゴ市	クック郡	シカゴ市
ジフテリア	759	609	512	521	565	592	587	649
チフス	669	568	508	462	399	361	407	354
コレラ	1,218	1,110	892	842	813	751	999	899
類似の症状	406	n.a.	413	n.a.	338	n.a.	372	n.a.
マラリア	73	n.a.	52	n.a.	92	n.a.	75	n.a.
癌	68	217	84	220	200	232	282	265
結核	1,143	1,037	793	1,042	1,126	1,016	1,236	1,034

出所：*Annual Report of the State Board of the Health of Illinois*, Springfield, Illinois, 1885, p. 144.

2-2　上下水道計画の合理化——1889年以前のコレラ対策——

　シカゴでの伝染病にいちはやく対応したのは，弁護士・医師・学者・実業家などの有力者によって組織されたシカゴ市民協会（Citizens' Association of Chicago）であった。シカゴ市民協会は下水委員会（Committee on Drainage）を組織して，下水道の調査と計画策定に着手した。下水委員会は，主任技師のコーリー（Lymen E. Cooley）を中心に，汚水希釈に要する水量を把握し，上下水道の設置基準を検討し，その内容を1888年の報告書『水路：五大湖からメキシコ湾へ』に取りまとめた。また，シカゴ市民協会と別に，シカゴ市も上下水委員会（Drainage and Water Supply Commission）を立ち上げ『予備報告』を刊行した。さらにイリノイ州衛生局（Illinois State Board of Health）も『年次報告』の中で，シカゴのコレラ対策を検討し始めた。

　まず，下水委員会の活動を中心に1880年代のコレラ対策を整理していく。第1に，下水道の改良についての提言である。この提言のなかで下水委員会は興味深い事実を指摘している。それは，市内のコレラ被害が，食肉加工場を抱える市内南地区ではなく，上下水道を完備した北地区の商業地や住宅地に集中していたことである。下水道が十分に整備されていない南地区よりも，下水道が普及していた北地区のほうが被害を受けていたというわけである。地図1を見ると，ミシガン湖からシカゴ川が北と南に分岐しており，シカゴ川の北側を下

地図1　シカゴ市内の下水道敷設状況

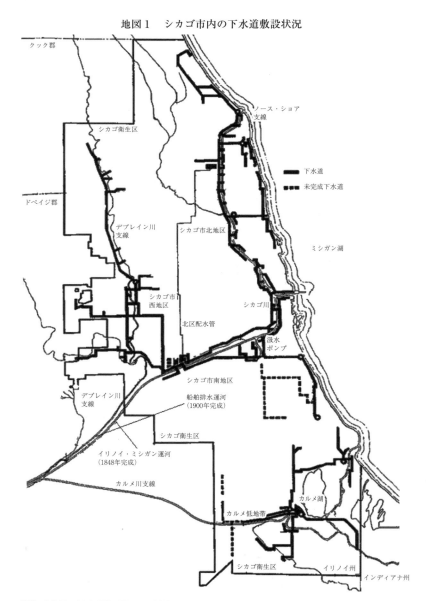

出所：R. I. Randolph, "The History of Sanitation in Chicago", *Journal of the Western Society of Engineers*, Vol. 44, 1939. p. 239より作成。

水道が張りめぐらされているのが確認できる。

　下水委員会は、比較的に整備された下水道にもかかわらず、「シカゴ市における家屋は、いまや有毒ガスの危険にさらされている。われわれが指摘したように、この問題は、公衆衛生と密接に関連しており、その原因と対策を早急に提起しなければならない」と述べ、下水道の規格の標準化（家屋内部と外部）や下水道およびマンホールの設置を提案した[31]。

　また、食肉加工場から流れ出た汚水は運河に滞留し、シカゴ川にも入り込んだことが、下水委員会によって明らかにされた。このため、北地区に設置された下水道は詰まってしまい、各家庭や商業施設の下水をシカゴ川へ排水できなくなり、かえって北地区の衛生状態を悪化させた。シカゴ川の汚染の原因は下水道の詰まりだけではなかった。ミシガン湖の水質調査によって判明したことは、シカゴ川からミシガン湖に逆流した汚水が湖底に設置された汲水口に流れ込んでいることである[32]。このため、市内の水質が悪化した。ここにいたって、ようやくシカゴ市内の上下水道の問題が認識されたのであった。

　こうした認識のもとで、第2にイリノイ・ミシガン運河をはるかに凌ぐ規模の新たな運河計画が提案された。すなわち、「市民の要望に沿った最良の解決策は、現在のところ船舶運河（Ship Canal）である。運河を流れる大量の水は、シカゴとミシシッピ川を結ぶ水運の動力源となり、2,000トン以上の大型船舶の航行に利用される。この水流によって供給されるエネルギーはミシシッピ川の水流によって生み出される水力の2倍に相当する。この水流こそが、われわれの州に多大な商業利益をもたらす」と記された[33]。

　第3に、新たな行政組織の創設のもとで、運河建設の財源が検討された。当初、シカゴ市議会議員のウィンストンは、可能な限り低予算の下水処理案を構想しており、市民の税負担を低く抑える特別税を主張した。この計画の利点は、汚水をシカゴ川からさらに下流に排水するため、低い予算で下水を処理できることにあった。しかし、同法案は州議会において、河川下流に隣接するペオリア市やジョリエット市の議員から批判を受けた。反対理由は、河川の水質汚濁にともなう健康被害の拡大にあった。そこで、上院と下院の各議員および市長

からなる合同委員会が組織され，意見調整が図られた。合同委員会には，州議会上院からシカゴ市議のエクハート（B. A. Eckhart）とペオリア市議ベル（Andrew J. Bell），下院からはシカゴ市議のマクミラン（Thomas D. Macmillan）とジョリエット市議のリレイ（Thomas H. Riley），そしてシカゴ市長のロッシュ（John A. Roche）の5名が選任された。この人選が示すように，合同委員会の目的は，シカゴ・ペオリア・ジョリエットの3市の意見調整に他ならず，河川流域への影響と対策が協議された。その結果，合同委員会が下した大規模な運河計画（幅160フィート以上の運河と毎分6万立方フィートの水流）が，汚水を希釈するのに十分な水を供給できる点で承認された[34]。

このとき，大規模な運河建設の財源としてハード法案が，州議会で注目された。ハード法案は，大都市圏の広域行政区に徴税権と公債発行の権限を認めて，運河の建設資金を捻出する構想であった。莫大な建設費の捻出策は，じかに上下水道の恩恵を受ける住民に税を課すことによって，上下水道の受益と負担の公平化を図った。こうした受益者負担の原則は，区内全域の資産価格を評価する税体系であった。上下水委員会の要請は以下のような内容であった。「提案されている都市圏の行政区は2億ドルの資産価値を有する。これは1,000万ドルの債券発行の根拠となっており」，議会は早急に大都市圏の広域行政組織に徴税と債券発行の権限を付与すべきである[35]。州議会は1889年5月29日に「衛生区権限付与法」（Sanitary District Enabling Act）を発令し，これをもってシカゴ衛生区が創設され，衛生船舶運河（Sanitary and Ship Canal）の開削が決定された[36]。

イリノイ州衛生局の『年次報告書』でも，安全な衛生環境は，運河を通じてイリノイ川に汚水を流すことで確保されると同時に，汚水の希釈に用いられた水流は直ちに船舶航行の推進力になりうると記された[37]。その後もイリノイ州衛生局は河川の水質調査を実施し，大規模な運河の排水能力を支持する報告を提出し続けた[38]。

以上の動きをうけて，シカゴ市議会は「外部からの支援を要請することなく，港湾建設や運河の拡幅化を含む総合的な下水事業を構想している…中略…シカ

ゴ市民は自らの負担で下水問題に対処するだけでなく、州および国家に多大な恩恵をもたらす形で、下水施設の建設を望んでいる」と宣言した[39]。

2-3 衛生改革の限界——1889年以降のコレラ対策——

世紀転換期、急激な都市化にともない、従来のコレラ対策が機能不全に陥ったがゆえに、科学的根拠に裏打ちされた衛生改革が大きく進展した。長距離鉄道建設は、製造業、銀行業、鉄鋼業の発展を促したが、人口過密にともなう病院施設・衛生管理・上下水道・公衆便所の慢性的な欠如が都市の衛生環境を悪化させた。不衛生とコレラ流行は、貧困地区にとどまらず、商業施設や富裕階層の居住地区にも蔓延した。こうした都市環境の急激な悪化は、それまで個人の不正や怠惰とされた伝染病についての認識を一変させた[40]。

革新主義の時代、衛生改革の目的は工業化とともに解体しつつあった社会秩序を、科学的知識を用いて回復しようとするものであった。医学者や化学者たちは、衛生改革に科学的根拠を与えることに成功した。彼らは、科学の知識を駆使して、公衆衛生の人道的利点と経済的利点をともに満たすことに成功した。たとえば衛生学者のウェルチ（William H. Welch）は、労働力保全の観点に立ちつつ[41]、「清潔な生活空間・工場内の労働条件・良質な食料・豊富な上水供給はすべて公衆衛生と密接にかかわる」[42]との考えを打ち出した。こうしたさまざまな衛生上の課題を一元的に管理しようとする考え方は、シカゴの上下水道事業においても同様に見られた。上下水委員会も同様の見解を示し、「効率的な都市用水計画と運営は、統一的かつ集中的な管理体制のもとで実施される。事業の集中管理こそが、効率的な水利用に資するものであり、都市圏全域の適切な水対策となる」という方針を打ち出した[43]。

ところが1889年以降、衛生船舶運河の建設をきっかけに、専門家の間では運河から排水される汚水が河川の水質を悪化させる危険性が指摘されるようになった。その先駆けとなったのがイリノイ州衛生局による『イリノイの水供給と河川汚染に関する予備報告』であった。これまでイリノイ州衛生局は、水の供給量を増やせば、汚水が希釈されるとの見解を支持してきたが、予備報告では、

下水を希釈するのに要する水量を提示するのではなく，水に含まれる塩素やアンモニアの含有量を水質汚濁の指標にした。新たな基準で実施された水質調査によって，河川の汚染度すなわち伝染病の発生リスクは，シカゴ市からの距離・時間・有機物含有量によって体系的に把握されるようなった。いわば，シカゴ市に近ければ近いほど，河川の水質が悪化していた事実が初めて水質調査によって判明した[44]。

この調査結果からイリノイ州衛生局ラウチ（J. H. Lauch）は気候変動による渇水・将来の人口予測・工業化にともなう産業廃棄物の増大・洪水による水質汚染地域の拡大などの諸問題を列挙し，下水処理計画の抜本的改革を提言した。ラウチによって提言された下水処理農場や浄水施設の建設構想は，すべて運河に依存しない新たな下水処理法であった。汚水を川に流すのではなく，何らかの方法で処理すれば，自然条件や水位変動に左右されない下水処理を実現できる[45]。こう考えたラウチは，イリノイ川の水質調査を実施し，各地で水質の汚染度を検出し，運河から排水される汚水の影響を把握した。その結果，「河川流域では，すでに汚染されているため，住民は河川の水を利用できず，井戸から得られる地下水を利用せざるを得ない」との結論にいたった。こうして，ラウチは河川流域における将来の人口増加を考慮すれば，下水処理の抜本的な改革は避けられないと主張するようになった[46]。

また，ミシシッピ川中流に位置するセント・ルイス市はシカゴの衛生船舶運河に対して迅速な対応をとった。1898年，セント・ルイス市では水質調査委員会が組織され，河川の水質調査が開始された。翌年，水質調査委員会は報告書を取りまとめて，シカゴから流れてくる汚水が当該地域に重大な被害をあたえていると結論づけた。この報告書に基づいて，1900年，セント・ルイス市は合衆国最高裁判所に運河からの排水の即時停止を求めて訴訟を起こした[47]。

これに対して，シカゴ医師クラブは，『医学的専門領域とシカゴ水供給の関係』と題したパンフレットを公表し，イリノイ川が科学的にきちんと調査されていないことが，シカゴ衛生区の運河事業に対して誤解を招く原因であったと主張した。また，イリノイ大学理工学部レイノルズ（Arthur Reynolds），ノー

図表3　河川流域の汚染度に関する調査結果

(単位：ppm)

地名 \ 年度	貧酸素物質		塩素		揮発性アンモニア		albアンモニア	
	1899年	1900年	1899年	1900年	1899年	1900年	1899年	1900年
ジョリエット	25.69	6.97	85.49	31.40	16.05	4.66	2.88	0.85
モリス	9.16	6.40	61.80	17.80	10.09	2.84	1.20	0.63
オタワ	7.13	5.94	57.40	17.20	6.23	0.81	0.62	0.39
ラサール	6.99	5.60	41.30	15.80	4.66	0.55	0.58	0.36
ヘンリー	7.00	5.86	43.20	16.90	3.28	0.41	0.55	0.40
ペオリア	6.86	5.05	33.04	15.50	0.89	0.21	0.57	0.41
ハヴァナ	7.18	6.46	29.17	15.00	1.69	0.41	0.69	0.43
パール	5.51	6.87	18.73	11.60	0.31	0.12	0.67	0.36
グラフトン	8.52	5.85	17.50	10.60	0.25	0.07	0.45	0.54

出所：*Report of the Sanitary Investigations of the Illinois River and its Tributaries, With Special Reference to the Effect of the Sewage of Chicago on the Des Plaines and Illinois Rivers Prior to and after the Opening of the Chicago Drainage Canal*, State Printer, Springfield, 1901, p. XXVI.

ス・ウェスタン大学教授ロング（John H. Long），同じく薬学部のツァイト（F. Robert Zeit），ペオリア市土木技師ハーマン（Jacob A. Harman）は水質調査を再検討した結果，調査内容の修正を試みた。その成果が1902年の『イリノイ川および支流における衛生調査』であった[48]。

　図表3は検出された河川流域の水質データである。この調査結果の明確な意図は，運河開通前の1899年と開通後の1900年の水質データを比較することで，運河の有効性を客観的データから裏付けようとしたことにある。調査結果によれば，運河に隣接する都市において，水に含まれる汚染物質の濃度は，運河開通後に大きく改善されていた。ここから，運河を介して供給される水流は，河川の浄化あるいは汚水希釈にとって有効であると判断された。この調査結果が提出されたことによって，下水処理における衛生船舶運河の有効性が科学的に証明された。

　また，イリノイ大学理学部教授のパルマー（Arthur Palmer）は，運河の有効性を立証するためミシシッピ川の水質調査に乗り出した。パルマーによれば，ミシシッピ川流域の汚染原因は，運河を介して排水された汚水によるものではなく，むしろ，ペオリア市やピーキン市の食肉加工場や醸造所からの産業廃水

によるものであることが科学的なデータから証明された[49]。この種の調査報告が水質汚濁における運河の関与を否定するために実施されたことは明白であった。

　さらに，シカゴ衛生区の役員は詳細な調査によって運河開削の着工が遅れ，工事の着工に支障をきたすことを懸念した。彼らは一刻も早く建設予定地の買収を終え，運河を介して汚水を流そうとした[50]。なぜなら，工事着工の遅延は住民の批判の原因となり，役員の退陣要求につながる恐れがあったためである。役員会議はシカゴ衛生区所属の主任技師コーリーに対して，1カ月以内に調査結果を取りまとめるように要請した。これに対して，コーリーは下水処理の安全性に配慮すべきとの理由から，事業計画の早急なる実施を批判した。コーリーの主張に対して役員会議は，独断で調査を実施したとの理由で，コーリーを任から外すとともに，新たな主任技師に命じて運河建設に踏み切った[51]。

　このとき，シカゴ衛生区の役員会では以下の文言を採択した。すなわち，「シカゴ衛生区が建設した水路の排水，同じく法的に許容された水流がイリノイ川とミシシッピ川流域の住民の健康に悪影響を及ぼすといった認識が数多く寄せられている。その理由として，シカゴ衛生区からの排水が汚染されていた点が挙げられる。そこで，役員会議では，水質汚濁に関する確固たる情報に基づき，この種の懸念が何の根拠もないものと判断する。そのうえで，最も高度な科学的権威による調査を実施することで，この種の認識が変わると，われわれは確信している。そうした批判に対処できる根拠を提示し，内部の不満を取り除くうえで，薬学・顕微鏡による調査法・細菌学的な分析に精通した専門家を雇うことを決定する。そこで，運河・イリノイ川・ミシシッピ川・ミズーリ川で水質調査を実施し，河川の水質悪化を引き起こす原因を特定する」[52]。以上の文言から，衛生対策の科学的調査は，自らにとって都合のよい科学的根拠を提供する道具となったといえよう。

　1901年10月にはレイノルズを中心に，シカゴ大学とイリノイ大学に細菌学に基づく研究所がシカゴ衛生区の支援で創設され，河川の水質調査が実施された[53]。こうして薬学的・細菌学的・疫学的な観点に立った調査や研究が実施さ

れ，運河を介して汚水が希釈されるという仮説は科学的根拠を得るにいたった。この調査結果を受けて，裁判所ではシカゴから排水された汚水がセント・ルイスの水質に及ぼす影響が否定された。セント・ルイス市は，水質調査を用いた法廷闘争を断念し，浄水施設を建設して，独自にミシシッピ川の浄化に取り組み始めた。すなわち，シカゴの水質汚濁はセント・ルイスに転嫁された[54]。

だが，ここで高度な浄水システムが建設された背景を知るためには，セント・ルイスの経済的実情に照らし合わせて事実を検討しなくてはならない。なぜなら，シカゴ衛生区の排水用運河はセント・ルイスを本拠地にする鉄鋼業界にとって輸送費削減の絶好の機会であったためである。セント・ルイスの鉄鋼業界は西部の圧延工場と豊かな鉄鉱資源を背景にシカゴを主要な取引先とした。鉄鋼会社は近隣の鉱山からスペリオル湖の安価な鉄鉱石に重きを置き始めており，割高な鉄道輸送よりも安価な河川輸送を望むようになった。つまり，鉄鋼会社はシカゴからセント・ルイスへ鉄鉱石を輸送したあと，今度は石炭を積み込みシカゴに輸送することによって，輸送費を節約できたのであった[55]。

第3節　大規模河川計画をめぐる利害対立

3-1　水力発電事業の登場

シカゴ衛生区の運河から排水された汚水は，近隣都市に少なからず影響を及ぼした。中西部の大都市へと発展を遂げたシカゴであったが，この大都市から排水された汚水は，下流沿いの新興都市ジョリエットとペオリアにおいて看過できない水問題となった。

シカゴと新興都市の確執を象徴したのが，ジョリエットの水力発電ダム建設をめぐる訴訟事件であった。この訴訟事件を評価するうえで，まず確認すべきことは，下流に隣接する新興都市にとって，いかにシカゴからの水力供給が重要であったかという点である。図表4は，運河会社と水力供給契約を結んだ事業主と所在地を列挙した史料である。これによると，ジョリエットとオタワで

図表4　イリノイ・ミシガン運河の水力供給状況

(単位：ドル)

年月日		企業名	供給地	契約形態	料金
1903年	2月2日	Joliet Buillders Supply Co.	ジョリエット	水道料	80
	2月15日	Ottawa Hydraulic Co.	オタワ	水道管使用料	20
	3月10日	Joliet Buillders Supply Co.	ジョリエット	水道料	20
	3月21日	American Steel & Wire Co.	ジョリエット	水道管使用料	25
	3月25日	Illinois Hydraulic Cement Mfg.	ユティカ	水道管使用料	65
	4月8日	Joliet Buillders Supply Co.	ジョリエット	水道料	400
	4月8日	Ottawa Hydraulic Co.	オタワ	超過水道料	25
	4月24日	Great Western Cereal Co.	ジョリエット	水道料	1,748
	5月1日	Ottawa Hydraulic Co.	オタワ	水道料	375
	5月4日	F. D. Myers	トロイ	水道管使用料	20
	5月11日	Joliet Buillders Supply Co.	ジョリエット	水道料	25
	5月22日	Ottawa Hydraulic Co.	オタワ	超過水道料	100
	6月4日	Marseilles Mfg. Co.	マルセイユ	水道管使用料	15
	6月11日	City of Ottawa	オタワ	水道料	50
	6月16日	Joliet Buillders Supply Co.	ジョリエット	水道料	20
	6月19日	Utica Cement Mfg. Co.	ユティカ	水道管使用料	25
	6月27日	Morris Boxboard Co.	モリス	水道管使用料	100
	10月13日	Joliet Buillders Supply Co.	ジョリエット	水道料	60
	10月13日	Economy Light & Power Co.	ジョリエット	水道料	4,357
	10月31日	Ottawa Silica Co.	オタワ	水道料	150
	11月1日	American Can Co.	不明	水道管使用料	100
	11月1日	Ottawa Silver Co.	オタワ	水道料	10
	11月1日	Ottawa Hydraulic Co.	オタワ	水道料	475
	12月4日	Ottawa Railway, Light & Power Co.	オタワ	水道料	200
	12月29日	Joliet Buillders Supply Co.	ジョリエット	水道料	69
1904年	2月2日	Joliet Buillders Supply Co.	ジョリエット	水道料	30
	2月13日	Ottawa Hydraulic Co.	オタワ	水道料	290
	3月5日	Joliet Buillders Supply Co.	ジョリエット	水道料	20
	3月21日	American Steel & Wire Co.	ジョリエット	水道管使用料	25
	3月21日	American Steel & Wire Co.	ジョリエット	水道管使用料	25
	3月25日	Illinois Hydraulic Cement Mfg.	ユティカ	水道管使用料	25

出所：*Reports of Canal Commissioners of the I & M Canal*, 1903（no page）より作成。

の水力契約件数がひときわ目立つ。とりわけ，水力需要の高い企業はジョリエットのエコノミー電灯電力会社（Economy Light & Power Co.）とオタワのグレイト・ウェスタン・シリアル社（Great Western Cereal Co.）であった。

　ジョリエットは，19世紀後半以降急激に発展を遂げた新興都市であった。耕

作地はせいぜい200エーカーにもみたず，その多くは機械化されていない中小零細農業で占められていた。その一方で，鉄鋼生産・鉱物採掘・レンガ製造などの中小規模の製造業が発展を遂げた[56]。なかでも，ジョリエットに電力を供給したエコノミー電灯電力会社が，水力の大口契約を運河会社と結んでいた。このような事情から，ジョリエットの有力実業家ゲイロード（Robert Gaylord）は，安定的な電力供給を確保すべく，水力ダム計画に着手し，すでに周辺の土地を買収し始めていた[57]。ゲイロードは，事業計画を実現するため，潤沢な資金を背景に土地の買い占めを進めた[58]。

　これに対して，シカゴ衛生区はゲイロードのダム計画を深刻に受け止めた。シカゴ衛生区の排水用水門は，河川下流へと汚水を排水するために建設された。仮にシカゴ衛生区の水門よりも下流でダムが建設されてしまうと，河川は堰き止められてしまい，シカゴ衛生区としては，自由に汚水を下流へと排水できなくなってしまう。ゲイロードの水力発電ダムは工業用水力の供給を目的にしているため，シカゴの下水計画がジョリエットの水力需要，ひいては製造業利害によって制約を受けることを意味した。

　とはいえ，当時の地元新聞によれば，ジョリエット住民や企業家はゲイロードのダム計画を必ずしも支持していなかったようである。水力発電ダムはジョリエット市で古くから稼動していた既存の製造工場よりも下流に建設されるため，地元企業の中には水力がゲイロード傘下の工場に限定されるか，あるいは，彼に近しい企業に優先的に配分されてしまうのではないかと懸念を示していた。したがって，この種のダム建設が，一部の私的な利益に限定されることなく，ジョリエット市全体の利益につながるのか否かは依然として不透明であった[59]。

　これに対して，シカゴ衛生区側は，巧みな広報活動を通じて，自らの運河建設がジョリエット市民全体の利益になる点を宣伝した。実のところ，ジョリエットの住民は，エコノミー電灯電力会社からの電力供給に依存していた。また，送電事業に関心を抱いていたエジソン社の電力王サミュエル・インサルやイリノイ信託貯蓄銀行の頭取ジョン・マイケルは，衛生船舶運河から得られる水力によって，現在の電力を8,000馬力から4万7,000馬力に増幅する計画を電力会

社にもちかけた。さらに，ゲイロードの主要な融資先がイリノイ信託貯蓄銀行であることがシカゴ側の報道戦略によって伝えられた。ゲイロードのダム建設を揺るがすニュースは，シカゴの有力紙『インター・オーシャン』紙によって白日のものとなった。と同時に，シカゴ衛生区はゲイロードのダム建設許可が裁判所から下されたならば，エコノミー電灯電力会社への水力供給を全面的に中止するとジョリエット市に打診した[60]。こうしたシカゴ衛生区の強硬な態度をうけて，郡裁判所はゲイロードのダム建設計画を私的利益であるとの理由から，ジョリエット市民の利益を保護するという名目で，シカゴ衛生区の訴えを認める判決を下した[61]。

シカゴ衛生区に対する批判は，ダム建設訴訟の結審をもって終息しなかった。イリノイ川に隣接する都市の多くはシカゴ衛生区を公然と批判した。イリノイ川流域の住民は，都市から流れ出た汚水によって，河川の水質汚濁が地域社会に壊滅的なダメージを与えかねないと認識していた[62]。北西部地域における圧倒的な商業中心地としてシカゴの経済的な優位が顕在化しつつあるなかで，イリノイ川流域に位置する都市は，水質汚濁による地域社会の崩壊を懸念した。モリス市の有力地方紙は「排水路がシカゴからロックポート間で開通すれば，チフス菌・猩紅熱・ジフテリアなどの疫病が河川流域の都市に及ぼす影響は計り知れない」と訴えて排水路建設の危険性を訴えた[63]。

その一方で，伝染病のリスクにもかかわらず，ペオリアの有力地方新聞は，輸送や水力の好機としてシカゴの衛生船舶運河を好意的に報じた[64]。イリノイ川流域最大の都市ペオリアは，醸造業と精糖業の工場地帯を中心に発展し，イリノイ川とミシシッピ川の水運および鉄道輸送の要所であった。このため，地方有力紙『ペオリア・ヘラルド』紙は次のように報じた。「シカゴからメキシコ湾までの深水路建設は，沿線に20フィート・ダムを建設するもので，わが都市に水運の利益を提供する。また，排水用に設置されたダムは，イリノイ川の水流を取り込むことによって，10,000馬力から12,000馬力を生み出す貯水池となる。こうして，シカゴの衛生船舶運河の全水流は，シカゴや周辺地の電力を供給し製造業の動力源に転用される。これこそ最良な計画である」[65]。

第 4 章　世紀転換期のコレラ対策と大規模河川計画　125

3-2　反鉄道独占と帝国建設

　ジョリエットやペオリアの新興都市は，水質汚濁の問題よりもシカゴ衛生区によって供給される水力事業の利点を優先した。衛生改革が挫折したのは，包括的な衛生対策への否定ではなく，水を資源として有効に利用するという別の合理性ゆえであった。また，シカゴで建設が進められる排水路を地域発展の好機とする見方は，割高な鉄道輸送費の引き下げを願う明確な目的を有しており，その結果，製造業や農業の国際競争力の強化を画策していた。この考え方は，イリノイ州にとどまらず，ミシシッピ川全域の商工業団体で共有された。

　1881年，すでに国内輸送費の問題は，ミシシッピ河川改良会議（Mississippi River Improvement Convention）のなかで，列席者の共通認識となっていた。この会議の列席者は，イリノイ・インディアナ・ミシシッピ・ミズーリ・ルイジアナ・カンザス・アイオワ・アーカンソー・ケンタッキーの主要都市の商工会議所・全国蒸気船委員会・農産物取引所・綿花取引所・同商工会議所・商品取引所・羊毛取引業者協会であった。ミシシッピ川の水運網整備は，西部農産物の世界市場を切り拓き，西部の荒野と大草原に豊かな労働力と富をもたらし，「未開の西部地域を文明社会へと変える原動力」と考えられた。この種の主張は鉄道と水運の輸送費の違いから裏付けされていた。すなわち，水運は鉄道に比べて10分の1の輸送費にもかかわらず，未整備ゆえに利用されてこなかった。割高な鉄道運賃は，農産物の輸送費に転嫁されて，結果的に移住や耕作の障害となりうる。以上より，水運網の整備拡張は，水運と鉄道の競争的運賃引き下げによって，国内輸送費を引き下げる効果を有すると期待された[66]。

　同様の主張は，アイオワ州ダベンポートで開催された河川運河改良会議でも主張され，水運網が鉄道独占への対抗手段との認識で一致した。とはいえ，鉄道の路線によっては，水運に比べて割安なケースも確認されている。鉄道は水運のように自然条件に左右されにくく，最短距離で目的地に積み荷を運搬できる。ミシガン・ミシシッピ運河委員会の調査によれば，ニューヨーク・セントラル鉄道，ペンシルベニア鉄道，エリー鉄道，フィラデルフィア・エリー鉄道，

ミシガン・セントラル鉄道の運賃は，水運の輸送費に近い水準だったと報告されている。それでも運賃を引き下げた路線は，すべて運河や水運と競合する路線に限定されていたのであり，これに対して，水運と競合しない鉄道路線は，前者に比べて2倍近い運賃を課していたと報じられた[67]。

同じく，ニューイングランドからフロリダまで北米東岸を長大な水路によって連結する計画が持ち上がった。この計画の支持母体である大西洋深水路協会 (Atlantic Deeper Waterways Association) は，北米東岸の主要都市にまたがる商工会議所・全米製造者協会・商品取引委員会・商業協会・木材業者団体・個人船主や蒸気船会社・実業家団体・土木技師など17州8都市から総勢105の経済団体，101の企業，454名の個人と政治家から構成されている。年次総会では，輸送費削減で，さらに安く，西部地域の原材料を手に入れたいと願う製造業者，そして安価に穀物や原材料を東部工業都市に輸送したいと願う人々が鉄道運賃の問題に言及した[68]。こうした商業利害集団にとって障害とされたのが，割高な輸送費であった。すなわち，「鉄道はもっとも重要な輸送サービスを提供するものであるが，限界に達しており…中略…急激な人口増加にともなう商業の発展に対応できていない。そして水運は，重量の積み荷に耐え，鉄道の輸送能力を高めるにちがいない」[69]。さらに，同協会は東岸一帯の水運網整備を「偉大なる北西部帝国」(Great Northwestern Empire) と捉えた。とりわけ，フロリダの広大な湿地開墾にとって排水用の水路は不可欠であった。未開拓地が穀倉地帯や森林として生まれ変われば，アメリカ東岸と西部の農工間分業を発展させることができる。水路計画はこうした発想から議論された[70]。

ミシシッピ川全域にまたがる商工業団体もまた，水運の輸送費の削減効果を，さらに独自の帝国の水運構想へと発展させることで，大規模な排水路の必要性を訴えた。シカゴ商業協会のパンフレットには，衛生船舶運河が五大湖からメキシコ湾の水運網の結節点となり，パナマ運河とともに，ハワイ・フィリピン・日本・中国・南米への航路を開拓すると記されていた。それは「偉大なるミシシッピ渓谷」(Imperial Mississippi Valley) と名付けられ，世界市場への進出が明確に意識された[71]。

また，企業家クラブのロウナー（H. N. Rowner），メンフィス産業同盟代表のミラー（E. B. Miller），セント・ルイス商工会議所のグレイブ（N. E. Grave），メンフィスおよびテネシー綿花取引所のホッター（H. Hotter）といった南西部の実業家は積極的にシカゴの水路建設計画を支持した。南西部の企業家にとってシカゴ衛生船舶運河の建設は，地域間分業をよりいっそう発展させ，商品価格の引き下げとヨーロッパ世界市場への販路拡大の好機として映った[72]。こうした主張には，イリノイ州の代表的な企業として知られるアメリカン鉄線会社（ジョリエット市），ターナー・ハドナット穀物会社，スミス－ハイパー穀物会社（ピーキン市），ユティカ・セメント会社（ユティカ市），シカゴ・ポートランド・セメント工業，ディケンソン・セメント工業も賛同の意を示した[73]。

　イリノイ州ラサール市の石炭会社の経営者ヘイゼンは，国際競争力の観点から水運の輸送費削減効果を捉えていた。ヘイゼンによれば，大規模な水運計画は，鉄鉱石の産出増大との相乗効果を通じて，全米中の工業都市へと格安で原料を輸送する手段となる[74]。また，輸送費の削減効果は国内商業活動をさらに活性化させ，自由競争により中西部の石炭価格を引き下げ，ひいてはエネルギーコストを切り下げ，生産活動を促進する。こうして賃金を切り下げなくても，アメリカの製造業者は自国製品をより安く生産できるようになる。そうなれば，アメリカ製造業は，自国労働者の実質賃金を削減することなく，国際競争力を高めることができるため，低価格を武器に世界市場を支配できる，というがヘイゼンの考えであった[75]。

　マーティセン・ヘゲラー社の最高責任者ウェールツ（G. Weerts）は，ミシシッピ川の改良工事が，南部から東部への綿花輸送と東部から南部への綿製品の輸送を活発にして，原材料と完成品の輸送費を削減すると確信をもって主張した。そのうえで，彼の構想はメキシコ湾をさらに南下し，キューバ・メキシコ・中央アメリカ・南アメリカ向け世界市場拡張も視野に入れたものであった[76]。同じくメンフィス産業同盟総裁のミラーも，メキシコ湾・ミシシッピ川・五大湖を連結する一大水運網は南部と西部と東部を連結する要であり，さらに南下すれば，南米の熱帯作物を本国の加工場へと速やかに運ぶ手段になる

と指摘した[77]。

3-3　五大湖の取水をめぐる攻防

シカゴ衛生区によって建設された衛生船舶運河の目的は，ミシガン湖から取水して汚水を河川下流へと排水することにあった。それには，5,000 c. f. s.（cubic feet per second：毎秒立方フィート）という途方もない湖水をミシガン湖から取水しなければならなかった。その結果，ミシガン湖の水位は6インチほど低下すると予想された[78]。

こうした事態に対して，ミシガン湖に隣接する州は，合衆国最高裁判所に次のように訴えた。それは，ミシガン湖からシカゴへ供給される水流が，湖面の低下を引き起こし，河川輸送あるいは水運の停滞を招き，近隣の州や住民に著しい経済的損失を与え，さらには農業や環境にまで悪影響を及ぼしているというものであった[79]。この訴訟事件は，ミシガン湖を挟んで，カナダ政府をも巻き込む形で政府間の水争奪へと発展した[80]。そこで，連邦政府は，水争奪問題を解決するために，1895年5月，水質調査に乗り出すとともに，1902年には国際水路委員会（International Waterway Commission，以下IWCと略記）に加盟してアメリカ側の代表者を送り込み事態の収拾をはかった[81]。

連邦政府の外交努力は，1907年のIWC報告となってシカゴにとって有利な国際的な取水協定へと結実した。IWCは，五大湖における取水量を，カナダ側に毎秒3万6,000立方フィート，アメリカ側に毎秒1万8,500立方フィートの取水制限を課した。このうち，シカゴ衛生区に認められた取水量は，毎秒1万立方フィートとアメリカ側に認められた取水量の約半分以上を占めていた[82]。IWCの勧告は，現行の人口に十分な取水量をシカゴ衛生区に認める代わりに，新たな排水路の建設を禁止するものであった。排水路の代替案としてIWCは，シカゴ衛生区に対して，浄水プラントの設置を義務付けた。このことは，大量の水を引き込んで汚水を希釈する従来型の下水事業ではなく，最新式浄水システムの建設を要請したものであった[83]。IWCは将来のシカゴの人口増加を見越して，湖からの取水に依存しない上下水道事業を要請した[84]。

実のところ、この取水割当はシカゴ衛生区にとっては汚水処理を円滑に遂行するのに十分な水量でもあった。シカゴ市によって公表された取水量は、250万人の水需要を満たすのに十分な量であった[85]。1900年時点のシカゴの人口が約100万人であったことを考慮すれば、毎秒1万立方フィートの取水制限はシカゴ衛生区にとって、十分に許容できる水準であったといえる。その後、シカゴ不動産委員会の推計によれば、シカゴに認められた取水量は300万人の水需要を満たす水準であると公表された[86]。このことから、IWC の取水制限条項はシカゴにとって優遇的な取水協定であったと結論付けることができる。

こうしたシカゴにとって優遇的な取水条項が認められたのは、下水の希釈に用いられる水流を大型船航行に転用する目的を有していたためであった。言い換えれば、シカゴ衛生区は「五大湖からメキシコ湾へとつながる水路」（Waterway from the Great Lakes to the Gulf of Mexico）となるような排水路計画に着手したため、連邦政府から優遇的な取水条項を認められたといえる。実際、連邦政府がシカゴ衛生区の取水量を決定する際に拠り所にした基準は、公衆衛生上の観点からではなく、ミシシッピ川と五大湖の河川輸送に要する取水量に基づいて算出されていた[87]。陸軍工兵隊の土木技師の調査報告によれば、連邦政府は船舶航行の可能なミシシッピ川への水供給によって、ナイアガラやエリー湖の水量に影響を与えることはないとの立場をとった。連邦の調査委員会は、2名を陸軍工兵隊、3名をミシシッピ河川委員会によって組織された[88]。したがって、取水協定に関して、連邦政府とシカゴの見解は可航河川の水運拡張の点で一致していた[89]。

連邦政府は、1897年6月に予算の一部を割いてシカゴの港湾整備に着手し、翌年7月には40万ドル、その翌年6月には6万2,000ドルを捻出し、1902年7月には河川港湾法に基づき30万ドルの河川開発費を計上した[90]。さらに、1890年から1931年にかけて、連邦議会で通過した河川港湾整備費は13億6,985万ドルに達していた。その内訳をみると、ミシシッピ川のそれに4億7,298万ドル、沿岸地域に1億490万ドル、運河および水路の維持管理に1億440万ドル、調査費に821万ドル、沿岸部の港湾整備費に5億1,595万ドル、五大湖港湾の整備費

に1億6,330万ドルが配分された[91]。以上より，シカゴに認められた取水量は，五大湖からメキシコ湾へといたる南北水運網の観点から配分されたといえる。

小　括

　本章では，河川計画をめぐる利害の対立と調和のなかで，世紀転換期の大規模水路建設の意義を明らかにするにあたり，「衛生改革の挫折」・「反鉄道独占」・「帝国建設」の3つの観点に着目した。

　シカゴのコレラ対策は，チェスブロウの指導力の下，すでに下水処理水を運河の水流に転用する合理的な水管理体制を確立した。20世紀初頭の衛生学者は「強力な技術者集団は各部局ごとの監督よりも効率的である」[92]と指摘したが，シカゴでは，1850年代にすでに水行政の専門家を中心とする水の管理機構を確立していた。だが，ここで留意すべきは，保全思想の原型とも言うべきシカゴの取り組みが，シカゴの先進性ではなく，新興都市ゆえの特性に規定された点にある。シカゴは，東部大都市に比べて後発であったがゆえに，合理的な都市インフラを導入することによって，水道料金を引き下げなくてはならなかった。このため，19世紀後期に入り都市が急成長するにつれて，再びコレラの流行にシカゴは悩まされた。

　都市衛生史のルイス・ケインが指摘したように，都市衛生の専門家は，都市の人口動態・水質調査・土木調査に基づき最小の費用をはじき出し，合理的な水利計画を住民に提示したがゆえに，政治的な争いに巻き込まれることなく，シカゴは合理的な都市用水を構築したという[93]。しかし，科学的根拠に基づく水利計画は，水を資源として活用する立場と水質を管理しようとする立場のはざまで揺れ動いた。結果的に，河川の水質をめぐり専門家の間でも，水運を重視する下水処理案が水質浄化よりも優先された。このため，シカゴでは水質改善に向けた抜本的な対策が挫折したのである。

　だが，抜本的な対策が挫折したからと言って，当時のアメリカ社会は，まったく不合理な選択をしたのではなかった。むしろイリノイ・ミシシッピ川流域

の選択は,下水路によって生み出された水流を水運や水力へと転用しつつ,運賃を引き下げて国内の輸送費を削減することで,アメリカの製造業の国際競争力を高めようとする明確な意図を有した。すなわち,河川の水質を犠牲にしながら,国内水運網と世界市場進出を優先した点にこそ,大規模な水運計画の特質が見出されるのであった[94]。シカゴの水路建設が特殊な位置を認められたのは,それが衛生改善以外にも,メキシコ湾とミシガン湖を結ぶミシシッピ航路を開拓して市場発展をなす水上交通網であったからであり,また,流域住民に対してさまざまな形で経済的利益を提供してきたからに他ならなかった。その結果,莫大な水が都市に引き込まれ,そして河川下流に排水された。このことはまた,同時に河川水位を上昇させて,河川氾濫の危険性を高める結果となった。この点については,米国治水史を考察する第5章のなかで,さらに立ち入って考察する。

注

1) Edward Lawrence Pross, *A History of Rivers and Harbors Appropriation Bills, 1866-1933*, Ph. D. Dissertation, Ohio State University, 1938, pp. 139-161.
2) J. Leonard Bates, "Fulfilling Democracy: The Conservation Movement, 1907 to 1921", *The Mississippi Valley Historical Review*, Vol. XLIV, No. 1, June 1957, p. 30.
3) Samuel P. Hays, *Conservation and the Gospel of Efficiency: The Progressive Conservation Movement, 1890-1920*, Harvard University Press, Cambridge, 1959.
4) Donald C. Swain, *Federal Conservation Policy, 1921-1933*, University of California Press, 1963, pp. 6-7, 121-122.
5) 水路建設を含むイリノイ州の衛生改革の挫折については以下の論文を参照。F. Garvin Davenport, "The Sanitation Revolution in Illinois, 1870-1900", *Journal of the Illinois State Historical Society*, 66, 1973, p. 326.
6) 19世紀から20世紀にかけて,シカゴ市の上下水道事業を扱った研究には,以下の文献を参照されたい。Louis Cain, *Sanitation Strategy for a Lakefront Metropolis, the Case of Chicago*, Northern Illinois University Press, 1978.
7) アメリカにおける近代的な衛生対策の受容については,以下の文献を参照。Dorothy Porter, *Health, Civilization and the State, A History of Public Health from Ancient to Modern Times*, Routledge, 1999, pp. 152-155.

8) N. M. Blake, *Water for the Cities, A History of the Urban Water Supply Problem in the United States*, Syracuse University Press, 1956, pp. 6-9.
9) M. D. Koehler, *Annals of Health and Sanitation in Chicago*, Board of Education of the City of Chicago, 1901, pp. 1470-1483.
10) John Duffy, *A History of American Medicine, From Humors to Medical Science*, University of Illinois Press, 1993 (網野豊訳『アメリカ医学の歴史――ヒポクラテスから医科学へ――』二瓶社, 2002年, 389〜340頁).
11) John H. Ellis, "Businessman and Public Health in the Urban South During Nineteenth Century, New Orleans, Memphis and Atlanta", *Bulletin of History of Medicine*, Vol. 44, 1970, pp. 197-212.
12) Louis Cain, "An Economic History of Urban Location and Sanitation", *Research in Economic History*, Vol. 2, 1977.
13) Stuart Galishoff, "Triumph and Failure: The American Response to the Urban Water Supply Problem", 1860-1923, in Matin V. Melosi, ed., *Pollution and Reform in American Cities, 1870-1930*, University of Texas Press, 1980, pp. 51-54.
14) *Report and Plan of Sewerage for the City of Chicago*, Board of Sewerage Commissioner, Office of Charles Scott, Chicago, 1855, pp. 5-8.
15) *Report of the Board of Sewerage Commissioner of the City of Chicago*, 1860, p. 13.
16) 運河の排水利用については, すでに1860年の報告のなかで「効率的手段」(efficient steps) であることが示されていた。*Ibid.*, p. 4.
17) *Report of the Canal Trustees of the Illinois and Michigan Canal, 1861-1862*, p. 384.
18) G. P. Brown, *Drainage Channel and Waterway*, R. R. Donnelley & Sons Co., Chicago, 1894, pp. 71-72.
19) *Report of the Canal Trustees of the Illinois and Michigan Canal*, 1865, pp. 577-592.
20) *Report of the Canal Trustees of the Illinois and Michigan Canal, 1861-1862*, p. 403.
21) *Report to the Chicago Real Estate Board on the Disposal of the Sewage and Protection of the Water Supply of Chicago* (以下 *CREB Report* と略記) by George A. Soper, John D. Watson, Arthur J. Martin, Chicago, 1915, pp. 73-74.
22) John Moses and Joseph Kirkland, *History of Chicago, Vol. 1*, Musell & Co., 1895, p. 122.

23) *Report of the Board of Public Works to the Common Council of the City of the Chicago*, 1862, p. 18.
24) 公共事業委員会はニューヨーク・ボストン・シンシナティの水道料金や税率を比較して、税率の地域的差異が都市の経済状況に左右されると結論付けた。*Ibid.*, pp. 50-53.
25) *Ibid.*, p. 18.
26) *Ibid.*, pp. 10-11.
27) *Ibid.*, p. 51.
28) *Ibid.*, pp. 16-19.
29) John Moses, *Illinois Historical and Statistical Comprising the Essential Facts Planting and Growth Vol. 2*, Fergus Printing Company, 1892, pp. 930-940, 1038-1039.
30) Elmer A Riley, *The Development of Chicago and Vicinity as a Manufacturing Center Prior to 1880*, Ph. D. Dissertation, University of Chicago, 1911, pp. 128-130.
31) *Report of the Sewerage Committee to the Citizens' Association of Chicago*, Hazlitt & Reed, 1880, pp. 6-10.
32) *Report of the Committee of the Citizens' Association Main Drainage and Water Supply*, Chicago, Merchants' Building, 1885, p. 4.
33) *Preliminary Report of the Drainage and Water Supply Commission of the City of Chicago*, (以下 *Preliminary Report of DWSC* と略記) 1887, p. 36.
34) Brown, *op. cit.*, pp. 374-375.
35) *Preliminary Report of DWSC*, pp. 1-14.
36) 法案は、1889年4月11日下院を92対42、同年5月21日上院を97対39で圧倒的な支持で通過した。Brown, *op. cit.*, pp. 374-376.
37) *Annual Report of Illinois State of Board of the Health*, 1884, p. 78.
38) *Annual Report of Illinois State of Board of the Health*, 1885, pp. lxix-cxxviii, 1886-1887, pp. xiii-xiv, xxxix-xlvii.
39) *The Lakes and Gulf Waterway, a Brief, with Illustrations and Notes*, Chicago Legal News Co., 1888, p. 20.
40) Elizabeth Fee, "Public Health and the States: United States", in Dorothy Porter ed., *The History of Public Health and Modern State*, Rodopi, 1994, pp. 231-232.
41) *Ibid.*, pp. 234-237.
42) Donald Fleming, *William H. Welch and the Rise of Modern Medicine*, Little

Brown & Co., Boston, 1954(星野毅子郎訳『アメリカ医学の史的発展』時事新書, 時事通信社, 1962年, 177頁).
43) *Preliminary Report of DWSC*, p. 45.
44) John H. Rauch, *Preliminary Report to the Illinois State Board of Health, Water Supplies of Illinois and the Pollution of its Streams*, Springfield, Illinois, 1889, p. 30.
45) *Ibid.*, pp. XV-XXV.
46) *Annual Report of the State Board of the Health of Illinois*, Springfield, Illinois 1896, p. LV.
47) *CREB Report*, p. 118.
48) James A. Eagan, *Pollution of the Illinois River, Report of the Sanitary Investigations of the Illinois River and Its Tributaries: With Special Reference to the Effect of the Sewerage of Chicago on the Des Plaines and Illinois Rivers Prior to and After the Opening of Chicago Drainage Canal*, 1901, pp. 9, 21.
49) 本章で引用した地方新聞は News Paper Clipping, 1902を利用した。"Water is not polluted, state board of health finds drainage canal does not harm rivers", *Chicago Chronicle*, August 21. 1902.
50) *The Chicago Drainage and Water-way Laws*, Published by the Citizens' Association of Chicago, Chicago Legal News edition of the Laws, 1899.
51) Garvin Davenport, "The Sanitation Revolution in Illinois, 1870-1900", *Journal of the Illinois State Historical Society*, Vol. 66, 1973, pp. 313-314.
52) *Proceedings of the Board of Trustees of the Sanitary District of Chicago*, March 29, 1899, p. 5597.
53) *Proceedings of the Board of Trustees of the Sanitary District of Chicago*, October 30, 1901, p. 7458.
54) *CREB Report*, pp. 118-119.
55) "Chicago to Benefit by Canal Revival", *Inter Ocean*, July 12. 1902.
56) Michel P. Conzen and Melissa J. Morales, *Setting the Upper Illinois Valley, Pattern of Change in the I & M Canal Corridor, 1830-1900*, Studies on the Illinois & Michigan Canal Corridor No. 3: Chicago, 1989, pp. 134-138.
57) *Joliet Republican*, July 23. 1902.
58) "New Joliet Power Company Sues To Condemn Property", *Chicago Tribune*, July 13. 1902.
59) "May Get Light Free", *Joliet News*, July 23. 1902.
60) "Mitchell and Insull in Campaign for Canal Right", *Inter Ocean*, July 25. 1902.

第4章　世紀転換期のコレラ対策と大規模河川計画　135

61) "Syndicate Loses in Drainage Fight", *Peoria Herald*, August 10. 1902.
62) William Philip, *Chicago and The Down State; A Study of their Conflicts, 1870-1934*, Ph. D. Dissertation, University of Chicago, 1940, p. 202.
63) *Morris Herald*, December 6. 1902.
64) オタワ市の地元新聞は「河川輸送は改善されることになり，堅実な経済繁栄の見通しをもって航行可能な河川は飛躍的に発展するであろう」と報じた。*Henry Republican*, July 17. 1902.
65) *Peoria Herald Transcript*, July 12. 1902.
66) *Official Report of the Proceedings of the Mississippi River Convention*, St Louis: Great Western Printing Co., 1881, pp. 16-17.
67) W. H. H. Benyaurd, *Reasons: From Lake Michigan to the Mississippi River*, Michigan and Mississippi Canal Commission, Davenport, Iowa, 1881, p. 6.
68) *Report of the Proceedings, Annual Convention of the Atlantic Deeper Waterways Association*, Ware Bros Co., Philadelphia, 1910. pp. 267-314.
69) *Ibid.*, p. 33.
70) *Ibid.*, p. 37.
71) *From the Great Lakes to the Gulf Mexico, Report of the Deep Waterway of the Chicago Commercial Association*, Chicago, Illinois, June, 1906, p. 10.
72) *Proceedings of the Board of Trustees of the Chicago District of Chicago*, January, 23. 1901, p. 6967.
73) *Ibid.*, p. 6962.
74) イリノイ地域の石炭価格は1トンあたり1～2ドルであるが，ウェストヴァージニア，ピッツバーグでは3ドル50セント～4ドルであった。*Ibid.*, p. 6961.
75) *Ibid.*, p. 6961.
76) *Ibid.*, pp. 6965-6966.
77) *Ibid.*, p. 6966.
78) Cain, *op. cit.*, pp. 76-78.
79) 詳細な訴訟内容については，John W. Alvord, *State of Missouri vs State Illinois and the Sanitary District of Chicago*, Tribune ptg Co., 1904を参照。
80) カナダ・オンタリオ州の電力事業を手掛けたアダム・ベック卿はシカゴ衛生区の取水によって，カナダが不当な電力不足に悩まされている点を主張した。Beck Adam, *Statement Re Enormous Losses Occasioned by the Diversion of Water from the Great Lakes to the Mississippi River by the Sanitary District of Chicago*, 1923, pp. 1-7.

81) Cain, *op. cit.*, pp. 87-88.
82) この取決めは，1906年5月に提出されたIWC報告に基づいて，アメリカ陸軍大臣とカナダ開発省大臣の間で交わされた。毎秒1万立方フィートの取水制限について，アメリカ側は，船舶の航行問題だけでなく，シカゴの衛生状況の改善可能な基準として承認し，カナダ側は，船舶航行のための取水基準として，この取水制限を受け入れた。George F. Barrett, *The Waterway from the Great Lakes to the Gulf of Mexico*, The Sanitary District of Chicago, 1926, pp. 93-97.
83) Cain, *op. cit.*, p. 92.
84) *CREB Report*, p. 134.
85) *Preliminary Report of DWSC*, p. 6.
86) シカゴ不動産委員会見積もりによれば，「10万人のために必要な排水量を毎分20,000立方フィートと定める州法の規定は，明確な基準に基づいていないが，便宜上の配慮に基づいている」。*CREB Report*, p. 67.
87) 報告書にはミシシッピ川沿いの地域の農産物生産，製造業の全米シェア，天然資源の採掘額シェアが記載されており，衛生船舶運河が国民的利益と合致することが強調されている。Barrett, *op. cit.*, pp. 171-182.
88) *Memorandum, Concerning the Drainage and Sewerage Conditions in the Chicago*, Sanitary District of Chicago, 1923, pp. 47-49.
89) 南西部地域を中心とする深水路協会代表者会議（Deep Waterway Association Convention）でも同様の主張がなされている。*Letter of James J. Hill, The Future of Rail and Water Transportation, The Lakes to Gulf Deep Waterway Association Convention*, Chicago, 1908, pp. 1-26.
90) *Memorial: Favoring the Widening and Deepening by the United States Government of the Chicago River*, Sanitary District of Chicago, 1906, pp. 12-13.
91) Moulton G. Harold and Paul T. David, *The American Transportation Problem: Prepared for the National Transportation Committee*, 1933, p. 438.
92) M. N. Baker, *Municipal Engineering and Sanitation*, New York Macmillan Company, 1902, p. 244.
93) Cain, *op. cit.*, p. xiii.
94) Galishoff, *op. cit.*, pp. 53-54.

第5章　洪水対策における環境保全の成立

はじめに

　豊かな恵みをたたえるミシシッピ川は，ときに荒れ狂う河川となり，川沿いに定住しようとする者を遠ざけてきた。アメリカの洪水対策は地方主導で堤防を築くことであった。地方政府は移住者の土地と財産を保護するために，自らの負担と権限に基づき堤防を強化した。堤防のおかげで，河川沿いの土地への移住と開墾が促進され，鉄道や水運網が形成されていき，これらを保護するため堤防の重要性はさらに増した。アメリカの洪水対策が地方を中心に発展してきた所以である。

　ところが，1927年のミシシッピ川大洪水時に堤防が決壊すると，これ以降，地方負担のもとで堤防を築くだけでは，河川の氾濫から人々を保護するのは不可能であると認識され，さまざまな洪水対策が連邦政府の責任の下で行われるようになった[1]。洪水対策の転換点となったのが，ミシシッピ川大洪水の翌年に制定された連邦治水法であった。この法律はそれまでの堤防のみによる対策（Levee Only Policy）を否定し，遊水池や洪水路に重きを置いた内容となった。さらに1936年には連邦治水法が新たに制定され，環境保全に根差した洪水対策が導入された。この法律により，連邦政府はすべての可航河川に加えて，雨が河川に流れ込む流域もその管理下に収めた。本章では，1850年連邦湿地法から1936年連邦治水法にかけての政策論争をたどりながら，アメリカの洪水対策が転換した背景を明らかにする。

　連邦治水法の成立過程については，すでにフランクの著書のなかで体系的に

把握されている。連邦治水法の成立過程で提起された問題は、地役権・通行権・建設費の負担・浸水被害の補償・現実的管理者の権限に関するものであった。フランクの研究によれば、こうした治水施設の建設にともない、住民との土地問題や補償問題が浮き彫りになったが、そうした問題は立法過程のなかで徐々に調整されていった。人々はそれまで河川に水を流すだけであったが、過剰な水を自らの土地に引き入れることに合意した。その結果、以前まで無用とされてきた治水施設によって、ミシシッピ川に隣接する土地は洪水から保護された[2]。

その後、連邦治水法に関する研究は、官僚と政治の癒着構造から解明され始め、同法の成立をもって近代的な流域管理の確立とみる立場に対して修正が加えられた。省局間での権限争いが有効な洪水対策の障害になった点についてはすでに、マースの研究書の中で示されている。権限争いや予算獲得行動は、無駄な河川計画を横行させた[3]。アーノルドは洪水対策が政治とエリート官僚の癒着関係に左右され、巨大治水構造物に偏ったものであったことを指摘した。その結果、1936年連邦治水法は綿密な調査に基づいて制定されなかったと結論付けた[4]。近年では、陸軍工兵隊の権限が河川に関与する全米各地の商工団体の利害を背景に拡大した点がオニールによって実証された[5]。

また、20世紀初頭の大洪水が河川沿いの人間社会に及ぼした影響については、プリンスとトンプソンの研究に触れておかなければならない。両者の研究によれば、大洪水の直撃を受けた耕作地の一部が土壌保全を目的に非耕作地に転換された。その背景は、農産物価格と地価の低迷によって被災地での耕作活動が困難になったためであり、これ以外にも土壌や水源の保全活動が地方で定着した点も見逃せない事実であった。たとえば、ミネソタ州やイリノイ州において実施された湿原復元計画によって、耕作地が湿原へと転換されるにつれて、野生生物保護や景観や水質保全への機運が高まった[6]。

以上の先行研究によって、1936年連邦治水法の成立は、一方で連邦主導の大規模な治水事業であり、他方で、州・地方主導の環境保全事業であったと特徴づけられる。このように、相反する側面が並存しながら展開した点に、アメリ

カの洪水対策の特徴を見出すことができる。

　本章では，これら一連の研究成果に依拠しつつ湿地の復元や土壌保全という新たな動きが連邦治水法の成立とともに登場した経緯を検討する。そこで，先行研究では十分に検討されてこなかった1940年代の排水堤防区（Drainage and Levee District）の運営状況について検討したい。排水堤防区の基本的な任務は，住民の負担で湿地を耕作地へと転換し，そこに堤防を築いて土地を保護することにあった。しかし，1936年連邦治水法後，連邦の財政支援にもかかわらず，排水堤防区は財政難に陥り，組織的な洪水対策を講じられなかった[7]。ここに湿地復元・野生生物保護・土壌保全といった新たな河川管理の契機が見出される。

　次に，この点と関連して，1936年連邦治水法の立法過程から洪水対策の特質を明らかにしなければならない。連邦の介入によって上述した排水堤防区が停滞したとすれば，同法が河川流域住民の要請を反映しつつも，いかなる経緯で立法化されたのかが解明されなければならないであろう。いわば，1936年連邦治水法は，官僚の権限争いや議会内の政治的駆け引きのなかで紆余曲折を経ながら立法化されたことで，さまざまなひずみを抱えた制度にならざるをえなかった。その結果，一連の洪水対策の展開は，連邦主導の洪水対策の成立へと結実したものの，環境保全に根差した洪水対策を確立するにはいたらなかった。

　以上の論点を考察するにあたり，本章の第1節では，19世紀に築堤中心の洪水対策が確立した経緯について検討し，第2節では，世紀転換期になると洪水対策が国家的計画へと向かった背景を明らかにする。第3節では，1927年ミシシッピ川大洪水後，連邦治水法の成立過程を考察し，洪水対策において環境保全の考え方が導入された点を検討したい。

第1節　19世紀の築堤中心の洪水対策

1-1　公有地政策と洪水対策

　ミシシッピ川沿いの広大な未開の湿地は，肥沃な大地で綿花や穀物の栽培にとって有利であったが，たびたび洪水にさらされ，定住に不向きな土地であった。湿地に定住しようとする者は，堤防で土地を洪水から保護しなければならなかった。1850年に連邦湿地法（Federal Swampland Act）が制定されると，連邦政府はミシシッピ川沿いの湿地を州に配分した。州政府は湿地の売却金を堤防建設に充て土地を河川から保護することによって，湿地の開墾を促した[8]。すなわち，「この法案（連邦湿地法）の成立は土地を付与することにより，無価値の土地は耕作地へと生まれ変わる。州議会は土地の開墾を促し，洪水から人々を救いだす…中略…ときとして，水害にみまわれる湿地の改良は，すべての州にとって共通の難事であり，そのまま放置すれば，耕作されず荒廃するだけでなく，疫病の温床となる」[9]。

　連邦湿地法のもとで，連邦政府から州に付与された土地は，連邦政府の調査に基づき，「湿地および浸水地」（Swamp Lands and Overflowed Lands）と定められた。しかし，乾季の測量調査に基づいて定められた湿地の定義は，州側の要請と食い違うようになり，湿地の開墾にとって障害となった。そこで連邦湿地法の規定は，州によって選ばれた測量技師の調査結果に重きを置くように改められ，州の責任を明確にするように定められた。ルイジアナ州のケースでは，1852年の州法によって公有地管理局（Land Office）の登録人に，土地取得証書の発行を認めるとともに，土地売却益を堤防建設に充当するように定めた。州法によって，新たに売却された土地は680万エーカーにも達した。大規模な土地処分の成功を受けて，ルイジアナ州のウォーカー知事（Joseph Walker）は湿地処分の繁栄ぶりを広く州民に公表した[10]。また，アーカンソー州では，州知事によって任命された湿地管理委員会が，投機的な土地の取引を未然

第5章 洪水対策における環境保全の成立 141

に防ぎながら土地を処分し，堤防建設に着手した[11]。

　ミシシッピ川沿いの繁栄が期待されるさなか，連邦湿地法の成立後，初めて洪水に関する報告書が土木技師エレット（Charles Ellet Jr.）によって著された。エレットによれば土地の開墾と森林伐採がすすみ，耕作地を保護するために堤防を築くと，かえって河川氾濫の危険性を高めると指摘した。エレットは堤防だけでなく，貯水池・捷水路・放水路を築くこと，さらには，低地への移住や耕作も規制するように主張した[12]。エレットの洪水防御論は，人間と自然の調和をもたらすように，耕作や移住を規制しようとした点で，すでに20世紀初頭の環境保全の考え方を先取りしていたといえよう。

　しかし，エレットの洪水防御論は批判され十分に検証されることなく，堤防偏重の対策の登場とともに切り捨てられた。その根拠となったのが1861年のハンフリー（Andrew A. Humphreys）とアボット（Henry L. Abbot）の報告書であった。2人の治水技術者は，堤防の有効性を提示するため，エレットの依拠した水文学上の公式を批判した。すなわち，「この公式が無名の技師によって用いられたのであれば問題はないが，著名な土木技師として知られるエレットによって用いられ，誤った提案の根拠となったことは看過できない」と記し，「ここまでの議論によって，河川のつけ替え・貯水池・メキシコ湾への放水路がなんらのメリットをもたらさないことが明白となった。これらは，あまりに費用がかかるうえに，多大な危険をともなう。これに対して，堤防は洪水にさらされた沖積平野全域を保護するのに不可欠である」と主張した[13]。

　ここで堤防の経済効果について，ミシシッピ州ボリヴァー郡のプランテーションの事例を紹介しておきたい。当該地のプランターは，将来の税収を担保にして，堤防を強化する工事に着手した[14]。その結果，1850年に2,577人にすぎなかった人口は，堤防完成後，急激に増加して1860年には1万471人に達した。また，同じ時期に耕作地は1万6,000エーカーから8万5,000エーカーと5倍程度に拡大し，綿花の増産規模は7倍に達した。それだけではない。連邦湿地法の利点はとりわけ地価の値上がりにあった。ボリヴァー郡の開墾地の地価総額は，わずか10年ほどで73万ドルから875万ドルと10倍以上に増大した[15]。『偉大

なるボリヴァー』には，この地域が豊かな綿花栽培地としてだけでなく，学校などの教育施設・水路排水設備・道路・教会のインフラが整備され，高い規範と秩序ある自立した地域であることが宣伝された[16]。

ミシシッピ・デルタの湿地帯でも，州主導によって地価上昇を見込んだ洪水対策が実施された。この地域では，土地税（Uniform Tax）と収穫物（綿花）への生産税（Production Tax）と借入金（起債）の3つの財源を堤防の建設に充てて，農地を洪水から保護した。州議会は，1エーカーあたり5ドルに満たない未開拓地が堤防によって保護され，耕作地へと転換された場合，土地の価値は30ドルまで上昇すると発表した。地価の上昇分に限って，土地への課税は実施されてよいとの判断が下された[17]。

一連の成果を受け，鉄道会社も湿地への投資に乗り出した。イリノイ・セントラル鉄道は，湿地を耕作地に転換して土地の売却益を得た。鉄道会社にとって湿地開墾の利点は，湿地を農地へと転換し，定住者に販売するとともに，新開地への輸送需要を独占することにあった[18]。一例をあげれば，ミネソタ州南東部フリーボーン郡では，鉄道会社に保有された湿地がオランダ人投資家ジョージ・ペインの手に渡り，ペインを通じてオランダ人入植者へと販売された。その後，湿地が開墾されるにつれて，土地は入植者向けの住宅・ホテル・商業施設・伐採地・セメント工場・鉄道へと転用された[19]。また，デルタ地域に60万エーカーの土地を保有するヤズー・ミシシッピ・ヴァレー鉄道は，健康・医療・土地の生産性を根拠に，北部居住者に土地の販売を宣伝した[20]。ミシシッピ州の地方紙の報じるところによれば，イリノイ・セントラル鉄道は木材業者から湿地を購入した後，湿地を耕作地に整備し，そこに農産物運搬用の路線を敷設しミシシッピ・デルタへの移住を促した[21]。

湿地の恩恵は経済的利益だけでなく，その公共的観点からも認知された。いくつかの事例を挙げると，ミネソタ州法において湿地の開墾はマラリア対策として把握された。ミネソタ州法によれば，「たとえ個人の意思に反して私有財産を制約したとしても，湿地の開発根拠は，公衆衛生にとって不可欠である。湿地を排水することはマラリアの温床から人々の健康と生命を保護するもので

ある」[22]。

　また，同様の着想は，マサチューセッツ州・ニュージャージー州・ノースカロライナ州・インディアナ州でも共有された。すなわち，「複数の都市にまたがり，数多くの人々に所有される広大な土地は，排水によって耕作地へ転換される。まったく利用価値のない土地については行政介入の対象となる…中略…排水の恩恵は局所的でもなく，特定地域に限定されるものではない。その恩恵は，土地の生産力を高め，農作物を増産させるため，農業従事者だけでなく多くの人々に享受される」[23]。

　イリノイ州の農地排水法（Farm Drainage Act）も他州の事例とほぼ同様の根拠であった。「土地は耕作にとって価値あるものとなり，国土は農業に大きく依存する。公共の福祉の要請に従えば，適切な排水システムは必要不可欠である。州の排水法の主たる意図は，地表水を処理することによって，農業および公衆衛生上の土地開発をなしうるものである。排水事業は概して，排水堤防区のもとで場合によっては堤防や防塁としても機能する」[24]。

　同じくミシシッピ・デルタにおいても，湿地の開墾は公共的観点から把握された。すなわち，堤防と開墾によって「マラリアの原因となる蚊の生息地はこの大地から取り払われる。かつて不毛であった土地から，快適な住宅や商業施設や教会や学校を備えた近代的な都市が誕生する」。こうした認識は，ミシシッピ州・アーカンソー州・テネシー州・ルイジアナ州の実業家によって構成された南部沖積土地協会のパンフレットのなかに示され，湿地の開墾に基づくミシシッピ・デルタ社会は「沖積帝国」（Alluvial Empire）と名付け称された[25]。

1-2　ミシシッピ河川委員会の洪水対策——堤防重視策（Levee Only Policy）——

　19世紀アメリカの洪水対策を設計するのに最も重要な役割を果たしたのが，ミシシッピ河川委員会（Mississippi River Commission，以下 MRC と略記）であった。MRC は1879年に連邦議会の承認によって創設され，連邦財源のもとで管理運営される政府組織である。MRC は7名のメンバーから構成されて

おり，その内訳は3名の陸軍工兵隊（Army Corp），3名の民間人と1名の沿岸測地測量局員（U. S. Coast and Geodetic Survey）と定められた。MRCは本部をミズーリ州セント・ルイスに置き，ミシシッピ川全流域を4つの管轄地区に分割して調査にあたり，陸軍長官に年次報告書を提出した。この報告書は連邦議会に提出され，堤防建設の予算獲得の根拠となった。

MRCはその強力な政治的影響ゆえに，創設時に組織の存在意義を問題視された。反MRC派の議員は，MRCが不当な連邦の介入につながるとの認識に立ち，明らかに違憲であると主張した。なぜなら，ひとたび堤防が築かれると，河川に隣接する土地所有者は堤防の利益を独り占めできたからであった。連邦の財源を堤防に充てることは，国家的利益からかけ離れ，特定の利害への補助金を意味する。このことは州権に対する過度の連邦介入と揶揄された[26]。

憲法上の批判を逸らすため，MRCは舟運と治水の河川改修計画を提示した。堤防唯一主義とも称されるMRCの堤防事業は，河川に隣接する住民だけでなく，広く輸送上の利益となるように設計された。MRCの意図は堤防を治水としてではなく，安全な水運網の手段として捉えることによって，河川港湾法の枠内で堤防予算を獲得することにあった。ここに19世紀アメリカの洪水対策の特質をみることができる。つまり，洪水対策は「州際通商条項」の範囲で実施された。連邦の介入範囲を定めた「州際通商条項」は，複数の州にまたがる場合にのみ，交易上，商業上の権限を連邦政府に認めた。この条項に基づいて，河川港湾法は制定されている[27]。この規定に沿ってMRCは「州際通商条項」の範囲で堤防建設費を捻出できるように調査結果を誘導した。

この事実は，図表1と図表2から把握できる。図表1はMRCに配分された予算と事業内容を示したものである。図表1によると，1879年（MRC創設時）から1900年にかけて，MRCの予算は組織の運営費以外，複数の州にわたって実施される「河川調査」や「河川港湾整備」として計上された。この点でMRCへ配分された予算は，「州際通商条項」の範囲であったことがわかる。

ところが，実際に支出された目的は，「州際通商条項」の規定から逸脱したものであった。図表2をみると，最大の費目は「堤防」に支出されており，港

第5章 洪水対策における環境保全の成立 145

湾整備事業として計上されていても,現実には,堤防建設に支出されていた。MRC設立法の第4条項にも「同委員会の任務はミシシッピ川の河道拡張と堤防保護に要する計画と予算を確定することにあり」,その目的は「舟運の改良と安全の確保であり,壊滅的な洪水からの保護」と明記された[28]。

実際,MRCの年次報告は次のように堤防の有用性を定めた。「堤防が浚渫と川床の拡幅に直に影響することは明らかであり,洪水時や河川水位上昇時に濁流から低地(Bottom Land)を保護する…中略…アーカンソーからさらに下ってニューオーリンズにいたるまで,堤防はその有効性を立証した。堤防の背後には,砂糖,綿花,その他の商品作物を栽培するプランテーションがある。堤防はプランテーションを保護するだ

図表1　ミシシッピ河川委員会(MRC)の予算獲得実績

(単位:ドル)

法案成立・年月日	事業内容	予算額
Act of June 28, 1879	MRC設立費用	175,000
Act of June 16, 1880	河川調査	150,000
Act of March 3, 1881	河川港湾整備	1,000,000
Act of March 3, 1881	河川調査	150,000
Act of August 2, 1882	河川港湾整備	4,123,000
Act of August 7, 1882	河川調査	150,000
Act of March 3, 1883	河川調査	150,000
Act of January 19, 1884	河川港湾整備	1,000,000
Act of July 5, 1884	河川港湾整備	75,000
Act of July 5, 1884	河川港湾整備	2,065,000
Act of July 7, 1884	河川調査	75,000
Act of August 5, 1886	河川港湾整備	1,994,057
Act of August 5, 1886	河川港湾整備	29,952
Act of August 11, 1888	河川港湾整備	2,840,141
Act of August 11, 1888	河川港湾整備	75,000
Act of October 2, 1888	河川調査	35,000
Act of October 19, 1888	不足分の補填	20,785
Act of September 19, 1890	河川港湾整備	3,200,000
Act of September 19, 1890	不足分の補填	5,652
Act of March 3, 1891	不足分の補填	1,950
Act of March 3, 1891	不明	1,000,000
Act of July 13, 1892	河川港湾整備	2,470,000
Act of July 28, 1892	不足分の補填	46
Act of March 3, 1893	河川調査	2,665,000
Act of August 18, 1894	河川港湾整備	485,000
Act of August 18, 1894	河川調査	2,650,000
Act of March 2, 1895	河川調査	2,665,000
Act of June 3, 1896	河川港湾整備	909,000
Act of March 31, 1897	不明	250,000
Act of June 4, 1897	河川調査	2,933,333
Act of July 19, 1897	不足分の補填	625,000
Act of July 1, 1898	河川調査	1,983,333
Act of March 3, 1899	河川調査	2,583,333
Act of March 3, 1899	河川港湾整備	185,000
Act of June 6, 1900	河川調査	2,250,000
	その他の予算	303,137
総額		41,287,692

出所:*Reports of the Mississippi River Commission*, Washington, GPO, 1900, pp. 4549-4550.

図表2　1879年から1900年までの
　　　　MRC 予算内訳

(単位：ドル)

目　的	金　額
ミシシッピ河川委員会	579,218
河川調査	1,803,665
堤防	15,403,901
河川改修，補強工事	9,612,459
浚渫	2,028,549
試験的土塁工事	53,838
試験場・その他	1,598,876
河川港湾整備	5,837,032
ケアロ市以北の工事	730,282
繰越	3,639,872
総　額	41,287,692

出所：*Ibid.*, p. 4550.

けでなく，氾濫時には農作物を遠方へと運ぶ蒸気船，艀船，平底船の陸あげ場となり」，それゆえにこそ，堤防によって，可航河川の安全な舟運が促進された[29]。

こうしたMRCの見解は，ミシシッピ改良堤防協会・ミズーリ州議会・北部ミシシッピ河川会議（ダビューク）・カンザス商品取引所・セント・ルイス商品取引所・州際ミシシッピ河川改良堤防会議（ビックスバーグ）・全米農業会議・ダベンポート企業家協会・ルイジアナ商工会議所・ルイヴィル取引委員会・西部商業会議・イリノイ州議会・環ミシシッピ会議（ダベンポート）の決議をもって承認され，ミシシッピ川流域の利害関係者に共有された。すなわち，「われわれは，議会によって適切な対策が決定されることを切に願うばかりである。MRCの提言と陸軍工兵隊の判断こそが，河川氾濫の恒久的な防御体制を構築するのに必要不可欠である。本会期で要求された予算はまず，そうした洪水対策を実現することにある」[30]。

第2節　世紀転換期の国家的洪水対策

2-1　洪水被害の拡大

MRCが州際通商の観点から連邦の洪水対策を主導したとすれば，河川に隣接する住民の利害を反映したのがミシシッピ川堤防協会（Mississippi River and Levee Association，以下MRLAと略記）であった。MRLAは，全米各地から代表者を募り，銀行家・鉄道会社の総裁・製造業者・輸送業者・プランター・市長を構成員に迎えた。この中には被災地から遠く離れたシカゴ・フ

地図1　ミシシッピ川氾濫流域の全体図

出所：John A. Fox, *A National Duty, Mississippi River Flood Problem: How The Floods Can Be Prevented*, The Mississippi River Levee Association, 1914, p. 14.

ァースト・ナショナル銀行の総裁も名を連ねた[31]。この点からも，MRLA 創設の目的は，被災地住民の救済だけでなく，鉄道会社や投資家の損失に配慮したものであった。

　MRLA の主張は大きく5つに集約される。第1に，大洪水の原因は31州で排水された工業用水や生活用水がミシシッピ川下流域に集中的に流れ込んだこと，第2に，そのうち3万エーカーの土地に洪水被害が集中していること，第3に，洪水対策の負担と被害の緩和，第4に，強固な堤防システム，第5に，綿花プランテーションの保護であった[32]。以上の主張は堤防建設にともなう費用を連邦政府が負担するように要請するものであった[33]。MRLA の議長フォックス（John A. Fox）は「31州の経済発展のツケがミシシッピ川下流に集中する」と主張し，全米の支持を仰いだ。

　これらの主張は MRLA によって公表された地図1に示される。地図上の黒塗り部分は，ミシシッピ川全流域を示したものであり，ミズーリ川流域・アーカンソー川流域・オハイオ川流域・レッド川流域をカバーしている。その西端

はモンタナ・ワイオミング・コロラド，東端はペンシルベニア・ウェストヴァージニアにいたる。ミシシッピ川大洪水の原因はこれらの河川から下流に集中して水が流れ込んだことにあった。

　MRLAには全米各地から堤防建設を支持する内容の書簡が数多く寄せられた。MRLAの公表した書簡集には，30州86都市の市長，42州165都市にまたがる229団体から，堤防建設を支持する書簡が収録されている。全米各地の市長や商工業団体から寄せられた書簡には，人道的観点から堤防建設を支持した内容が目立つ。たとえば，ニューヨーク市長の書簡には「この大惨事を前にして，何よりもまず人命の保護，次にミシシッピ一帯の土地を保護すべく直ちに検討すべきである」という文面が寄せられた[34]。

　被災地への配慮は洪水被害の拡大を水際で食い止めようとする投資家からの要請でもあった。ニューヨークのギャランティ・トラストやナショナル・バンク・オブ・コマース，ナショナル・シティ・バンクやニューヨーク信託会社，アトランタ連邦準備銀行が被害の実態調査に乗り出した結果，ミシシッピ川大洪水の被害は被災地だけでなく，その損失は全米中に広がる恐れがあると指摘している。被害調査によれば河川の氾濫が「急激な経済停滞を引き起こすものではないが，それでも財産の喪失によって購買力が低下して，多かれ少なかれ深刻な事態を招くに違いない…中略…また，被災地での穀物被害は農産物価格の上昇を招くであろう」との懸念が示された[35]。

　購買力との関連でいえば，すでに全国製造業者協会（National Association of Manufactures）は，被災地の購買力低下と消費者信用の焦げ付きを報告していた。被災地に敷設された鉄道は，農業や都市の発展につれて路線を拡張し，河川に隣接する土地への移住を促した。新興都市の旺盛な消費需要を見込んだ製造業者は，鉄道路線の敷かれたミシシッピ・デルタに販売網を拡大した。このため，堤防の決壊後の水害によって，農地抵当貸付・不動産売買・排水堤防区の証券・鉄道株への投資が債務不履行になった[36]。

　被災地に路線を拡げた鉄道会社は洪水によって，鉄道レールや鉄橋などの輸送施設や車両倒壊の被害に悩まされた。アメリカ鉄道技師協会が公表したデー

タによれば，ミシシッピ・デルタに路線をもつ鉄道会社の損失だけでも，駅建物・輸送施設・鉄道レール・車両の倒壊・洪水にともなう営業停止・農産物輸送の停滞によって少なくとも1,000万ドルに達した。また，「推計困難」との理由から，鉄道関連施設の復興や修復の費用，さらに株主の損失は含まれていなかった。イリノイ・セントラル鉄道をはじめとして，シカゴ・ロックアイランド・パシフィック鉄道やサザン鉄道など名だたる大鉄道会社の洪水被害は計り知れない規模であったと推察される[37]。

2-2 資源保全派と堤防推進派の権限争い

革新主義の時代にあって，水や土地を資源として捉え，無駄なく有効に利用する資源保全の考え方が政治の世界に浸透しつつあった。だが，その一方で，堤防建設を国家的事業として実施しようとする堤防推進者たちは，河川行政の権限をめぐって，資源保全派との間で鋭く対立した。その代表的人物がネヴァダ州上院議員ニューランズ（Francis G. Newlands）であった。

ニューランズはローズヴェルト（Theodore Roosevelt）政権下の内陸水路委員会（Inland Waterway Commission）において，総合河川計画を立案した人物である。資源保全派の信念は以下に集約される。「水路の多目的利用は4つの連邦の各部局において，バラバラに実施されている。それゆえ，現在のところ，総合的な見地に立ち，この課題に対処できないのである。しかし，本委員会は水路の商業利用と産業利用を同時に推進する政策を進言する…中略…議会は水路の利用に関する限りにおいて，各省の事業を調整する行政機構を創設すべきである…中略…責任をもって政策を実施しない限り，われわれに明日はない。計画が責任ある立場を貫くことができる人物によって構成され，そうした組織にしっかりと委ねてこそ，水力開発・灌漑・水道事業・水運網を含む総合計画が構想される」[38]。

河川行政の権限が分散する現状は，資源保全派にとって，資源の浪費に他ならなかった。ニューランズをはじめとする資源保全派は，効率的な資源計画を実施するに際して，あらかじめ強力な権限を備えた政府機関に期待を寄せた[39]。

すなわち，資源保全派の究極の目標は，河川計画を一元的に管理することによって，政治主導の河川行政からの脱却をはかりつつ，その結果として効率的な水利用を実現することにあった[40]。そして，1909年，資源保全派の構想は，IWCよりも強力な権限を有する全米水路委員会（National Waterways Commission）への改組を機に，にわかに現実味を帯びてきた。全米水路委員会の『最終報告』は各組織の共同調査を通じて，総合河川計画の輪郭を描き出し，連邦政府内の統一見解を図るという明確なメッセージを強く印象づけたのであった[41]。

これに対して，堤防推進派は資源保全派に対して鋭く対立した。彼らの洪水防御論の骨子は，MRLAのもとで練り上げられ，1914年4月の全国排水会議（National Drainage Congress）での決議に採択されると，全国的規模の洪水対策へと結実した。MRLAの治水技師タウンゼント（C. M. Townsend）は，この対策会議に先駆けて著した意見書の中で，堤防を強化し，他の対策を排除する洪水防御論を展開した。

タウンゼントはまず，再植林事業（Reforestation）を批判し，次いで貯水池建設案を批判することで，堤防の有効性を論じている。タウンゼントは再植林について一定の理解を示したものの，再植林が洪水の予防効果を発揮するには，広大な土地を無駄にしなくてはならないと指摘した。「再植林によって洪水を防ぐためには，育林のために，西部湿原地帯の耕作地と高度な灌漑システムを破棄しなければならない…中略…ミシシッピ川の水位を下げる手段として，再植林は広大な耕作地を原生林へと転換する」[42]と結論づけた。

次に，貯水池の予防効果が批判的に検討された。大洪水は通常の降雨によって発生するのではなく，記録的豪雨に見られる想定外の気象条件によって引き起こされる。このため，「水位が低下するまで過剰雨量を留めておくには，大規模な貯水池を建設しなければならない」。このため，貯水池のために，広大な耕作地を犠牲にすることが予想された。これに対して，長大な堤防システムは洪水から農地を保護するだけでなく，耕作面積の損失を最小限に抑えることができるとされた。しかも，堤防によって保護された土地は堤防建設費をはる

かに上回る収益をもたらすと考えられた。堤防建設費は「多く見積もっても，氾濫から保護される土地，1エーカーあたり4ドル以下である。この費用は西部乾燥地帯における灌漑事業と比べて，はるかに低い水準である。ミシシッピ川下流の土地は，このたびの大洪水にみまわれ，多額の損害を被ったが，地価の値上がり分は堤防の完成に要する費用を弁済するであろう」と指摘した[43]。あくまでもタウンゼントは，河川沿いの土地の開墾と連動した堤防計画を提唱した。

全米中の賛同を背景に，MRLAは政権与党の民主党ルイジアナ州上院議員ランズデル（Joseph E. Ransdell）とミシシッピ州選出下院議員ハンフリー（Benjamin G. Humphreys）を支援し，議会での堤防計画の実現を推進した。これに対して，資源保全派で知られるニューランズは，ローズヴェルト大統領の後押しを得ることに成功した。大統領の熱烈な支持を背景に，資源保全派は理想を実現するうえで，申し分のない船出となった[44]。

しかし，第一次世界大戦の開戦とともに，資源保全派を取り巻く政治状況は逆風となった。その原因は，開戦にともない，一刻も早い河川水運ルートの整備が焦眉の課題となったためである[45]。20世紀初頭アメリカの国内輸送は，世界に類を見ない長大な鉄道網を整えたものの，割高な運賃を利用者に強いたばかりか，一部の採算路線に偏った経営となっていた。こうした鉄道業界の体質が，ヨーロッパ同盟国への戦時物資の輸送需要に耐え切れず，国内の流通システムを混乱に陥れた[46]。戦時体制の輸送問題については，シカゴ大学教授モールトン（Harold G. Moulton）の『水運対鉄道』や商務省の『アメリカにおける内陸水上輸送』，そして陸軍工兵隊の『内陸水運の将来』の中で取り上げられたことで，さらに水運計画への関心は掻き立てられた[47]。

実際，アメリカ国内の輸送量に占める水運のシェアは17%にすぎなかったが，開戦にともなう国内輸送網の混乱に乗じて，全国河川港湾会議（National Rivers and Harbors Congress）・全国排水会議・河川港湾委員会（Rivers and Harbors Committee）・大西洋水運協会（Atlantic Deeper Waterways Association）・オハイオ渓谷改良協会（Ohio Valley Improvement Association）・コロ

ンビア河川改良協会（Columbia River Improvement Association）などの，水運関連の利害団体が次々と息を吹き返し，議会で強い影響力を行使した[48]。

また，開戦にともなう税収の不足も，堤防推進派にとって有利に働いた。開戦とともに連邦政府は急激な税収不足に陥り，結果として1億ドルもの財政赤字を計上するにいたった。財政の健全化によって中間選挙を優位に進めようと画策するウィルソン大統領は，莫大な財政支出を計上するニューランズの計画を破棄した[49]。なぜなら，ニューランズの計画は，堤防予算の実に13倍にも達していたためである。資源保全派の試みは財政面からも巨額の財政赤字の温床と批判された[50]。

第3節　ミシシッピ川大洪水と1936年連邦治水法

3-1　堤防への批判

連邦の財政支援によって完成した堤防は大洪水で脆くも決壊し，家屋や農地は濁流に飲み込まれた。1927年のミシシッピ川大洪水では，大規模な堤防の補強工事にもかかわらず，いたるところで堤防決壊が確認され，70万人もの人々が住居や財産を失った。洪水の被害額は，ミシシッピ川治水協会（Mississippi Flood Control Association）の試算によれば，2億3,633万ドルと公表された。また，米国気象庁（United Sates Weather Bureau）は，洪水の被害額を3億6,353万ドルと報告しており，1912年洪水時の被害規模の4倍以上と公表した[51]。もっとも被害の大きかったミシシッピ・デルタでは，地元新聞の報じるところによれば，堤防の決壊によって約15万人が家を失った[52]。

ミシシッピ川における堤防決壊の報道は，予期せぬ降雨に対する堤防の限界を印象づけた。有力紙『ネイション（Nation）』によれば，「MRCによって48年もの間，支持され整備されてきた堤防はついに破綻した。堤防はMRCの指示どおりにほぼ完成したが，1927年のミシシッピ川大洪水は，その堤防をはるかに凌ぐ被害であった」[53]。さらに，陸軍工兵隊の『年次報告書』でも，堤防

を主軸とする洪水対策の限界が指摘された。「このたびの洪水では，MRCの管轄区において，主流17か所および支流209か所において，堤防の決壊が報告された…中略…政府のプロジェクトは修正を要する。これまで，われわれは少ない予算で最大限に土地を開墾する責務を担ってきた。いまや，洪水時の流量をできる限り制御するように，河川計画を策定しなければならない」[54]。

被災地となったイリノイ州では，州政府がMRCをあからさまに批判してはいないが，堤防事業に対する認識を大きく修正した。先の大洪水においてイリノイ州公共事業局水路課が下した結論は，それまでの見解を大きく修正する内容であった。水路課が独自に実施した調査結果によれば，「シカゴ衛生区によってミシガン湖からの取水が洪水を引き起こした原因に変わりはないが，このたびの洪水の被害規模から推察するに，農地保護を目的に建設された堤防が，自然の氾濫原を制限したため，氾濫水位を上昇させた」[55]。ここでも，堤防が洪水の猛威を高めた原因との認識が明確に打ち出された。

1927年ミシシッピ川大洪水の被害状況を調査した『治水報告』（Flood Control Report）でも，河川の流量や気象条件に大きな変化が見られなかったにもかかわらず，被害が拡大した原因は堤防であったことが報告された。この調査によって，水位が堤防の拡大とともに上昇したという事実が詳細なデータによって裏付けられた。すなわち，水位上昇の原因は湿地を整備し，農地を保護しようと堤防を乱立させたためであった[56]。

3-2　1928年連邦治水法の成立

堤防に対する不信感は，新たな洪水対策への原動力となったが，1928年連邦治水法が成立するためには，いくつかの政治的確執を経なければならなかった。なぜなら，審議された法案は，私有地のなかに洪水路や遊水池を開削し，河川水を引き入れなければならず，耕作地を水没させなければならなかったためである。この点から土地の取得にかかわる問題は，洪水路の開削予定地の地役権や通行権・水没地の補償・地元の建設費負担に関する事がらであった[57]。こうした土地の取得をめぐる議論の核心部分は，治水施設が公共的側面を有すると

同時に，それが保護された土地の地権者を直接の受益者とせざるをえないため，私益と公益のバランスを再定義することにあった。この点は全国排水会議の演説に象徴される。「河川は国の管轄だが，堤防は州の管轄である。政府は河道を整備し，人々は費用を支払う。ここに重大な問題が存在する。水が堤防を通過するとき，河川はどちらに属すのか」[58]。

洪水対策をめぐる議論は当時の経済的状況を色濃く反映した。経済的側面としては，大洪水の被害が金融取引に波及しないように願う全米投資家の要請によるものであった。シアトルで開催された第16回アメリカ投資銀行家協会（Investment Bankers Association of America）の年次会議において，アーカンソー州知事のマーティノウ（J. Martineau）は，全米150万人の投資家がミシシッピ川大洪水によって投資の1割を失ったことを公表した。マーティノウの声明は，アメリカ投資銀行家協会の総会に列席した投資家の危機感を高めることに成功し，総会では早急なる洪水対策の支持を集めた[59]。全米2万人の会員を抱える銀行業界の代表として，アメリカ銀行家協会（American Bankers Association）も共通の認識に立ち，被災地への巨額の投資が破綻しないように，連邦主導による洪水対策を要請した[60]。

また，当時の政治的側面としては，大統領クーリッジの富裕者への減税措置も法案の審議に少なからず影響を及ぼした。当時，クーリッジは富裕層への減税を唱え，政府の財政支出をできる限りにおいて縮小しようとした。1927年ミシシッピ川大洪水の復興支援についても，増税を懸念したクーリッジは，洪水対策の恩恵を受ける被災地住民に対して，それ相応の負担を課すよう主張した[61]。クーリッジにとって，地元負担なき洪水対策は，安易な財政赤字の原因となり増税に直結する。そして，増税は必ずや政権運営に支障をきたすと考えられた[62]。ニューヨーク共和党議員からも，直接の受益者は一般の納税者よりも多く負担すべきであるとの声があがった。同じくウィスコンシン州共和党議員のフレア（James A. Frear）も，洪水対策の対象となる土地の価格を引き上げるとの理由から，地元負担なき洪水対策を批判した[63]。

彼らの要請は1920年代の繁栄を維持するために洪水対策を実施するのは仕方

がないにしても，過度な財政支援は税負担の観点から好ましくないというものであった。こうした政治的・経済的要請にいち早く対応することで，MRC に代わって河川行政の権益拡大を画策したのが陸軍工兵隊のヤドウィン（Edgar Jadwin）技師長であった。健全財政派の要請にこたえるべく，ヤドウィンは着任早々，最初の成果を試されることになった。彼は氾濫時の流量を制御するために，第1に，治水関連施設（放水路・貯水池・越流堤）を建設すること，第2に，建設費・水没被害・地役権をすべて地元負担にすること，第3に，巨額の堤防支出の元凶と目された MRC の組織改編を提言した。第4に，洪水路や貯水池による浸水被害はすべて，河川に隣接する地権者の負担としたことによって，計画の予算規模は2億9,640万ドルとなった[64]。その基本理念によれば，堤防の決壊は，人々の開発によって引き起こされた人災であるから，あらゆる負担は，可能な限り開発の恩恵に浴した住民に課されるというわけである。さらに，ヤドウィンはミシシッピ川を管轄してきた MRC の組織改編にも踏み込んで発言することによって，徹底的に旧体制の転換を迫った[65]。クーリッジ大統領によれば，ヤドウィンの構想は，まさしく「革命的な試み」とされ，MRC 中心の体制からの決別を意味した[66]。ここでいう地役権とは洪水路として土地を利用する権限を連邦政府に認めるものであった。このため，土地所有者にとっては，ひとたび自地への洪水路計画を認めると，無償で土地を政府に提供しなければならなかった。

この案に真っ向から反対の立場をとった人物がイリノイ州下院議員のレイド（Frank R. Reid）であった。彼は被災直後の住民に過重な負担を求めれば，災害復興の障害になりうると主張した。そのうえで，レイドは，これまでの度重なる洪水に対して，堤防に私財を投じてきた住民の窮状を訴えて，これ以上の負担を求めてはならないと主張した[67]。アーカンソー州の民主党議員ドライバー（William J. Driver）やルイジアナ州の民主党議員ウィルソン（Riley J. Wilson）も，洪水からの復興にかかる費用に加えて，農業抵当や負債の支払いを考慮すれば，地元負担を洪水対策に盛り込むべきではないと主張した[68]。

そして，ヤドウィンの計画に不満を漏らす議員にとって，格好の治水計画が

批判にさらされてきた MRC によって提出された。MRC の構想はヤドウィンの構想と真逆の立場で書かれており，地元の建設費負担・地役権・洪水補償をすべて連邦政府の負担に組み込んだ内容であった。MRC 構想の特徴は，連邦負担を増やし地元負担を軽減することにあった。レイド議員は，さっそく MRC 構想を具体化するために，下院第8219法案（通称レイド法案）を提出し，以下の方針を示した。第1に，堤防・放水路・洪水流路・遊水地・貯水池の建設，第2に，これらの治水施設の建設費の地元負担の撤廃，第3に，河川水位の急激な上昇に備えた調整地の確保，そのための水没地の全額補償を要求し[69]，治水施設完成後の維持費を全額すべて連邦政府の負担にした。その結果，レイドの洪水対策予算は4億7,300万ドルにまで膨れ上がった[70]。

こうしたなか，上院では妥協案としてワシントン州選出の共和党議員ジョーンズ議員（Wesley L. Jones）によって第3846号法案（通称ジョーンズ法案）が提出された。この法案は上記の2つの法案の妥協案となっている。ジョーンズの法案は，地元の建設費負担を軽減した点でレイドに譲歩しつつ，施設完成後の維持管理や通行権・地役権の提供・MRC の組織再編を盛り込んだ点で共和党主流派に配慮した内容であった。ただし，通行権と地役権は地権者から政府が買い取るとした。結果的に，ジョーンズ案を基本軸にして1928年連邦治水法は設計された。同法の成立によって，ミシシッピ川の洪水対策が連邦の責任のもとで実施されるようになり，洪水路の建設にともなう費用・権限・維持管理が連邦政府と地方で明確に分けられた。つまり，治水施設の建設費はすべて連邦政府の負担としながらも，完成後の維持管理費は地方政府の責任の下で実施された[71]。

とはいえ，同法の法案に対して，クーリッジの立場に近い共和党議員フレアは異を唱えた。フレアによれば，1850年の連邦湿地法の時代，1エーカーあたり1ドル25セントで分配された土地は，開墾によって現在，1エーカーあたり75ドルに上昇したという。仮に洪水路の建設予定地を得ようとすれば，土地を取得する費用だけで3億ドルもの予算になると推計された[72]。

しかし，高額の土地取得費を要求すると思われた地権者は，低額での売却を

持ちかけ，フレア議員の思惑を切り崩すことに成功した。建設予定地の地権者は上院法案を好機と捉えたようであった。彼らは洪水によって地価が低下している現状を引き合いに出し1エーカーあたりせいぜい5ドルから10ドル程度と申告し，連邦政府に洪水路建設予定地の売却を持ちかけた。この中には，建設予定地に22万6,000エーカーの土地を所有するテンサス・デルタ土地会社（Tensas Delta Land Co.）も含まれた。議会に公表された会社の一覧表には，建設予定地に土地を所有する木材業者と土地会社が名を連ねた。彼らは洪水によって自地の価格が低下しているものの，連邦の洪水路計画によって広大な土地が保護されるのであれば，地価・不動産関連の証券・不動産抵当の価値・事業収益が上昇し，莫大な利益が転がり込んでくると期待した[73]。

　イリノイ川流域に住む人々は，コミッショナー・技術者・代理人を筆頭に，41の排水堤防区を統括するイリノイD&LD地域連合（Association of Drainage and Levee District of Illinois, 以下ADLDと略記）を立ち上げ強力な政治集団を形成した。ADLDの活動の場は，州議会での陳情や地方での賠償訴訟ではなく，主として治水予算の配分を決する連邦議会へと持ち込まれた。復興の目途のたたない土地からの人口流出を危惧するADLDは，政府の治水計画によって，地域経済の復興と再建を切望した[74]。1928年連邦治水法への合意は，災害復興への烽火となり，投資家からの融資を呼び水にして，土地開発を再開するという明確な意思のあらわれであった[75]。実際に，連邦治水法成立後，連邦土地銀行は直ちに被災地の農業分野への追加融資を発表した[76]。

　この点については，治水委員会議長のハル（William E. Hull）も認識を同じにしていた。彼にとって，地元の費用負担は独自の課税理論に裏打ちされた。地元の費用負担とは，地権者や被災者への追加的な税負担であるが，それは，通常の税とは全く異なる性格とされた。「通常の税は政府の一般経費を賄うために課せられるが，この種の目的税は，土地から生じる特殊利益に対して課される…中略…土地への課税は，土地改良によって生ずる利益の範囲で洪水対策費を賄う」ものである以上，その負担分は，追加的な負担ではないと判断された[77]。

連邦議会では土地会社や木材業者の支持，そして河川沿いの住民や地権者の支持を背景に，共和党と民主党の対立が調整され，1928年連邦治水法が承認された。同法によって，陸軍工兵隊は自らの権限と連邦予算によって大規模な洪水対策に着手した。陸軍工兵隊にとって，1928年連邦治水法はMRCに代わって河川行政の権限を手中に収める好機となった。こうしてMRC総裁は陸軍長官によって助言を求められるにとどまり，報告書作成の任務は，陸軍工兵隊の技師長に委ねられた。以上より，MRCに委ねられてきた河川管理の権限は陸軍工兵隊に一任された[78]。

3-3　1936年連邦治水法の成立

1930年代に入ると連邦治水法をめぐる議論は新たな局面を迎えることになった。それは，1935年の大洪水からの復興に加えて，大恐慌を契機とした巨額の雇用対策が議会で注目を集めるようになったためであり，TVAのような水資源開発を全国の河川に導入する機運が高まったためであった。この動きに水資源開発の効率化を図るべく，F. D. ローズヴェルト大統領とその諮問機関である自然資源委員会（Natural Resource Committee）が新たな洪水対策を議会に要求した。大不況のさなか，連邦政府は46億ドルの失業対策費（緊急救済法）の一部を洪水対策に組み入れる困難な道のりを歩み始めた[79]。

資源保全の一環としての洪水対策を強く提唱したのが，ローズヴェルト大統領であった。ローズヴェルト大統領にとって，洪水対策はそもそも資源保全計画の1つのプログラムに過ぎず，緊急性の高い事業ではなかった。むしろ，彼は森林や土壌保全に力点をおき，河川への土地の流亡を防ぎつつ，余剰水を水力ダムに転用する多目的資源計画を構想していた[80]。ローズヴェルト大統領は，陸軍長官に宛てた書簡のなかで，内務省・農務省・労働省・連邦電力委員会・全国計画局など省局間の調整を図る水流委員会（Committee on Waterflow）への出席を打診しており，この委員会を足がかりにして，最も望ましい水資源計画を作成するように要請した。熱心な資源保全派であった農務長官ウォレス（Henry Wallace）も，森林管理・土壌保全計画の一環として洪水対策を進言

した[81]。資源保全派にとって，総合的な資源管理計画は，党派を超えた省局間の政府機関のもとで計画され実行されるべき公共事業であり，できる限り議会の影響力を排除する狙いがあった[82]。こうした動きの目的は党や利害を超えた資源配分を確立することにあった。

　この好機を前にして，陸軍工兵隊のマークハム（Edward Markham）技師長は，陸軍長官ダーン（Gerge Henry Dern）とともに莫大な雇用対策費への権限拡大を虎視眈々と，また時として強硬な態度で臨んだ。ダーンは「陸軍工兵隊は水利用に精通しており，新たに調査や研究に何年も費やすことなく…中略…すみやかに議会が望むような包括的な計画を準備する用意がある」と返信し，協調体制こそ無駄な手続きであるとまで記した[83]。

　省局間の連携に対する陸軍の立場を明確にしたうえで，着任早々のマークハムは，さっそく新たな予算獲得に向けた戦略を下院の治水委員会に授けた。マークハムの鋭敏な洞察力は，同委員会議長で，ルイジアナ州選出の民主党議員 R. ウィルソンの関心を引くことに成功した。マークハムの切り札は膨大なプロジェクトを費用対効果から仕分けした「緑書」であった。「緑書」に掲載された1,600の河川計画は，費用対効果の観点から3段階に分けられ，一目で予算と実施すべき事業を峻別できるように整序されたうえに，治水委員会での法案作成を簡素化するように示された[84]。ウィルソンたち委員会のメンバーは，この基準に依拠して，34州にまたがる285事業を抽出し，早々と第8455号法案を議会に提出し，雇用対策費を先取りしようとした。この点で事業評価は，政治家にとって予算獲得に都合のよい道具であったといえよう。

　こうした早急な議会運営に対して，民主党と共和党，双方の議員から批判の声があがったことは言うまでもない。批判の第1は，もっぱら洪水対策推進派を重視したことから，利益誘導と言わざるをえない予算配分となったこと[85]，この点と関連して第2に，河川港湾整備の事業評価が除外されているため，便益評価が意図的に操作されているのではないかとの懸念が示されたこと，第3に，評価基準に即して機械的に事業を選定することへの懸念，第4に，安易な財政支出と財政赤字に対する懸念に集約される[86]。議会では，民主党からも共

和党からも，事業評価そのものに対して信憑性が問われた。

　こうしていったんは審議が上院に移されると，立法化はさらに難航を極めた。上院では，ニューヨーク州選出の民主党議員のコープランド（Royal S. Copeland）がTVA方式の洪水対策を批判した。コープランドは，洪水対策の連邦事業化を支持したが，この中に含まれる治水用ダムや貯水池の水力発電計画を問題視した。コープランドによれば，水力ダム建設計画を洪水対策に盛り込めば，費用対効果の観点から事業評価は水力発電の利益によって効率的になる。だが，国家による水力発電事業は，民間の電力会社の経営を圧迫し，そこに出資した投資家の利益を損なう可能性を有した[87]。しかも，コープランドの政治力は役員を務める上院通商委員会（Commerce Committee）をも動かし，通商委員会はコープランドの名で政治的指針を議会に向けて発令した。それは「連邦の法的な権限は陸軍長官と技師長の方針のもと，陸軍省によって実施されるが，この規定は議会の決定がある場合はこの限りではない」と宣言した[88]。すなわち，通商委員会は陸軍の権限を認めながらも，計画の決定権を議会が保持するように要求した[89]。

　このとき洪水対策への権限獲得を狙う資源保全派は，ある秘策を議会に提示した。それは流域管理であった。流域管理とは河川の水量をじかに制御するのではなく，雨が河川に流れる範囲を制御することで結果的に河川水位を調整する河川計画であった。この構想の原案となったのが『リトル・ウォーターズ』（Little Waters）と称される報告書であった。この報告書は治水構造物からの脱却を唱えた画期的な書であった。この報告書の最大の特徴は，森林管理や土壌の整備を実施する流域管理が，河川の流量を制御し，氾濫時の堤防決壊を回避する点にあった[90]。

　しかも報告書の基本構想は，「野生生物の権利」を謳った環境思想家レオポルド（Aldo Leopold）の環境倫理からも着想を得ていた。報告書には以下の文が引用された。「文明社会は，ゆるぎなき豊かな大地の征服者ではない。文明社会とは自然と人間の相互的で依存しあう関係を保つものである」[91]。それゆえ，人間中心の誤った資源開発は，自然と人間の関係の不協和音となり，洪水や土

壌流出となって人命や財産の喪失，農地の荒廃を引き起こすとされた。その損失は，毎年4億ドルと推計された[92]。この報告書は，人間の経済活動がすでに自然の一部であるとの認識に立ち，環境保全と問題を共有した点で，これまでにない斬新な洪水対策を提示したといえよう。

流域管理の考え方は議会内の妥協案となった。この考え方によれば，資源保全派の権限は，雨が河川に流れ込む範囲である流域と定められ，農務省の管轄の下で，土壌や森林の保全・生態系の維持に向けられた。その見返りとして，主要河川への権限を陸軍工兵隊に認めることで，議会内対立が調整された。可航河川は陸軍長官の許可のもと陸軍工兵隊の管轄下におかれ，そこでは，貯水池・治水用ダム・放水路などの大規模な治水施設が建設された。こうして，河川と流域は別々の政府機関の下で管理されるようになった。

一方，ローズヴェルト大統領は，河川の分割管理について陸軍工兵隊と農務省は共同して調査にあたり互いに連携するする立場を主張した[93]。だが，大統領のおひざ元，全国資源委員会のクック（Morris L. Cooke）は大統領の説得にあたり，拒否権の行使を思いとどまらせた。クックは，流域管理構想を通じて，分裂した議会の収拾を図りつつ，下流の水力発電用ダムへの安定的な水供給の利点を添えた。このことは，流域管理こそが，河川水を効率的に利用し，流量制御の要になるとの認識に立っていた[94]。

3-4 新たな資源保全区の設立

1936年連邦治水法以降，河川行政は陸軍工兵隊と農務省に二分された。陸軍工兵隊は，オハイオ川に新たに45の貯水池を手掛け，ミシシッピ川上流とミズーリ川に7つの貯水池を建設した。これらの貯水池計画は，上流で流量を制御し，下流の氾濫を抑えるように実施された[95]。ミシシッピ川下流では，洪水路（Floodway）が建設された。地図2はミシシッピ川における陸軍工兵隊の河川計画を示したものである。これによると，ミシシッピ川主流・オハイオ川・ミズーリ川・アーカンソー川から流れる過剰水流は，ミシシッピ川下流に建設されたアチャファラヤ洪水路とモーガンザ洪水路に流れ込み，洪水路を通

地図2　陸軍工兵隊の治水事業

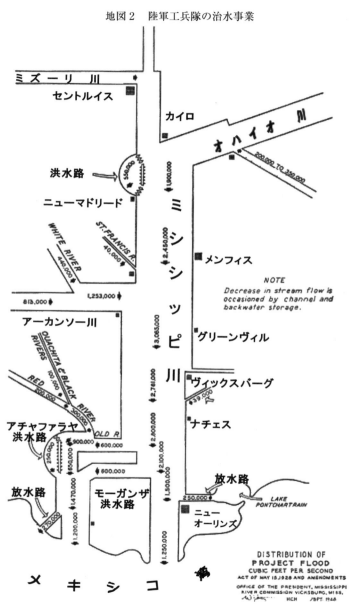

出所：Harrison, *op. cit.*, p. 162.

じてメキシコ湾に排水された。こうして陸軍工兵隊の管轄はあくまでも河川の流量を制御するものとなった。

これに対して、農務省の管轄は陸軍工兵隊のように河川水をじかに管轄するのではなく、雨や雪が流れ込む範囲、すなわち流域であった。農務省は降雨による土地の流亡を阻止するために、土地を整備し森林地を管理した。農務省は広大な流域をさらに効果的に管理するため、1935年4月に土壌保全局（Soil Conservation Service、以下 SCS と略記）を設立した。

SCS は各地域の実情に即した保全計画を実施すため、住民主体の水土保全区（Soil and Water Conservation Districts）の創設とその監督を州政府に委ねた。標準州土壌保全区法（Standard State Soil Conservation Districts Law）が発令されると、各州は次々と水土保全区を認可することで、総合的な保全計画を導入していった。この法令は水土保全区の設立根拠を定めたもので、州法に基づく住民主体の保全計画の骨子を示していた。SCS は、郡単位で設立された水土保全区と連携しながら計画に着手していくことになった[96]。1938年には、イリノイ州・カリフォルニア州・インディアナ州・ミシシッピ州・ペンシルベニア州・ヴァージニア州・ウィスコンシン州で土壌保全区が新たに導入され、25州で総合保全計画が実施された。そして、1940年には300地区、1945年には1,346地区、1950年には2,285地区、1969年には3,017地区の水土保全区が創設され、合衆国の農地のうち約97％をカバーするにいたった[97]。

SCS の基本的な任務は「SCS 発足以来、土壌流出地での土壌管理計画をじかに実施する試みは困難を極めた。こうした事業が単一の組織で実施不可能なことは明白となったのである。この問題は膨大な範囲を対象としたからではない。それは、解決困難なさまざまな人為的な要因によるものである。国家的規模での保全策を実施する健全かつ唯一の方法は、保全実施のプロパガンダによって農業関係者の関心と積極的な協調を獲得することにある。いわば SCS の事業は、農業関係者に土壌保全事業の重要性を納得させるための、デモンストレーションであり全国的な教育活動である。農業関係者との協調原理こそが、本プロジェクトの本質なのである」[98]。

図表3　スナイ・アイランド排水堤防区の財政状況（1945年技師技術者報告）

名　称	面積 エーカー	支出 ドル	維持管理費 ドル（%）	負債額 ドル	連邦の洪水対策	財政状況	堤防決壊
Atlas Creek	2,335	950	800（84.2）	4,177	未定	税未納による財政難	不明
Bay Creek	6,479	3,625	2,500（68.9）	13,200	RFCの救済支援	堤防不十分，財政難	1943年
Collins Pond	2,610	522	不明	0	未定	税未納による財政難	43, 44, 45年
Hadley Creek	9,101	4,800	4,200（87.5）	0	8,000ドル支援	健全な財政状況	43, 44, 45年
Kiser Creek	9,893	3,600	2,000（55.5）	6,700	CCC, RFC	洪水被害による財政難	44, 45年
McCraney	6,533	3,000	2,000（66.6）	10,000	CCC, RFC	作物被害による財政難	不明
Sand Slough	5,094	1,030	800（77.6）	0	未定	税未納無し，財政難	43, 44, 45年

注：CCC 青年保全隊，RFC 復興金融公社。
出所：Sny Island Levee and Drainage District, Drainage & Levee District Inventory Files, 1934-1935, 1970-1971.

　では，1936年連邦治水法は河川流域にいかなる影響を及ぼしたのであろうか。ミシシッピ川沿いで大規模な農業干拓事業を展開するスナイ・アイランド排水堤防区（Sny Island Drainage Levee District）の財政事情からみていく。この排水堤防区は7つの地区に分かれて形成され，住民に対して一定の課徴金を負担してもらい，治水費用を捻出してきたが，極めて厳しい財政状況に置かれた。その最大の原因は，図表3に示したように，各排水堤防区の支出に占める維持管理費の割合が極めて高かった点にあった。そのうえ，洪水路の治水効果は極めて低く，復興金融公社や連邦の財政支援を受けても，治水施設の維持管理費が運営上の負担となっていた。土地所有者への負担は当該地の平均的な地価に応じて徴収されてはいるが，地価は低迷していた。その結果，排水堤防区は排水施設や堤防の補強工事，洪水路の維持費を捻出できずに，たびたび洪水被害に悩まされてきた。支部のうち，Atlas Creek と Bay Creek について，治水技師シュレイナー（F. H. Schreiner）は以下のように報告している。「洪水路の補修は1942年から45年にかけて米国政府によって数千ドルが投じられたが，1940年以来，毎年のように，どこかで決壊している…中略…現状では，貧弱な排水施設しか持たず，洪水に見舞われた土地に対して，未返済の負債の基金を募るにはあまりにも負担が大きすぎる」[99]。

　イリノイ川沿いの排水堤防区でも状況は同じであった。シックス・マイル・ヴァレー排水堤防区（1899年設立）についてシュレイナーは以下のように報告している。「洪水路の決壊時，排水堤防区の北側の洪水被害は軽微であったの

だが，南側では逆流や地下水の上昇による作物への浸水被害がでてしまった。財源が増えない限り，洪水路周辺の被害や堤防決壊は防げないであろう」[100]。

一方，治水に成功してきたヴァレー・シティ排水堤防区（1920年設立）でも状況は同じであった。この地区は穀物価格の上昇の勢いにのって事業規模を拡大してきた。1934年治水技師の報告には，「土地所有者は重い負債と農産物価格低迷によって，厳しい経済状況に置かれている」と記されていた。その結果，40件もの農地が売却物件となり，多くの農民が土地を失った[101]。このように，治水と耕作を担ってきた排水堤防区は，地価や農産物価格が低迷するなか，割高な治水施設の維持管理費に悩まされたのであった。

停滞する排水堤防区に代わって台頭したのが水土保全事業であった。これは流域を管理する土壌保全局（SCS）の管轄の下で，郡ごとに設立された水土保全区によって実施された[102]。水土保全事業は，商業地から農地の保全まで地域の状況に応じて変化しうる。水土保全区の第1の形態は，商業地保全型の事業であった[103]。都市化の進んだ地域では，旺盛な企業活動の恩恵を受けて所得が上昇しているものの，汚染・騒音・交通渋滞・喧噪・立ち退き・煤煙など環境問題が発生した。また，こうした地域では，農地から工業用地への転換が進むにつれて，農業の就労構造（パートタイム労働）や所有構造（借地農）にも変化が生じていた。そこで，水土保全事業の任務は，無数に点在する小規模の水源管理や公園施設やレクリエーションを通じて，農村部での仕事と所得を保証し，郊外の生活環境を整備し，結果的に都市問題や農業問題を解決していくことにある[104]。

第2の形態は，都市近郊で実施された産業・農業調和型の事業であった。これに該当する地域は，隣接する中核都市の発展の影響を受けて，産業・商業利用地が増加しつつある地域であった。すなわち，「都市化の影響によって，人口増加への対応を迫られており，再開発・舗装路・レクリエーションに期待が寄せられている」[105]地域であった。都市部では商業地や住宅地の価格が上昇する半面，郊外では土地開発が土壌を荒廃させる原因となっており，これに加えて洪水や水質汚染が農地価格の下落を引き起こした[106]。

第3の形態は農地保全型の事業であった。これに該当するのは，ほぼ耕作地によって占められた水土保全区であった。主要産業は穀物生産と牧畜であり，耕作地の大部分が風雨によって流亡し荒廃したまま放置された。そこで，技術指導・視察研修・土壌マップによる情報提供によって，農業関係者に過剰作付けの問題を認識させ，結果的に土地利用の変更へと導いた。こうした水土保全区では，耕作地から非耕作地への転換が農業生産を停滞させると考えられていない。すなわち，「植物・動物・人間は生きるために，大地から養分を摂取してきた。土壌なくして生命の維持はあり得ない。命を支える豊かな土壌を維持するには，われわれは技術と知識を獲得しなければならない。言い換えれば，良き農業のための土壌の利用方法である」[107]。

　この形態の保全事業は，農業生産の増強を優先事項に掲げ，農産物価格維持や信用供与を事業内容に盛り込んだ。したがって，農地保全は湿地の開墾を否定するものではなかった[108]。たとえば，イリノイ州南部ミシシッピ川沿いのジャクソン郡の水土保全事業は①湿地帯・氾濫流域・②土壌流出地・③森林・湿地帯の3つの地域を対象に実施された（地図3参照）。地図3によれば，この地域の洪水対策は河川ではなく，水が河川に流れ込む流域を対象としていることがわかる。この地域ではこれまで，排水と堤防によって土地を保護してきたが，土地の流亡によって深刻な被害を受けていた。すなわち，「堤防による保護は洪水の解決に何ら寄与しないものであり…中略…排水堤防区は適切な対策を講じるのに十分な税を課していない」。報告書ではこの流域における洪水対策が功を奏していない点が認識され，農業用水・水質汚染の防止・レクリエーション・魚類野生生物保護を含む包括的な洪水対策が実施された[109]。しかし，こうした一連の水土保全事業は土地の生産性を増大し，さらなる湿地の開墾を促す傾向にあった。『広報』（News Letter）によれば，河川に流亡して失われた土地の価値は，毎年2億9,600万ドルと推計された。このため，ジャクソン郡の保全事業は湿地の開墾とともに「保護による生産」や「さらなる生産とさらなる保護」をスローガンに掲げて，保全計画への支持を訴えた[110]。すなわち，水土保全事業は湿地開墾および土地の生産性を高めると認識されて

第5章 洪水対策における環境保全の成立 167

地図3 イリノイ州ジャクソン群の水土保全事業

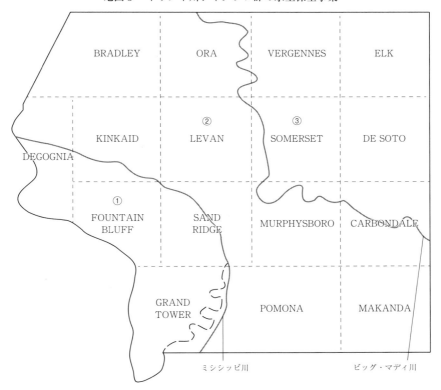

出所：*Long Range Program, Soil and Water Conservation District, Jackson Country*, 1977, p. 4.

いた。

このため湿地はその後も開墾され，治水構造物中心の対策の重要性はさらに高まった。内務省によれば，1934年から1984年にかけて340万エーカーの湿地が消滅したと報告されている。失われた湿地は，開墾されるか，あるいは開墾された土地を保護する治水施設に変えられた。報告書によれば，湿地の減少要因は自然災害によるものではなく，農産物価格上昇にともなう農地拡大という人為的要因であった。同じ時期，耕作地に転換された湿地の面積は，366万エーカーから680万エーカーに増大した[111]。河川に隣接する土地はその後も開墾さ

れ続け，治水構造物中心の対策の重要性はさらに高まった。

また，財政状況が悪化していたにもかかわらず，財政的に苦境に置かれた排水堤防区は保全計画を実施する外部機関との連携を拒み続けた。イリノイ州の調査によれば，排水堤防区は全体の約半数が財政的に破綻していた。それにもかかわらず，排水堤防区の住民や担当者は聞き取り調査に対し，土地の管理を外部機関に委ねることに消極的な回答を提示したのであった。地権者もまた，公園や森林地の整備，野鳥保護のため土地を提供することに消極的であった[112]。

小　括

以上みてきたように，19世紀アメリカの洪水対策は河川に隣接する湿地を州に配分し，その売却金によって堤防を築く堤防事業であった。強化された堤防によって，湿地での定住や耕作が進み，鉄道網や水運網が整備され，堤防の重要性はさらに高まった。こうした地方主導の洪水対策を強化したのが MRC であった。MRC は堤防を治水計画として把握するのではなく，水運計画や港湾整備計画として捉えることによって，州際通商条項の範囲内で治水関連予算を捻出することに成功した。また，議会では資源保全派との利権争いが表面化していたが，MRC を主柱とする堤防推進派は，全国規模での政治組織を駆使して，資源保全派から勝利を収めた。それは湿地の開墾と連動した洪水対策であった。

ところが，1927年ミシシッピ川大洪水時の堤防の決壊は，MRC を主軸とする洪水対策の見直しを迫るきっかけとなった。なぜなら，大洪水による被害は堤防沿いの住民だけでなく，そこに路線を拡げた鉄道会社も損失を被り，さらに鉄道をはじめとして，そこに投資をした人々にも波及したためであった。翌年には連邦治水法が制定され，堤防に依存しない対策が連邦政府の責任で実施されるようになった。また，1936年連邦治水法の制定をきっかけに，環境保全の考え方が導入され，河川だけでなく，その流域を管理することの重要性が認識された。流域では，農務省土壌保全局（SCS）の権限の下，治水構造物に依

存しない対策が導入された。この点で，1936年連邦治水法は制度的に，洪水対策の転換点とみることができる。

では，1936年連邦治水法の制定をきっかけに，湿地の開墾と結び付いた洪水対策は根本的に変革されたのであろうか。まず，同法の制定においては，陸軍工兵隊の一貫性を欠いた事業計画が明らかにされた。すなわち，陸軍工兵隊の技師長は緊縮的な財政支出を望むクーリッジの時代においては低予算の計画を提示し，ローズヴェルトの時代には，逆に拡張的な治水計画を提示することによって権限の拡大に成功した。その結果，河川沿いの広大な土地が洪水路によって保護されるようになり，巨大な治水構造物の重要性がさらに増した。

次に，治水施設の建設予定地の地権者は，治水施設の維持管理費を地元で負担することに合意した。地元負担の意図は連邦の治水事業を誘致することによって，さらなる湿地の開墾を目指すことにあった。しかも，地権者は洪水で下落した土地を連邦に差し出す見返りに，さらなる地価の増大を期待した。ここでも連邦治水法の真の目的は湿地の開墾を呼び水にした河川流域の開発であった。

さらに，環境保全の考え方が導入されたとはいえ，法案の成立過程からして，議会内の政治的対立を調整する限りで支持されたのであって，このことは大規模な治水事業を否定するものではなかった。その証拠に1936年連邦治水法では，すべての可航河川を陸軍工兵隊の管轄に，流域を農務省の管轄に定めている。農務省の水土保全事業は，土壌保全・緑地管理・公園の整備・湿原の復元・野鳥保護などに見られるように，構造物を否定したものであったが，陸軍工兵隊の治水事業は構造物に依存した対策であった。

しかも，洪水対策の管轄が分断されたことは，湿地の開墾を願う排水堤防区と環境保全を担う水土保全区との連携を困難ならしめた。排水堤防区の破綻にもかかわらず，代理人の多くは，外部機関との連携を拒んだ。また，水土保全区もまた湿地の開墾を必ずしも否定するものではなかった。このため，地価や農産物価格の低迷によって排水堤防区が財政的に逼迫したとしても，ひとたび農産物市場が好転すれば，再び大規模な湿地の開墾が再開された。その証拠に，

1950年以降，湿地の開墾が再び活発化し，河川沿いの湿地や森林が耕作地へと転換された。

環境保全計画が農産物価格や地価に影響を受けた点については環境史のプリンスが指摘するところである。プリンスによれば1938年の農業保全計画（Agricultural Conservation Program）に見られるように，耕作地の転換に対して補助金を出すような政策は，土地流亡の防止を目的としたが，その一方で補助金を得た地権者は，その分をさらなる湿地の開墾に投じたと指摘する[113]。この点については本章で十分に検討できていないが，少なくとも1936年連邦治水法において，湿地の開墾と連動した洪水対策は否定されていなかった。たしかに，同法以降に農務省管轄の環境保全計画が導入されたものの，このことは湿地の開墾と連動した洪水対策に環境保全が部分的に加えられたにすぎなかった。

注
1) アメリカ治水史の邦語文献として以下を参照されたい。この文献は技術的観点から米国治水史の展開を記している。末次忠司「アメリカにおける洪水防御施策の展開 (1)」『土木史研究』第15号，1995年8月。
2) Arthur Dewitt Frank, *The Development of the Federal Program of Flood Control on the Mississippi River*, Columbia University Press, New York, 1930, p. 252.
3) Arthur Maass, *Muddy Waters: The Army Engineers and the Nation's Rivers*, Da Capo Press, 1974, pp. 132-133.
4) Joseph L. Arnold, *The Evolution of the 1936 Flood Control Act*, Washington, GPO, 1988, p. 95.
5) Karen M. O'Neill, *Rivers by Design, State Power and the Origins of U. S. Flood Control*, Duke University Press, 2006, p. xx.
6) Hugh Prince, *Wetlands of the American Midwest, A Historical Geography of Changing Attitudes*, University of Chicago Press, 1997, pp. 292-293. John Thompson, *Wetlands Drainage, River Modification, and Sectoral Conflict in the Lower Illinois Valley, 1890-1930*, Southern Illinois University Press, 2002, pp. 140-141.
7) ニューディール期の洪水対策の影響を明らかにするために本章で利用する史料は，イリノイ州立公文書館に所蔵されている *Drainage and Levee District Inventory File, 1934-1935, 1970-1971* を利用した。また，新たな洪水対策の担い手となっ

第5章 洪水対策における環境保全の成立　171

た水土保全区の設立や運営状況については，同じく各郡の水土保全区の報告書を収録した Long Range Program, Soil Water Conservation District のファイルを利用した。

8) B. H. Hibbard, *A History of the Public Land Policies*, New York, Macmillan Company, 1924, pp. 269-288. P. W. Gates, *History of Public Land Law Development*, Washington, GPO, 1968, pp. 321-330.
9) *Congressional Globe*, 31th Cong., 1st Sess., Vol. 2, 1849-1850, pp. 1191-1192, 1826-1827, 1848-1850.
10) Robert W. Harrison, *Alluvial Empire, Volume 1, A Study of State and Local Efforts toward Land Development in the Alluvial Valley of the Mississippi River*, U. S. Department of Agriculture, 1961, pp. 70-73.
11) *Ibid.*, p. 73.
12) Charles Ellet, *Mississippi and Ohio Rivers: Containing Plans for the Protection of the Delta from Inundation*, Philadelphia, 1853, pp. 18-20, 83-85, 92.
13) *Report upon the Physics and Hydraulics of the Mississippi River: upon the Protection of Alluvial Region against Overflow*, Washington: GPO, 1861, reprinted 1876, pp. 150-168, 201, 445-450.
14) Harrison, *op. cit.*, p. 94.
15) John H. Moore, *The Emergence of the Cotton Kingdom in the Old Southwest, 1770-1860*, Louisiana State University Press, 1988, pp. 128-129.
16) William F. Gray, *Imperial Bolivar*, Bolivar Commercial, 1923.
17) Harrison, *op. cit.*, pp. 97-99.
18) Prince, *op. cit.*, pp. 241-242.
19) Janel M. Vurry-Roper and Carol Veldman Rudie, "Hollandale: The Evolution of a Dutch Farming Community", *Focus*, Vol. 40, 1990, pp. 13-18.
20) E. P. Skene, *Railroad Lands for Sale Owned by Yazoo & Mississippi Valley Railroad Co.*, Chicago, Illinois, 1899.
21) *The Daily Clarion Ledger*, August 6, 1902.
22) Ben Palmer, *Swamp land Drainage with Special Reference to Minnesota*, Bulletin of the University of Minnesota, 1915, p. 34.
23) *Ibid.*, pp. 34-35.
24) F. B. Leonard, *Engineering and Legal Aspects of Land Drainage in Illinois*, Urbana: Illinois State Geological Survey, 1929, p. 283.
25) F. D. Beneke, "Alluvial Empire", *The Call of the Alluvial Empire*, Southern Al-

luvial Land Association, 1919, p. 5.
26) Harrison, *op. cit.*, p. 151.
27) 連邦の洪水対策をめぐる議論については，支持派と反対派で分裂した。この点についての議論はフランク（Arthur Dewitt Frank）の著書を参照。
28) *United States at Large*, Vol. 21, 1879, p. 37.
29) *Reports of the Mississippi River Commission, Appendix SS*, Washington: GPO, 1881, pp. 2731-2733.
30) Frank H. Tompkins, *The Mississippi River, The Commercial Highway of The Nation, Improvement of Its Navigation and Control of Its Flood Waters*, Manufacturer's Record, Baltimore, 1892, pp. 160-175.
31) MRLAの構成員の出身地は以下のとおりとなっている。イリノイ州8名・ミズーリ州11名・ケンタッキー州2名・テネシー州7名・ミシシッピ州11名・アーカンソー州6名・ルイジアナ州9名・ワシントン1名・ニューヨーク市3名。
32) *Letters from Prominent Bankers throughout the United States*, Mississippi River and Levee Association, 1913, pp. 1-2.
33) Fox, *op. cit.*, pp. 6-15.
34) *Flood Protection on the Lower Mississippi River, A National Problem: Public Sentiment as Expressed by Mayors of Cities and Commercial Organizations Throughout the United States*, 1913.
35) *The Literary Digest*, Vol. 93, June 18, 1927, pp. 8-9.
36) 洪水に対する業界団体の反応についてはニューヨーク・タイムズの記事に掲載されている。*New York Times*, May 19, 1927, February 26, 1928.
37) "The Mississippi Valley Flood 1927", *Bulletin American Railway Engineering Association*, Vol. 29, No. 297, 1927, p. 58.
38) Maass, *op. cit.*, p. 65.
39) Francis G. Newlands, "The Use and Development of American Waterways", *The Annals of the American Academy*, Vol. 31, 1908, p. 52.
40) ローズヴェルトによれば，委員会の目的は次のように集約される。「これまで河川開発は，連邦のさまざまな組織――土壌保全局・森林局・陸軍工兵隊・内務省開墾局――によって策定されてきたため，総合的観点から河川を利用してこなかった。この委員会は，輸送用水と工業用水を同時に満たすべく計画を提示する。この計画に基づき議会は，河川利用にあたって，さまざまな政府組織の河川計画を調整する義務を負うことになる。さもなければ，われわれは，河川利用から生ずる利益をいつまでたっても享受できないであろう」。*Preliminary Report of the*

Inland Waterways Commission（以下 *Preliminary Report of IWC* と略記）Washington: GPO, 1908, pp. iv-v.
41) *Final Report of National Waterways Commission*, Washington: GPO, 1912, pp. 22-43.
42) C. M. Townsend, *Flood Control of the Mississippi River, Before National Drainage Congress*, Mississippi River Levee Association, Memphis, Tennessee, 1913, p. 8.
43) *Ibid.*, p. 13.
44) *Preliminary Report of IWC*, pp. 15-16.
45) Bureau of Railway Economics, *An Economic Survey of the Inland Waterway Transportation in the United States*, Washington D. C., 1930, pp. 41-47.
46) Matthew Pearcy, "A History of the Ransdell-Humphreys Flood Control Act of 1917", *The Journal of the Louisiana Historical Association*, Vol. 41, No. 2, 2000, pp. 134, 151.
47) Bureau of Railway Economics, *op. cit.*, p. 197.
48) Edward Lawrence Pross, *A History of River and Harbor Appropriation Bills, 1866-1933*, Ph. D. Dissertation, Ohio State University, 1938, pp. 145-146.
49) Pearcy, *op. cit.*, p. 143.
50) 堤防推進派は堤防の総工費4,500万ドルを上限とした。これに対して，ニューランズたち資源保全派は，堤防，遊水地，放水路を含む総合洪水対策を提唱した。このときの総工費は10年間で6億ドルを計上した。William D. Rowley, *Reclaiming the Arid West, The Career of Francis G. Newlands*, Indiana University Press, 1996, pp. 8-21.
51) 1912年大洪水の被害額は7,818万ドルであった。Harrison, *op. cit.*, pp. 159-160.
52) "Delta Levee Gives Way to Water", *Daily Clarion Ledger*, April 22, 1927, p. 16.
53) Walker Parker, "Curbing the Mississippi", *Nation*, Vol. 124, May 11, 1927, p. 521.
54) *Report of the Chief Engineers, U. S. Army Corp, part 1*, Washington, GPO, 1927, p. 4.
55) Division of Waterways of the State of Illinois, *Floods in Illinois in 1922, Cause, Result and Remedies*, Illinois State Journal Co., 1922, p. 1.
56) Illinois Department of Purchases and Construction, Division of Waterways, *Flood Control Report*, Springfield, Journal Printing Co., 1930, pp. 13-14.
57) Martin Reuss, *Designing the Bayous, The Control of Water in the Atchafalaya Basin, 1800-1995*, Texas A & M University Press, 2004, p. 118.

58) Karen O'Neill, *op. cit.*, p. 99.
59) *Proceedings of the Sixteenth Annual Convention of the Investment Bankers Association of America*, 1927, pp. 154-156.
60) *Commercial and Financial Chronicle*, Vol. 125, October 15, 1927, p. 2074.
61) *Congressional Record*, 70th Cong., 1st Sess., 1928, p. 106.
62) "Deadlock is near on Flood Control", *New York Times*, 20 February, 1928, p. 2.
63) *Congressional Record*, 70th Cong., 1st Sess., 1928, pp. 6641, 6655-6666, 7000.
64) *House Document, No. 90*, 70th Cong., 1st Sess., 1927-1928, p. 28.
65) *Ibid.*, p. 32.
66) *Congressional Record*, 70th Cong., 1st Sess., 1928, p. 6657.
67) レイドによれば,「これまで地元に多大な負担をかけてきたことが,堤防システムの弱点であり,それゆえ,適切な洪水対策を提供できなかった…中略…一般的な負担にくわえて,治水対策のために土地に課された増税,多額の農地抵当債務によって,住民は洪水対策費の捻出に困難をきたすばかりか,穀物収穫の費用すら捻出できないでいる」と指摘した。*Ibid.*, pp. 6643, 6653.
68) *Ibid.*, p. 6649.
69) *Ibid.*, pp. 5616-5617.
70) *Ibid.*, p. 6643.
71) 1928年連邦治水法の法的根拠は,洪水路の建設を州際通商条項の範囲に含め,連邦の権限とした。これに対して,洪水路の便益は局所的な特殊利益であることから,同法では維持管理費を地元の負担と定めた。また洪水路にともない,水没した土地については,連邦の洪水路計画に含まれるため,連邦政府が水没地の補償金を支払うように定めている。*Ibid.*, pp. 6664-6665.
72) *Ibid.*, p. 6657.
73) 洪水路建設予定地に関与する会社は1万エーカー以上を所有するもので460社にのぼった。*Ibid.*, p. 6658.
74) *Subcommittee of the Committee on the Flood Control, Flood Control on the Illinois River*, 64th Cong., 2nd Sess., 1927, pp. 87, 97, 102, 107.
75) ADLDは被災地復興の遅れの原因を「連邦土地銀行がイリノイ渓谷にこれ以上資金を貸し付けないように報じた」事実を公表した後,これまでになされた投資と地価を回復するには,陸軍工兵隊の統制下で湿地開墾の信頼回復に努めることであると明言した。*Ibid.*, pp. 10-11.
76) 銀行側は,湿地関連分野の投資から撤退したわけではなく,連邦政府の財政支援と権限のもとであれば,追加資金の融資に応じると発言した。*Ibid.*, pp. 42-43.

77) *Congressional Record*, 70th Cong., 1st Sess., 1928, p. 6719.
78) 予算規模については，3億5,540万ドルを上限とし，この予算額はヤドウィンとレイドによって提示された予算の中間に位置づけられる。*Ibid.*, p. 7889-7890.
79) Arnold, *op. cit.*, p. 49.
80) *Ibid.*, pp. 24-25.
81) *Ibid.*, p. 78.
82) 全国資源委員会のC. メリアンによれば，同委員会は大統領の諮問組織に徹することで，議会の政治的な圧力に左右されない資源計画を策定する任務を負ってきた。*Ibid.*, p. 43.
83) Maass, *op. cit.*, pp. 72-73.
84) 「緑書」では計画の優先順位について，洪水対策の経済的価値を，第1に人命の保護，第2に財産の保護，第3にこれ以外の経済的利益と定めた。
85) メリーランド州選出民主党上院議員タイディングスは連邦の洪水対策が多くの人命と財産を救ううえで，洪水対策の重要性を認めながらも，洪水対策の利点が過剰に評価されている点を批判した。*Congressional Record*, 74th Cong., 1st Sess., 1934, p. 14296.
86) ミシガン州選出の共和党上院議員ヴァンダーバーグは50億ドルもの予算をわずか10分の会議で決定してしまうと，次に起こりうる問題として増税法案の可決に向かい，安易な財政支出を助長すると批判した。*Ibid.*, p. 14288.
87) ニューヨーク州選出の民主党上院議員コープランドの立場は，総合対策に賛成しながらも，治水用の貯水池やダムを電力事業へと転用することに反対した。その背景には，連邦の電力事業によるニューヨークの民間電力会社に対する民業圧迫があった。*Congressional Record*, 73rd Cong., 1st Sess., 1933, p. 2679.
88) *Congressional Record*, 74th Cong., 2nd Sess., 1936, p. 4780.
89) 上院公聴会での合意点は以下の点に集約される。構造物対策では広大なデルタを制御することは不可能。治水目的のダム建設ないし小規模貯水池の建設を支持。議会の指針に基づく計画の実施。*Confidential Hearings before the Committee on Commerce United States Senate*, 74th Cong., 2nd Sess., Washington, GPO, 1936, pp. 22-44, 60-62, 82-119, 122-126, 196-197, 200-211, 230-237, 240-242, 268-265, 276-277, 304-336.
90) H. S. Preson, *Little Waters, A Study of Headwater Streams and Other Little Water, Their Use and Relations to the Land*, Washington, GPO, 1936.
91) *Ibid.*, p. 41.
92) *Ibid.*, pp. 2-3.

93) Arnold, *op. cit.*, p. 80.
94) *Ibid.*, pp. 86-87.
95) Reuss, *op. cit.*, pp. 195-197.
96) 同法直後に保全地区を創設した州は以下のとおり。アーカンソー・インディアナ・ノースダコタ・サウスダコタ・ユタ・ニューメキシコ・ノースカロライナ・サウスカロライナ・ネヴァダ・ジョージア・カンザス・オクラホマ・ミネソタ・コロラド・ネブラスカ・メリーランド・ニュージャージー・フロリダ。
97) Harper Simms, *The Soil Conservation Service*, Praeger Publishers, 1970, p. 81.
98) *Report of the Chief of the Soil Conservation Service*, Washington D. C., 1935, p. 3.
99) *Supplemental Report of the Bay Creek Sub-District*, 1945, *Drainage & Levee District Inventory Files*, pp. 30-32.
100) *Supplemental Report of the Six Mile Creek Drainage and Levee District*, 1945, *Drainage & Levee District Inventory Files*, pp. 56.
101) *Engineering Report of the Valley City Drainage and Levee District*, 1934, *Drainage & Levee District Inventory Files*, no page.
102) ミシシッピ川上流域およびイリノイ川流域の水土保全区に関する情報については、イリノイ州公文書館所蔵の Long Range Program を利用した。本章で取り上げた水土保全区はイリノイ川およびミシシッピ川沿いに設立された。
103) イリノイ州サウスクック郡の水土保全区では、農家数の70％が減少しており（1967年時点）、農地の荒廃が課題となっている。*Long Range Program, Soil and Water Conservation District, South Cook County*, 1977, p. 5.
104) *Long Range Program, Soil and Water Conservation District, Peoria County*, 1977, pp. 2-11.
105) *Long Range Program, Soil and Water Conservation District, Woodford County*, 1979, p. 2.
106) *Ibid.*, pp. 2-11.
107) *Calhoun County Soil and Water Conservation District, Regular Board Meeting*, January-February, 1975, p. 2.
108) *Calhoun County Soil and Water Conservation District, Regular Board Meeting*, May-June, 1976, p. 2.
109) *Long Range Program, Soil and Water Conservation District, Jackson County*, 1977.
110) *News Letter, Jackson County Soil and Water Conservation District*, November, 9 and December 10, 1973.

第5章 洪水対策における環境保全の成立　177

111) *The Impact of Federal Programs on the Wetlands, Report to Congress*, Vol. 1, Secretary of Interior, 1988, pp. 48, 59.
112) 610の排水堤防区を対象に、225名の代理人を通じて実施された聞き取り調査の結果は以下のとおりであった。外部組織との連携について、必要を認めた者は43%、不要が40%、無回答が17%。州政府が排水堤防事業に介入することに対して、賛成が16%、反対が68%であった。*Report to Water Resource Commission on Drainage District, Drainage District Questionnaire Analysis*, 1974.
113) Prince, *op. cit.*, p. 292.

終　章　「運河の時代」から「環境保全の時代」へ

はじめに

　アメリカのほぼ中央を南北に流れるミシシッピ川とその流域は，1936年連邦治水法の成立以降，陸軍工兵隊と農務省によって分割管理された。船舶の航行が可能と定められた河川において，水運・港湾整備・水力・上下水道・洪水対策を実施してきたのが陸軍工兵隊であった。わが国の河川の管轄は一級河川を国が，二級河川を地方が管轄しているが，アメリカでは，航行可能な可航河川を陸軍工兵隊が管理し，その流域を農務省が管轄することになっている。可航河川以外に西部渇水地でのダム建設や灌漑用水といった水資源開発については，内務省開墾局の管轄となる。ただし，河川から得られる便益が州内に限定されることから，州と地方の行政組織も費用を負担し管理にあたる。本書では，主にミシシッピ川以東の可航河川を考察した。最後に，西部渇水地の水資源史と本書の水運史の違いを意識しながら，本書の結論部をより明確にしていく。

第1節　水と権力の関係史——水資源史と水運史——

　西部渇水地の水資源史には，まず，ウースターの研究があげられる。西部渇水地では，土地に水を引き入れなければならないため，巨大なダムや長大な水路が計画・実施された。水が希少な西部では，莫大な資金と利権が集中する水資源開発が計画され，水をめぐり激しい権限争いが生じた。強固な利権構造に支配された西部はウースターの表現を借りるならば，水利帝国（Hydraulic Empire) の様相を呈したといわれる。水利帝国は専制的な政府と酷似しており，市民の公共心や民主主義を弱体化させる原因であった[1]。

　また，ライスナーは利権構造がダムや灌漑などの過度の開発を誘発し，結果的に干ばつ・水害・土地の荒廃の原因となり，多大な損失を引き起こすことを綴った。水の希少な西部渇水地では，巨大ダムや灌漑用水路の恩恵を受けた一方で，水利の恩恵をはるかに超えた自然災害の損失を被ることになった[2]。

　これに対して，ピサニはあまりにも利権構造を強調しすぎるウースターとライスナーの説を批判している。なぜなら，水資源開発は公共領域と私的領域の相互作用のなかで計画され実施されたためである。連邦の水資源開発は，不毛な西部渇水地のあらゆる階層に安価な水と土地を提供し，未開地の発展を促したために支持された。このため，未開地が発展し，豊かになるにつれて，巨大ダム建設一辺倒の時代はもはや過去の遺物になったという[3]。ピサニは地域の発展とともに水に対する認識は変化しうると考えた。また，小塩は大規模な水資源開発が権力の集中を生み出すのか否かについての論点を提供しつつ，権力の集中と分散という2つの政治文化が衝突するなかで西部社会の変化を描き出すという視座を提起した[4]。

　一方，ミシシッピ川以東の水運の歴史は，初めから水の権力集中が排除されていた。1830年代，「運河の時代」にみられたように，連邦政府による集権的な水運計画はことごとく否決され，代わりに独自の財政基盤を整備した州が主役となった。19世紀後半になると，洪水対策が実施されるようになり，住民の負担のもとで水害から土地を保護する堤防が構築された。分権的な河川計画が主流になると，ミシシッピ川沿いの住民は連邦政府の財政支援に依存しなくても，自立した経済圏を形成しえたと推察される。こうした認識は，域外の投資家から干渉されない独立した共有信念となって河川沿いの住民の間で定着した。そして良好な農産物市場にも支えられて，河川沿いの土地では鉄道網や水運網が整備された[5]。

　広大な湿地を抱えるミシシッピ川沿いの住民は自らの負担と権限で水と土地を利用してきた。米国治水史を記したルースは，住民と連邦政府との間で繰り

広げられた「地役権論争」を取り上げて，地役権を盾に住民の意思が河川行政に反映された事実を指摘した。ここでいう地役権とは，土地の所有権を地権者に帰属させたままで，土地を利用する権限を連邦政府に認めるものである。つまり，連邦のエリート官僚たちは河川計画を策定しても，地権者の合意なしに計画を実行できなかった。こうした地役権の存在が，水の権力集中を排除してきたと考えられる[6]。

また，ミシシッピ川大洪水の余波は白人プランター社会の分断となった。当時の状況を綴ったアレクサンダー・パーシーの日記『護岸の灯火』によれば，1927年ミシシッピ川大洪水では，物資の配給や被災地での人道的救済をめぐり，人種間で差別的な事件が横行した。被災地では，プランターが黒人小作人の労働力の確保を最優先させたことから，多くの黒人被災者が劣悪な避難キャンプに閉じ込められた。北部シカゴの『Chicago Defender』紙は，白人によるアフリカ系アメリカ人に対する非人道的な行為を広く報じるとともに，北部への移住を呼びかけた[7]。その結果，1927年ミシシッピ川大洪水は，北部への黒人の大移動（Great Migration）のきっかけとなった。ルイジアナ州・アーカンソー州・ミシシッピ州では，洪水後に多くの黒人がこの地を離れ北部に向かった。河川に隣接する社会では，水害によって白人プランター中心の社会秩序が弱体化したといえる。たとえば，スペンサーは黒人の大移動についてミシシッピ川を襲った洪水ではなく，洪水を契機とした人種間のコンフリクトから把握している。その結果，大農園経営のための労働力確保が困難となり，デルタ社会は停滞の一途をたどった[8]。洪水が多発するデルタの治水史は，政治権力だけでなく，人種間のコンフリクトからも把握されている。

このように河川流域では権力集中を排除する人為的・自然的条件が機能していた。水運史の動向は水をめぐる利権や確執だけで説明できるほど単純なものではないといえるであろう。したがって，いまや水運史・河川史・治水史の分野において利権構造や権力集中を問うのではなく，西部開拓・工業化や都市化・水害・環境問題がそれまでの河川（自然）と開発（人間）の関係を変えたのか否かが問われている。

第2節　水運史の長期的変化──本書のまとめ──

　1830年代の水運計画は運河を開削し，交通の利便性を高めるように計画され実施された。この時代の水運計画は，未開地への移住と開墾を促す限りにおいて支持された。州議会で決定される水運計画は，輸送網を通じて地域社会全体に発展をもたらすように設計されたことから，州議会の民主的な決定に裏書きされて初めて実施された。

　州議会によって任命された運河コミッショナーは，運河沿線地の売却と運河開通後の通行料収入によって，運河の開削費や維持管理費を捻出した。このことは，運河開通後，未開地の開墾と移住を前提に，西部フロンティアの開墾と連動した水運計画であった。さらに，将来の税収を見込んだ州債発行政策はロンドン金融市場からの資金調達によって，水運計画のさらなる拡張を資金面から支えた。

　州主体の水運計画は，1840年代初頭に州を襲った財政危機にもかかわらず，強固に保持されたばかりか，1850年代になると，ミシシッピ川の水運の主導権をめぐって北部と南部の対立の原因となった。北部では運河開通にともない，ミシシッピ川を下航する迂回路をとらなくても，西部への物資輸送路が確保された。北部実業家にとって可航河川の整備拡張計画は，西部進出の好機となった。これに対して，南部のプランターにとって，北部での運河開通はニューオーリンズ港の後退を決定づけた事件であり，プランテーションの衰退を予感させるものであった。このため，南部側はメキシコ湾からパナマ地峡を通じた西部フロンティア航路とミシシッピ川下流の水運計画をよりいっそう強く打ち出した。

　南北戦争後の水運計画は国家的利益の名の下で統合され，大規模な総合河川計画へと発展していった。その目的はミシシッピ川の豊かな水流を水運・工業用水力・水力発電・上下水道と多目的に利用することにあった。この点を象徴する事例として本書では，1900年に完成したシカゴの衛生船舶運河を取り上げ

て，大規模な総合河川開発の原型と捉えた。すなわち，大規模な総合河川事業は，ニューディール期に計画され実施されたのではなく，すでにそれよりも30年も前にアメリカでは成立していたことになる。

この時代，工業化と都市化とともに，水力発電や上下水道への需要が高まり，大都市では莫大な水が消費され，河川水を無駄なく有効に利用する資源保全の考え方が河川行政の現場に導入されるようなった。また，鉄道会社の輸送独占に対する根強い反発が，可航河川の必要性をさらに高める方向に作用した。アメリカの産業界は鉄道会社の営利的な料金体系によって割高な輸送費を負担していると感じ，さらなる河川計画の拡大に期待を寄せた。大規模な河川計画は，安価な輸送費を前提に自国製品のヨーロッパにおける価格競争力を高め，さらには世紀転換期のアメリカの対外拡張と連動する形で打ち出された。

しかし，1927年にミシシッピ川全域を襲った大洪水によって，巨額の河川計画が破綻すると，環境保全の考え方が支持されるようになった。環境保全の考え方は，自然と調和した資源の持続的な利用方法を提示した点にある。そこでは，人間は自然の一部であり，自然に対する人間の絶対的な優位性は否定された。環境保全の立場からすれば自然との調和を考慮しなければ，自然資源が活用できないばかりか，自然との不調和は水害・水質汚染・土壌流出・巨大砂嵐となって人間の生命と財産の喪失に直結する。

自然資源に対する反省が広く認識されたことから，河川計画は雨が河川に流れ込む流域での土地や景観や野生生物の保護に主眼を置くようになった。激しい降雨にともなう土壌流出が河川水位の上昇の原因となるため，土地の流亡を防ぐためには，植林・輪作・区画整備・水質改善・公園およびレクリエーション活動など，土地の利用を変革して，ライフスタイルに対応した自然景観計画が実施された。こうして，1936年連邦治水法以降の河川管理はミシシッピ川の流量を制御するのではなく，その流域を対象とするようになっていった。

これに対して，陸軍工兵隊の河川計画の特徴は，ミシシッピ川支流から本流へと流れ込んでくる過剰雨量を洪水路によってメキシコ湾へと流すことで，河川の流量を制御することにある。陸軍工兵隊は長大な治水構造物の建設に着手

しながら，可航河川の水運の利便性を高める対策を実施した。たとえば，水運の要となるミシシッピ川デルタの接続水域付近では，可航河川の流水制御が主に実施された。現在でも，この一帯はメキシコ湾岸内陸水路（Gulf Intracoastal Waterway）と呼ばれ，船舶の航路に利用されている。いわば，陸軍工兵隊の河川計画は流れ込んできた河川水を治水施設によって制御することにあった[9]。

水運網の建設は未開地の開墾と移住を促し，西部フロンティア消滅後にはミシシッピ川流域に広がる湿地の開墾と連動した。水運の役割は輸送だけでなく，河川氾濫から隣接する土地を保護するようになった。開墾された土地には，教会・学校・輸送路・住宅が建設され，堤防の役割はさらに高まった。土地の開墾と移住に連動した河川計画は，1927年ミシシッピ川大洪水とその後の環境保全の成立にもかかわらず維持された。たしかに，野生生物保護・水質改善を目的にした環境保全計画が設計されたが，ひとたび農地や農産物価格が好転すれば，再び湿地は開墾され，そうした土地を保護するため，堤防をはじめとする巨大な治水施設が建設された。

第3節　その後の環境保全の動向——湿地の開墾と再生——

1936年に成立した連邦治水法は，その後の河川計画に影響を及ぼした。まず，これまで河川計画の主要な目的であった「水運」と「水力」への要請が低下し，「洪水被害の軽減」・「土壌流出の防止」・「野生生物保護」・「水質改善」・「レクリエーション」への重要性が高まった点である[10]。もう1つは，これまで連邦と州（地方）の権限が緊張関係におかれた二重連邦主義であったが，ニューディール期以降になると，河川の管理体制は，連邦と州の協調関係のなかで展開した点である[11]。連邦と州の緊張関係が解消されたとはいっても，河川計画の実質的な管理主体が複数にまたがるようになり，省局間の調整機能を果たす州や地方に期待が寄せられた。そこには，市民団体や自然保護団体や自然愛好家も含まれるようになった[12]。

その具体的な取り組みがミシシッピ川上流域委員会（Upper Mississippi River Basin Commission, 以下 UMRBC と略記）の発足であった[13]。UMRBC 報告によれば，その主要任務は河川に関与するもろもろの利害の調整を通じて，水と土地から得られる利益を最大化する総合河川計画を策定することにあった。UMRBC の基本原理は広範な社会階層の参加と討議を旨とした。このため，UMRBC は河川工学の専門家や政府関係者だけで構成されるのではなく，自然環境に関心を寄せる市民団体や自然愛好家や学識者の意見がタウンミーティングやシンポジウムを通じて河川計画に反映されるようになった。こうした UMRBC の取り組みは自然破壊を抑制しつつ，効率的な資源利用を実現することにあった[14]。

　また，環境主義の登場も河川計画の策定に少なからず影響を及ぼすようになっていた。レオポルド（Aldo Reopold）は，近代文明に対する思想的な反省を促し，土地を資産として私的に所有するのではなく，自然と共有するように要求した。ホワイト（Gilbert F. White）も『自然への人間の調整』のなかで，自然の複雑な生態システムを制御するのではなく，制御困難な自然に対して，人間の活動を自然に適応させる必要性を説いた。この考え方は自由な経済活動や土地の耕作を規制するように要請するものであった。後代の思想家・法律家・神学者・ディープエコロジスト・自然保護活動家たちもまた，人間中心の価値観を批判し，自然の一部として人間がふるまうことを提唱した[15]。

　環境保護への期待が高まるなか，河川計画には湿地を保全する流域管理が導入された。これまで河川沿いの湿地は，マラリアを媒介する蚊の生息地とみなされ，湿地は開墾されてこそ価値を有すると考えられてきた[16]。このため，多くの湿地が開墾され消滅した[17]。しかし，1936年の連邦治水法以降，湿地がそのままの形で残されることによって，湿地は野生生物や景観を育む自然資源として評価されるようになり，自然環境の有用性が見出されるようになった。ミネソタ州では湿原の維持が水鳥の繁殖にとって貴重であると考えられるようになり，1951年に「ミネソタの湿原を救え」とのスローガンが掲げられ，州の野生生物保護局が中心となり，自然保護のために湿原を買い上げた。このとき土

地の購入費は狩猟免許から得られる収益が充てられた[18]。こうして湿地再生は河川管理の主要な計画になっていった。

また，1954年には魚類野生生物局が初めて全国規模の湿地調査を実施し，湿地再生の有効性を報告した。これ以降，湿地は河川氾濫の緩衝地としての役割だけでなく，野鳥や魚の生息地，そして水質浄化などの環境上の役割を果たすと考えられるようになり，いくつかの州では湿地を保護するための法律が成立した。年代順にあげると，マサチューセッツ州（1963年）・ロードアイランド州（1965年）・コネチカット州（1969年）・ニュージャージー州（1970年）・メリーランド州（1970年）・ジョージア州（1970年）・ニューヨーク州（1972年）であった[19]。1965年に連邦法の水質汚染管理法が改正されると，連邦水質汚染管理局（Federal Water Pollution Control Administration）が設立され，統一された水質基準を州に求めるとともに，水質改善に取り組む州に対して連邦の補助金が増額されるようになった[20]。この動きは，水関連法や環境意識の高まりとともに強化され，1968年の全米野生生物景観河川法をはじめとして，1972年の水質汚染管理法（Water Pollution Control Act），1977年の浄水法（Clean Water Act）へと結実した[21]。

一連の法律によって，河川沿いの湿地は開墾される対象から，さまざまな環境的・生態的な価値によって語られるようになった。湿地によって育まれる野生生物や自然の景観は豊かな生活を求める富裕層，釣りや狩猟に関心を抱く人々，水鳥や景観の愛好家にとって生活を豊かにするうえで，欠かせない要素となった[22]。

こうした変化はアメリカ人のライフスタイルに沿ったものであった。都市部では，自動車の普及とともに，きれいな空気，騒音のない，自然に囲まれた郊外の生活に憧れを抱くようになり，多くの人々が都市から郊外へと移り住んだ。自然豊かな郊外への定住者は生活や余暇に関して高い意識を持ち，生活圏の改善を望んだ。そこでは水辺の景観地・遊歩道・自然公園を造成するために土地が確保され，家族との休暇や保養・ピクニック・夏季キャンプ・釣り場のための施設が設置されるようになった[23]。そして野外の環境セミナーが開催され，

環境教育が行われるようになった。その基本方針はおおよそ共通していた。すなわち,「自然はそれ自体で存在しない。人間と自然は互いに影響しあう複雑なコミュニティを築いている。このため,人間は自然の一部であり,われわれは自らの行動に責任を持たなければならない」[24]。

しかし,環境保全の登場は自然(河川およびその流域)と開発の関係を根本的に変えるものではなかった。ニューディール期以降の環境保全計画は,湿地に生息する野生生物の保護や水源管理に加えて,農産物の生産調整や農業補助金といった農業政策と連動するようになった。

ミシシッピ川下流では,1936年連邦治水法以降,新たに開墾された耕作地とほぼ同規模の湿地が消滅した。湿地消失の主な要因は,干ばつや異常気象などの自然条件ではなく,農産物価格の値上がりにともなう農地拡大であった。穀物価格の値上がりにともない,河川沿いの土地は再び開墾され,土地を保護するために巨大な治水施設の重要性はさらに高まった。湿地再生に向けた取り組みは,穀物や農地の価格が低迷した時に重視されるが,ひとたび経済状況が好転すれば開墾へと傾いた。したがって,河川計画の方向性は,開発から自然再生へと単線的に転換したのではなく,両者のはざまを揺れながら進展していくようになった。

なぜなら,環境保全計画は野鳥や動植物の生息地の保護だけを目的に実施されたわけではなく,風雨によって亡流しない農地をつくり出すためでもあった。保全地区では「さらなる生産とさらなる保護」あるいは「保護ありきの生産」とのスローガンが掲げられ,農業生産者は増産のための要請に応えるとともに,土地や水の保全要件を満たすことによって,農業補助金を呼び込み湿地を開墾した。いわば,環境保全事業は農地保全プログラムと連動したことで,アメリカの農業・食糧政策の影響を受けるようになったと言える。

この点は湿地を保護する法律に端的に示されている。連邦法では農家が湿地を整備しようとした場合,野鳥の生息地の保護を進める魚類野生生物局の計画に支障をきたさないように定められていた。しかし,この法律は湿地の開墾を未然に防ぐようには設計されてはいなかった。実際,土地整備の申請が野鳥保

護の点で法に抵触する場合，当局の採りうる手段は，90日以内に異議申し立てを行い，12カ月以内に土地所有者から地役権を取得するか，あるいは計画地を購入するか，どちらかの選択に迫られた。土地所有者が農業生産者であれば，地役権の取得は難しくなる。潤沢な土地購入の財源を備えていない当局は，農地価格が高騰した場合，土地の取得を断念せざるをえなかった。要するに，連邦法に基づく自然保護は必ずしも開墾を規制するものではなかった[25]。

そこで上述の点をミシシッピ川流域の事例から検討してみたい。ルイジアナ州では環境保全計画をめぐって，土地所有者・狩猟業界・鉱山業者・自然保護団体の間で地役権が争点となり，計画そのものが大幅な修正を迫られた。1980年にルイジアナ州知事に着任したトリーン（David C. Treen）は，野生生物保護と水源保全を兼ね備えた「ルイジアナ州土地利用案」を発表した。彼の構想の具体化に際して，問題となったのが，保養地やキャンプ場の設営・都市周辺の緑地造成・広葉樹林の保存を目的とした地役権および土地の取得であった。トリーンの構想はシエラクラブやオーデュポン協会といった自然保護団体や自然保護に関心を抱く都市住民に支持されたかに見えた。しかし，環境保全計画の障害となったのは，またしても地役権の問題であった。地役権が自然保護を目的に取得されると，農地や狩猟場では利用が制限されることから，ルイジアナ地主協会は州政府に対して，高額で私有地の売却を要請した。また，インディアン・ハンティング・クラブも緑地帯に市民が立ち入ると隣接する狩猟場での発砲によって，市民の生命の安全が保障できないと主張した。その結果，地役権の取得は思うように進まず，一部計画の破棄や計画の縮小を迫られたのであった[26]。

オハイオ川では，保養地の景観をめぐり確執が生じた。保養地の建設を手掛けた実業家は，入り江に隣接する土地の景観を整備し，購入希望者に分譲する予定であった。これに対して，水運業者は，この入り江を石炭の船着場と集積地にする計画を立てていた。ここに入り江の利用をめぐり両者に確執が生じた。保養地の景観を損なう船着場の計画は，入り江の景観を地元の観光資源として活用しようとする住民の反発を招いた。だが，地元新聞の報じるところによれ

ば，州の交通局は鉱山業の経済効果を見込んで，景観よりも石炭の船着場の建設計画を優先的に認可した[27]。

　ミシシッピ川・イリノイ川沿いの流域では，渇水にともない干ばつが深刻化したため[28]，環境保全計画が議論された。UMRBC 所属の研究者は水運網がさらに拡大すれば，河川沿いに点在する湖の水位低下につながり，そこに生息する生物の死滅を招くばかりか，湖の環境的価値を損なうと警告した。さらに，湖水の枯渇によって，河川沿いの土地が荒廃し，土壌が河川へと流れだすと指摘した[29]。研究者たちは「魚類と野生生物の生態環境を管理しない限り，河川に生息する生物の再生は，水運の目的によって失われる」との認識に立ち，自然と調和する水運網の必要性を強調した。中部諸州資源局（Central States Resource Center）もまた「ここ20年以上にわたって，議会は水運に重きを置き，環境を軽視してきた」点を反省し，水運関連費の比重を減らし，環境対策に重きを置くように提言した。これに対して，陸軍工兵隊は水運計画の土木工事によって，現地の雇用創出と地域振興の利点を優先し，巨額の水運計画を実施した[30]。

　河川沿いの湿地再生に向けた動きは遅々として進まなかった。河川沿いの地権者は，経済的恩恵の少ない湿地再生計画に消極的だった。住民は州が提示する水計画を拒絶するか，あるいは補助金を利用して農地の拡大を優先させた。その結果，1950年から1970年にかけて1,487万エーカーの湿地が消滅し，そのうちのおよそ8割が農地となった。その背景は，農業の機械化が進行したため，耕地を拡大して，収益を確保する必要があったためである。また，多くの場合，湿地から得られる利益は，狩猟や森林資源だけでなく，干ばつの時期には貴重な水の供給源となり，湿地は高値で取引された[31]。すなわち，水質汚染や水不足が深刻化すればするほど，水源として湿地の経済価値は高まった。深刻な災害が起きたからと言って，河川に対する認識が変わるとは限らないのである。

結　論

　以上，見てきたように，水害・洪水・干ばつによって，実業家や都市計画の立案者たちは河川水や湿地の環境的価値を認識し始めたが，このことは，河川水の産業利用から自然再生への転換を劇的に進展させたわけではなかった。また，河川計画をめぐる利害や認識は多岐にわたるようになり，水運の利便性の追求にとどまらず，湿地再生・野生生物保護・水質浄化など合意形成は次第に単純な作業ではなくなった。しかも，河川計画は農業政策と連動するようになり生産調整や穀物輸出の世界戦略に影響を受けるようになった。すなわち，アメリカの河川計画は，「大規模開発から脱ダムへ」，あるいは「土地の開墾から自然再生へ」と単線的に転換したのではなく，両者のはざまを揺れながら進展したのであった。しかも，河川沿いの土地をめぐっては自然再生と開墾が不可分に結びついた。

　自然再生と資源開発のはざまを揺れ動きながら展開する環境保全は，従来の地役権・水利権・開発体制を根本的に変革するのか否かについて長期的な動向から考察する必要性をわれわれに問いかけている。ある時には自然保護が進展し，またある時には資源開発が強まるアメリカでは，歴史的事実の一部だけを切り取ってしまうと，問題の核心を見失ってしまうであろう。ニューディール期以降，自然と開発の不可分な関係を長期的な時間軸のなかで注意深く記述することが，今後ともこの分野では必要な作業といえよう。

注

1） Donald Worster, *Rivers of Empire, Water, Aridity and the Growth of the American West*, Oxford University Press, 1985.

2） Mark Reisner, *Cadillac Desert, American West and Its Disappearing Water*, New York, Penguin, 1986.（片岡夏実訳『砂漠のキャデラック――アメリカの水資源開発――』築地書店，1999年）.

3） Donald J. Pisani, *Water and American Government, The Reclamation Bureau,*

終　章　「運河の時代」から「環境保全の時代」へ　191

National Water Policy, and the West, 1902-1935, University of California Press, 2002, pp. 284, 292.
4 ）　小塩和人『水の環境史・南カリフォルニアの20世紀』玉川大学出版部，2003年，21～22頁。
5 ）　John Thompson, *Wetlands Drainage, River Modification, and Sectoral Conflict in the Lower Illinois Valley, 1890-1930*, Southern Illinois University Press, 2002, p. 19.
6 ）　Martin Reuss, *Designing the Bayous, The Control of Water in the Atchafalaya Basin, 1800-1995*, Texas A & M University Press, 2004, pp. 188-189.
7 ）　William Alexander Percy, *Lanterns on the Levee, Recollections of a Planter's Son*, Louisiana State University Press, 1941, Reprinted 1973, pp. 263-264. Lewis Baker, *The Percys of Mississippi, Politics and Literature in the New South*, Louisiana State University Press, 1983, pp. 138-139.
8 ）　Robin Spencer, "Contested Terrain: The Mississippi Flood of 1927 and the Struggle to Control Black Labor", *The Journal Negro History*, Vol. 72, 1994, pp. 170-181.
9 ）　Martin Reuss, *op. cit.*, p. 213.
10）　1979年の報告書によればミシシッピ川上流の河川計画は，洪水被害の軽減が159事業，土壌管理が127事業，水質改善が45事業，野生生物保護が43事業，水運が41事業，レクリエーションが41事業，水供給が38事業，水力（エネルギー）が32事業であった。*Annual Priorities Report, Upper Mississippi River Basin Commission*, 1979, p. 4.
11）　米国河川研究会編『洪水とアメリカ――ミシシッピ川の氾濫原管理・1993年ミシシッピ川大洪水を考える――』山海堂，1994年，28～29頁，83～84頁。
12）　*Annual Report, Upper Mississippi River Basin Commission*, 1978, p. 3 .
13）　UMRBCはミシシッピ川上流に隣接するイリノイ州・インディアナ州・アイオワ州・ミシガン州・ミネソタ州・ミズーリ州・サウスダコタ州・ウィスコンシン州の政府機関の代表者によって構成された州際組織である。1965年の連邦法（水資源計画法）に基づき設立された。*Annual Report, Upper Mississippi River Basin Commission*, 1972.
14）　*Annual Report, Upper Mississippi River Basin Commission*, 1978, pp. 3-19.
15）　Prince, *op. cit.*, p. 342.
16）　1860年の国勢調査では湿地が開墾によって経済的利益を有すると記された。Joseph C. G. Kennedy, *Preliminary Report on the Eighth Census, 1860*, Washington,

GPO, 1862, p. 90. また同様の認識は1930年の国勢調査でも記されていた。William Lane Austin, *Fifteenth Census of the United States: 1930, Drainage of Agricultural Lands*, Washington, GPO, 1932, p. 3.

17) 魚類野生生物局によれば，アメリカにおける湿地面積はかつて3億9,200万エーカー存在したが，1970年代までに実に53％が失われたと報告された。Thomas E. Dahl, *Wetlands Losses in the United States, 1780's to 1980's*, U. S. Department of the Interior, Fish and Wildlife Service, Washington D. C., 1990, p. 1.

18) Minnesota Outdoor Recreation Resource Commission, A*cquisition of Wildlife Land in Minnesota*, 1965, p. 3.

19) Thomas E. Dahl, *Wetlands of the United States: Current Status and Recent Trends*, U. S. Department of the Interior, Fish and Wildlife Service, Washington D. C., 1984, p. 1.

20) 水質改善に向けた連邦の補助金総額は500万ドルから12億5,000万ドルへと引き上げられた。Robert W. Adler, Jessica C. Landman, Diane M. Cameron, *The Clean Water Act, 20 Years Later*, Natural Resources Defense Council, Island Press, 1993, p. 6.

21) 浄水法の制定にともない陸軍工兵隊は湿地が大雨による増水時の緩衝地となり，地下水の浄化や土地の保水効果を有すると定めた。

22) R. F. Nash, *American Environmentalism*, Third Edition, McGraw Hill, 1990.（松野弘監訳『アメリカの環境主義──環境主義の歴史的アンソロジー──』同友館，2004年，213頁）．

23) イリノイ州ラサール郡水土保全区の年次報告には以下のように記されている。「自宅近くに設置された公共の屋外余暇施設が整った郡は，誰もが生活するのに適した土地であると認識している。そこには，環境教育・夏季一日キャンプ・散策エリア・釣り堀・水路や公園通りが整備されている」。*Fourth Annual Report, LaSalle County Conservation District*, July 1, 1969-June 30, 1970, p. 4.

24) *Conservation Quarterly, LaSalle County Conservation Distric*t, Vol. 4, No. 2, 1970, pp. 1-4.

25) Prince, *op. cit.*, p. 294.

26) Reuss, *op. cit.*, pp. 324-329.

27) "Battle for a Piece of the Ohio River", *The State Journal Register*, Springfield, Illinois, 08/20/1981.

28) "Eldorado Thirsts for Rain", *The State Journal Register*, Springfield, Illinois, 05/10/ 1981.

終　章　「運河の時代」から「環境保全の時代」へ　193

29) "Illinois, Mississippi River 'dying'-Report", *The State Journal Register*, Springfield, Illinois, 08/20/1981.
30) "Panel Favors 2nd Alton Lock If River Cleaned Up", "Findley Introduces Bill to Add Second Lock to Alton Project", *The State Journal Register*, Springfield, Illinois, 09/17/1981.
31) *Protecting American's Wetlands: An Act Agenda, The Final Report of the National Wetlands Policy Forum*, The Conservation Foundation Washington D. C., 1988, pp. 11-14.

あとがき

　アメリカの水運史に関する研究は鉄道の登場とともに幕を閉じてしまい、水運が鉄道の登場以降どのように展開したのか、これまでほとんど言及されてこなかった。大学院時代、私は運河や水運を単なる輸送手段とみなさず、その多目的な特質に着目した。こうした水運の歴史をいったん博士論文にまとめた後、文部科学省科学研究費（スタート支援・若手研究B）による海外史料調査の機会を得たことで、私の関心は、衛生史・治水史・環境史へと向かった。こうして本書では、都市衛生・洪水対策・環境保全の視点からアメリカ水運史の展開について検討している。

　本書ができあがるまでには、多くの方々のご指導をいただいた。大阪市立大学大学院在学中、海老塚明研究室に所属させていただいた。海老塚ゼミではフランスの経済理論を学び、人間社会における正統性の役割について思いをめぐらした。多様な価値観を認めあったうえで、人間社会は共通善を創造するにいたるのか否か、現在においても探究すべきテーマを与えていただいた。また、国内外の図書館や公文書館から史料を収集するうえで、多大なご配慮をいただいた。

　須藤功先生には、経済史研究会を主催していただき、多くのコメントをいただくことができた。この研究会をつうじて、運河や水運が単なる輸送手段ではないことに気づくことができた。都市化や工業化とともに水運の役割が変化したという本書の着想は、この研究会の中から生まれたものである。

　脇村孝平先生には、博士論文の主査をしていただき、私の理解の薄い衛生史について助言をしていただいた。また、先生には瀬戸口明久君が主催する医療・社会・環境研究会を紹介していただいたことで、アメリカ経済史以外の研究者と交流をもつことができた。研究会を通じて私はアメリカ水運史を、環境史・科学史・治水史と連動する学際的領域として再構築し、より広い視点から

自らの研究領域を眺めることができた。

　現在の勤務地である阪南大学では、手厚い研究支援体制を整えていただき、叢書刊行助成を得ることができた。研究と教育を重視する気風にあふれた阪南大学に赴任させていただいたからこそ、同僚や先輩教員にも恵まれ、落ち着いた研究環境に浴すことができている。とくに大田一廣先生には公私ともに常に気にかけていただき、研究の進捗について丁寧なコメントをいただいた。

　これまで、多くの方々のお世話になってきたが、研究は必ずしも順調に進んだわけではなかった。大学院時代、私の在籍していた大学では経済研究所が閉鎖され、私の研究環境は一変した。研究所が閉鎖にいたった一連の経緯については、中尾茂夫先生の論考（「顛末・創立75年・大阪市立大学経済研究所はこうして閉鎖に追い込まれた」『エコノミスト』81巻、2003年）を一読していただきたいが、重要な研究拠点を失い、もっとも困難を強いられたのは経済研究所に在籍していた大学院生であった。私は新たに指導を引き受けてくださる先生に恵まれたが、多くの同期生や諸先輩方がやむなく大学を去っていった姿は今も脳裏に焼き付いている。心の支えとなったのは、研究室の仲間（今関耕治君・岩本真一君・田村太一君・久本貴志君・松原仁美さん）との交流であり、また、学業を続けるうえで経済的に支えてくれた父の幸一と母の真弓であった。

　日本経済評論社代表取締役の栗原哲也氏には本書の刊行をお引き受けいただいた。また同社の出版部の谷口京延氏に本書の担当になっていただいてから7年が過ぎようとしている。出版の遅れは海外史料調査の機会を得たことで、新たな史料を本書に反映させたためであるが、いかなる事情があろうとも、本書の出版の遅れはすべての私の責任である。この間、筆者のわがままを受け入れて辛抱強く原稿を待っていただいたことに感謝したい。

参考文献

1. 政府刊行資料

A brief, with Illustrations and Notes, Publishes by the Citizen Association, Chicago Legal News Co., 1888.
Annals of Congress, 1789-1824.
Annual Report of the State Board of the Health of Illinois, Springfield, Illinois, 1885-1896.
Annual Report of the Department of Health of the City of Chicago, 1894-1895.
Annual Priorities Report, Upper Mississippi River Basin Commission, 1977-1979.
A Report, The Commerce and Navigation of the Valley of the Mississippi, St. Louis, 1847.
Arnold, J. L., *The Evolution of the 1936 Flood Control Act*, U. S. Army Corps of Engineers, Washington, GPO, 1988.
Annual Report, Upper Mississippi River Basin Commission, 1972-1980.
Austin, William Lane, *Fifteenth Census of the United States: 1930, Drainage of Agricultural Lands*, Washington, GPO, 1932.
Bureau of Railway Economics, *An Economic Survey of the Inland Waterway Transportation in the United States*, Washington D. C., 1930.
Committee on Irrigation and Reclamation, Loans for Relief of Drainage Districts, 71th Cong., 2nd Sess., 1930.
Congressional Globe, 1833-1873.
Congressional Record, 1916-1937.
Chicago Sanitary District, *Proceedings of the Board of Trustees*, 1884-1902.
Confidential Hearings before the Committee on Commerce United States Sente, 74th Cong., 2nd Sess., Washington, GPO, 1936.
Dahl, Thomas E., *Wetlands Losses in the United States, 1780's to 1980's*, U. S. Department of the Interior, Fish and Wildlife Service, Washington D. C., 1990.
Dahl, Thomas E., *Wetlands of the United States: Current Status and Recent Trends*, U. S. Department of the Interior, Fish and Wildlife Service, Washington D. C., 1984.
Division of Waterway, State of Illinois, Department of Purchases and Construction, by

Harman., et al., *Flood Control Report, An Engineering Study of the Flood Situation in the United States of Illinois*, 1929.

Division of Waterways, State of Illinois, *Floods in Illinois in 1922, Cause, Result and Remedies*, Illinois State Journal Co., 1922.

Fifteenth Census of the United States: 1930, Drainage of Agricultural Lands, Summary for the United States 1929 and 1930, Washington, GPO, 1932.

Final Report of National Waterways Commission, Washington, GPO, 1912.

First Annual Report of the Acting Committee of the Society for the Promotion of Internal Improvement in the Commonwealth of Pennsylvania, Philadelphia: Joseph P. A. Skerrett, 1826.

Hearing Committee on Rivers and Harbors, Illinois and Mississippi Rivers, and Diversion of Water from Lake Michigan, 68th Cong., 1st Sess., 1924, Parts 1-2.

House Document, No. 90, 70th Cong., 1st Sess., 1927-1928.

Illinois Department of Purchases and Construction, Division of Waterways, *Flood Control Report*, Springfield: Journal Printing Co., 1930.

Illinois General Assembly, House Report, 12th Assem., 2nd Sess., 1841.

Illinois House Journal, 1826-1859.

Illinois Rivers and Lake Commission, *The Illinois River and Its Bottoms Lands*, by Alvord, J. W., Springfield, Illinois State Journal Co., 1919.

Illinois Senate Journal, 1828-1859.

Illinois Tax Commission in Corporation with Works Projects Administration, *Drainage District Organization and Finance, 1879-1937*, State of Illinois, Springfield, 1941.

Illinois Valley Flood Control Commission, *Hearings on Causes and Control of floods in the Illinois River Valley*, Authority of the State of Illinois, 1929.

Kennedy, Joseph C. G., *Preliminary Report on the Eighth Census*, 1860, Washington, GPO, 1862.

Larson, J. W., *Those Army Engineers: A History of the Chicago District*, U. S. Army Corps of Engineers, Washington, GPO, 1980.

Letter from the Secretary of the Treasury, Range and Ranch Cattle Traffic, 48th Cong., 1st Sess., 1885.

Memorandum: Concerning the Drainage and Sewage Condition in Chicago and the Diversion of 10000 c. f. s. from Lake Michigan at Chicago, The Sanitary District of Chicago, 1923.

Memorial: Favoring the Widening and Deepening by the United States Government of the Chicago River, Sanitary District of Chicago, 1906.

Message from the President of United States, Senate Document. No. 477, 26th Cong., 1st Sess., 1840.

Minnesota Outdoor Recreation Resource Commission, *Acquisition of Wildlife Land in Minnesota*, 1965.

Preliminary Report of the Drainage and Water Supply Commission of the City of Chicago, 1887.

Preliminary Report of the Inland Waterways Commission, Washington, GPO, 1908.

Preliminary Report on the Eighth Census, 1860, Washington, GPO, 1862.

Proceedings of the Board of Trustees of the Sanitary District of Chicago, 1894-1902.

Proceedings of the National Rivers and Harbors Congress, Eighth Annual Convention, Washington D. C., 1911.

Protecting American's Wetlands: An Act Agenda, The Final Report of the National Wetlands Policy Forum, The Conservation Foundation, Washington D. C., 1988.

Rauch, John H., *Preliminary Report to the Illinois State Board of Health, Water Supplies of Illinois and the Pollution of its Streams*, Springfield, Illinois, 1889.

Relief of the States-Public Lands, House Report, No. 296, 27th Cong., 3d Sess., 1843.

Report and Plan of Sewerage for the City of Chicago, Board of Sewerage Commissioner, Office of Charles Scott, Chicago, 1855.

Report: Commerce and Navigation of the Valley of the Mississippi, Chicago Convention, St. Louis, Chamber & Knapy, 1947.

Report of the Board of Public Works to the Common Council of the City of the Chicago, 1862-1872.

Report of the Board of Sewerage Commissioner of the City of Chicago, 1860.

Report of the Canal Commissioners, December 15, 1842, U. S. Senate, 27th Cong., 3rd Sess., 1843.

Report of the Chief Engineers, U. S. Army Corp, Washington, GPO, 1927.

Report of the Chief of the Soil Conservation Service, Washington D. C., 1929-1938.

Report of the Mississippi River Commission, Washington, GPO, 1881-1900.

Report of the Present State of the Chesapeake and Ohio Canal: The Estimated Cost of Completing it to Cumberland, Dutton and Wentworth, Boston, 1845.

Report of the Sanitary Investigations of the Illinois River and its Tributaries, With Special Reference to the Effect of the Sewage of Chicago on the Des Plaines and Illinois Rivers Prior to and after the Opening of the Chicago Drainage Canal, State Printer,

Springfield, 1901.

Report of the Sewerage Committee to the Citizens' Association of Chicago, Hazlitt & Reed, 1880.

Report on the Agencies of Transportation in the United Sates, Including the Statistics of Railroads, Steam Navigation, Canals, Telegraph, and telephones, Department of the Interior, Washington, GPO, 1883.

Report upon the Physics and Hydraulics of the Mississippi River: upon the Protection of Alluvial Region against Overflow, Washington, GPO, 1861, reprinted 1876.

Senate Report, 26th Cong., 1st Sess., No. 447, 1841.

Statement of Appropriations and Expenditures for Public Buildings, 47th Cong., 1st Sess., S. Doc. VII., Washington, GPO, 1886.

Subcommittee of the Committee of Flood Control, Flood Control on the Illinois River, 64th Cong., 2d Sess., 1927.

The Impact of Federal Programs on the Wetlands, Report to Congress, Vol. 1, Secretary of Interior, 1988.

United States at Large, 1879-1936.

U. S. Department of Agriculture, *Report of the Chief of the Soil Conservation Service*, Washington D. C., 1935-1937.

U. S. Senate, *Report of the Secretary of the Treasury in Answer to a Resolution of the Senate Calling for the Amount of American Securities Held in Europe and Other Foreign Counties, on the 30th June, 1853, Executive Document*, No. 42, 33rd Cong., 1st Sess., Washington D. C., 1854.

2. イリノイ州公文書館所蔵史料

Bank Balance, 1836-1860.

Board Resolutions, 1837-1914.

Chicago Sewerage Record 1865.

Contractors' Preemption Petitions.

Drainage and Levee District Inventory File, 1934-1935, 1970-1971.

*Letter Book*s, 1836-1871.

List of Town Lots Sold by the Board of Canal Commissioners, 1830-1843.

Minutes of Meetings of the Canal Commissioners and Trustees, 1829-1917.

News Paper Clipping, 1902. (*Chicago Chronicle, Chicago Tribune, Inter Ocean, Joliet Republican, Joliet News, Morris Herald, Peoria Herald*).

Preemption Applications, 1845-1854.
Register of Subscribers to the $1. 6 Million Canal Construction Loan, 1843.
Reports of Commissioners and Trustees to the Governor, 1845-1891.
Report to Water Resource Commission on Drainage District, Drainage District Questionnaire Analysis, 1974.
State Soil and Water Conservation Districts Advisory Board: Petitions for the Creation of Soil Conservation District, 1941-1949.
Soil and Water Conservation District Board Minutes, 1963-1997.
Soil and Water Conservation District Long Range Program Plans, 1968-1986.
The State Journal Register, Springfield, Illinois, 1981.
Water Resources Commission: Commission Minutes, November 22, 1965-May 1, 1984; February 15, 1985.

3．ミシシッピ歴史公文書館所蔵史料（Mississippi Department of Archives and History）

Ball (Henry Waring) Papers.
Biennial Report of the Commissioner of Swamp Lands to the Legislature of Mississippi, Jackson, Mississippi.
Jackson Daily News, 1926-1928.
Mississippi Levee Board Records, 1878-1984.
Percy Family Papers.
The Daily Clarion Ledger, 1902-1928.

4．雑誌，新聞

American Railroad Journal and General Advertiser, New York, 1845-1852.
Bankers' Magazine and State Financial Register, Baltimore, 1847-1849.
Bankers' Magazine, Journal of the Money Market and Railway Digest, London, 1844, 1846, 1849, 1854.
Chicago Chronicle, 1900-1902.
Circular to Bankers, London, 1840-1844.
Commercial and Financial Chronicle, 1927-1928.
Commercial Review of the South and West, New Orleans, 1846-1855.
Hunt's Merchants' Magazine (HMM), 1839-1860.
"State Debts", *HMM*, Vol. 17, 1847, pp. 466-480.

"Debts and Finances of the States of the Union: Maine and Massachusetts", *HMM*, Vol. 17, 1847, pp. 577-587.

"Debts and Finances of the States of the Union: New York", *HMM*, Vol. 18, 1848, pp. 243-255.

"Debts and Finances of the States of the Union: Pennsylvania", *HMM*, Vol. 20, 1849, pp. 256-269.

"Debts and Finances of the States of the Union: Maryland", *HMM*, Vol. 20, 1849, pp. 481-493.

"Debts and Finances of the States of the Union: Indiana", *HMM*, Vol. 21, 1849, pp. 147-163.

"Debts and Finances of the States of the Union: Ohio", *HMM*, Vol. 21, 1849, pp. 384-410.

"Debts and Finances of the States of the Union: Michigan", *HMM*, Vol. 22, 1850, pp. 131-145.

"Debts and Finances of the States of the Union: Illinois", *HMM*, Vol. 27, 1852, pp. 651-671.

"State Debts", *United States Magazine and Democratic Review*, Vol. 14, 1844, pp. 1-15.

"Debts of States", *North American Review*, Vol. 58, 1844, pp. 109-157.

The Literary Digest.

New York Times, 1927-1936.

Niles' National Register, Baltimore, 1839-1850.

North American Review, 1844.

5. 二次文献

Adam, Beck, *Statement Re Enormous Losses Occasioned by the Diversion of Water from the Great Lakes to the Mississippi River by the Sanitary District of Chicago*, 1923.

Adler, Robert W. and Landman, Jessica C. and Cameron, Diane M., *The Clean Water Act, 20 Years Later*, Natural Resources Defense Council, Island Press, 1993.

Alvord, John W., *State of Missouri vs State Illinois and the Sanitary District of Chicago*, Tribune ptg Co., 1904.

American Railway Engineering Association, "The Mississippi Valley Flood-1927", *Bulletin*, Vol. 29, No. 297, 1927.

Baker, Lewis, *The Percys of Mississippi, Politics and Literature in the New South*, Louisiana State University Press, 1983.

Baker, M. N., *Municipal Engineering and Sanitation*, New York Macmillan Company, 1902.

Baker, M. N., *The Quest for Pure Water: The History of Water Purification from Earliest Records to the Twentieth Century*, American Water Works Association, 1948.

Barrett, George F., *The Waterway from the Great Lakes to the Gulf of Mexico*, The Sanitary District of Chicago, 1926.

Barry, John M., *Rising Tide, The Great Mississippi Flood of 1927 and How It Changed America*, Simon & Schuster Paperbacks, 1998.

Bates, Leonard, "Fulfilling Democracy: The Conservation Movement, 1907 to 1921", *The Mississippi Valley Historical Review*, Vol. XLIV, No. 1, June 1957.

Beneke, F. D., "Alluvial Empire", *The Call of the Alluvial Empire*, Southern Alluvial Land Association, 1919.

Benton, E. J., *The Wabash Trade Route in the Development of the Old Northwest*, The Johns Hopkins Press, 1903.

Benyaurd, W. H. H., *Reasons: From Lake Michigan to the Mississippi River*, Michigan and Mississippi Canal Commission, Davenport, Iowa, 1881.

Blake, N. M., *Water for the Cities, A History of The Urban Water Supply Problem in the United States*, Syracuse University Press, 1956.

Bogart, E. L., *Financial History of Ohio*, University of Illinois Studies in the Social Sciences, University of Illinois Press, 1912.

Brown, G. P., *Drainage Channel and Waterway*, R. R. Donnelley & Sons Co., 1894.

Bukowski, Douglas, *Big Bill Thompson, Chicago, and the Politics of Image*, University Illinois Press, 1998.

Cain, Louis, "An Economic History of Urban Location and Sanitation", *Research in Economic History*, Vol. 2, 1977.

Cain, Louis, *Sanitation Strategy for a Lakefront Metropolis: The Case of Chicago*, Northern Illinois University Press, 1978.

Cain, Louis, "Transportation, Internal Improvements and Urbanization", Jonathan Hughes and Louis Cain ed., *American Economic History*, 7th ed., Addison Wesley, Boston, 2007.

Caldwell, S. A., *A Banking History of Louisiana*, Louisiana States University Press, 1935.

Callender, G. S., "The Early Transportation and Banking Enterprises of the States in Relation to the Growth of Corporations", *Quarterly Journal of Economics*, Vol. 17,

1903.

Casey, Thomas B., *Documentary History of the Illinois and Michigan Canal*, Division of Waterways, Authority of State of the Illinois, 1956.

Chandler, Alfred D. Jr., "Pattern of American Railroad Finance, 1830-1850", *Business History Review*, Vol. 28, No. 3, 1954.

Coles, A. H., "A Report on Research in Economic History", *Journal of Economic History*, Vol. 4, 1944.

Colton, Calvin, *A Letter to Daniel Webster, in Reply to his Legal Opinion to Baring Brothers upon Illegality and Unconstitutionality of State Bonds and Loans of States Credit*, New York, Warden Hayward, 1840.

Conzen, Micael P. and Daniel, Adam R., *Lockport Legacy, Themes in the Historical Geography of an Illinois Canal Town*, Committee on the Illinois & Michigan Canal Corridor No. 4, Chicago, 1990.

Conzen, Michael P. and Morales, Melissa, *Setting the Upper Illinois Valley, Pattern of Change in the I & M Canal Corridor, 1830-1900*, Studies on the Illinois and Michigan Canal Corridor No. 3, Chicago, 1989.

Davenport, F. Garvin, "The Sanitation Revolution in Illinois, 1870-1900", *Journal of the Illinois State Historical Society*, 66, 1973.

Davis, Lance E., Richard A Easterin, William N. Parker, et al., *American Economic Growth*, Harper and Row, 1972.

Davis, William Watson, *Ante-Bellum Southern Commercial Conventions*, Alabama Historical Society, Montgomery, 1905.

Deusen, G. G. V., *The Jacksonian Era, 1828-1848*, Harper & Row, New York, 1959.

Dewey, D. R., *State Banking before the Civil War*, Washington, GPO, 1910.

Duane, William J., *Letters Addressed to the People of Pennsylvania respecting the Internal Improvement of the Commonwealth, by means of Roads and Canals*, Philadelphia, Jane Aitken, 1811.

Duffy, John, *A History of American Medicine, From Humors to Medical Science*, University of Illinois Press, 1993. (網野豊訳『アメリカ医学の歴史——ヒポクラテスから医科学へ——』二瓶社, 2002年).

Eagan, James A., *Pollution of the Illinois River, Report of the Sanitary Investigations of the Illinois River and Its Tributaries: With Special Reference to the Effect of the Sewerage of Chicago on the Des Plaines and Illinois Rivers Prior to and After the Opening of Chicago Drainage Canal*, 1901.

Edward, S., *J. H. B. Latrobe and His Times, 1803-1891*, Waverly Press, Baltimore, 1917.

Ellet, Charles, *Mississippi and Ohio Rivers: Containing Plans for the Protection of the Delta from Inundation*, Philadelphia, 1853.

Ellis, John H., "Businessman and Public Health in the Urban South during Nineteenth Century, New Orleans, Memphis, and Atlanta", *Bulletin of History of Medicine*, Vol. 44, 1970.

English, W. B., "Understanding the Cost of Sovereign Default: American States Debts in the 1840's", *The American Economic Review*, Vol. 86, No. 1, 1996.

Fee, Elizabeth, "Public Health and the States: United States", in Dorothy Porter, ed., *The History of Public Health and Modern State*, Rodopi, 1994.

First Annual Report of the Acting Committee of the Society for the Promotion of Internal Improvements in the Commonwealth of Pennsylvania, Philadelphia: Joseph P. A. Skerrett, 1826.

Fleming, Donald, *William H. Welch and the Rise of Modern Medicine*, Little Brown & Co., Boston, 1954.（星野毅子郎訳『アメリカ医学の史的発展』時事新書，時事通信社，1962年）.

Flood Protection on the Lower Mississippi River, A National Problem: Public Sentiment as Expressed by Mayors of Cities and Commercial Organizations Throughout the United States, 1913.

Fox, John A., *A National Duty, Mississippi River Flood Problem: How The Floods Can Be Prevented*, The Mississippi River Levee Association, 1914.

Frank, Arthur Dewitt, *The Development of the Federal Program of Flood Control on the Mississippi River*, Columbia University Press, New York, 1930.

From the Great Lakes to the Gulf Mexico, Report of the Deep Waterway of the Chicago Commercial Association, Chicago, Illinois, June, 1906.

Galishoff, Stuart, "Triumph and Failure: The American Response to the Urban Water Supply Problem 1860-1923", in Matin V. Melosi, ed., *Pollution and Reform in American Cities, 1870-1930*, University of Texas Press, 1980.

Gallatin, A., *Report of the Secretary of the Treasury on the Subject of Public Roads and Canals*, 1808, A. M. Kelley, 1968.

Gates, P. W., *History of Public Land Law Development*, Washington, GPO, 1968.

Golembe, C. H., *State Banks and the Economic Development of the West, 1830-44*, Ph. D. Dissertation, Columbia University, 1952.

Goodrich, C. and Segal, H., "Baltimore's Aid to Railroad. A Study in the Municipal Planning of Internal Improvements", *Journal of Economic History*, Vol. 13, 1953.

Goodrich, C., *Groverment Promotion of American Canal and Railroad, 1800-1890*, Columbia University Press, 1960.

Gray, William F., *Imperial Bolivar*, Bolivar Commercial, 1923.

Grinath, A., Wallis, J. J. and Sylla, R. E., "Debt, Default and Revenue Structure: The American State Debt Crisis in the Early 1840s", *Historical Paper 97, NBER*, March 1997.

Michael R. Haines, "The Population of the United States, 1790-1920", L. Engerman and E. Gallman ed., *The Cambridge Economic History of the United States Vol. 2*, Cambridge University Press, 2000.

Haites, Erik F. and Mak, James, "The Decline of Steamboating on the Ante-bellum Western River: Some New Evidence and An Alternative Hypothesis", *Explorations in Economic History*, Vol. 11, No. 1, 1973.

Haites, Erik F. and Mak, James, *Western Transportation: The Era of Early Internal Improvement, 1810-1860*, Johns Hopkins University Press, 1975.

Hall, William Mosley, *Chicago River and Harbor Convention, An Account of its Origin and Proceedings*, Fergus' Historical Series, No. 18, Chicago, 1882.

Handlin, O., "Laissez-Faire Thought in Massachusetts, 1790-1880", *Journal of Economic History*, Vol. 3, Supplement, 1943.

Handlin, O., "Origins of the American Business Corporation", *Journal of Economic History*, Vol. 5, 1945.

Handlin, O. and Mary F. Handlin, *Commonwealth-Study of the Role of Government in the American Economy: Massachusetts, 1774-1861*, New York University Press, 1947.

Hanna, Hugh Sisson, *A Financial History of Maryland, 1789-1848*, The John Hopkins Press, 1907.

Harold, Moulton G., and David, Paul T., *The American Transportation Problem: Prepared for the National Transportation Committee*, 1933.

Harrison, Robert W., *Alluvial Empire, Volume 1, A Study of State and Local Efforts toward Land Development in the Alluvial Valley of the Lower Mississippi River*, U. S. Department of Agriculture, 1961.

Harrison, Robert W., *Levee Districts and Levee Building in Mississippi, A Study of State and Local Efforts to Control Mississippi River Floods*, Stoneville, Mississippi, 1951.

Hartz, Louis, *Economic Policy and Democratic Thought: Pennsylvania, 1776-1860*, Cambridge, Harverd University Press, 1948.

Hartz, Louis, "Laissez Faire Thought in Pennsylvania, 1776-1860", *Journal of Economic History*, Vol. 3, Supplement, 1943.

Hays, Samuel P., *Conservation and the Gospel of Efficiency: The Progressive Conservation Movement, 1890-1920*, Harvard University Press, Cambridge, 1959.

Heath, M., "Public Railroad Construction and the Development of Private Enterprise in the South before 1861", *Journal of Economic History*, Vol. 10, 1959.

Herget, James E., "Taming the Environment, The Drainage District in Illinois", *Journal of the Illinois State Historical Society*, Vol. 22, May 1978.

Hibbard, B. H., *A History of the Public Land Policies*, New York, Macmillan Company, 1924.

Hidy, R., *The House of Baring in American Trade and Finance, English Merchant Bankers at Work, 1763-1861*, Harvard University Press, New York, 1949.

Hines, Michael R., "The Population of the United States, 1790-1920", L. Engerman and E. Gallman ed., *The Cambridge Economic History of the United States Vol. 2*, Cambridge University Press, 2000.

Howe, W. A., *Documentary History of the Illinois and Michigan Canal*, Department of Public Works and Buildings, Authority of State of Illinois, 1956.

Hughes, Jonathan and Louis P. Cain, *American Economic History*, 8th edition, Addison Wesley, 2011.

Hunter, Louis C., Steamboats on the Western Rivers, An Economic and Technological History, Harvard University Press, 1949.

Hulbert, Archer Butler, *The Great American Canals, Vol. 1, The Cheasapeak and Ohio Canal and Pennsylvania Canal*, The Arthur H. Clark Company, 1904.

Investment Bankers Association of America, *Proceedings of the Sixteenth Annual Convention of the Investment Bankers Association of America*, 1927.

Jenks, L. H., *The Migration of British Capital to 1875*, Thomas Nelson and Sons Ltd, 1927.

John, J. W., "The Property Tax as a Coordinating Device: Financing Indiana's Mammoth Internal Improvement System", *NBER Working Paper*, November 2001.

Johnson, Arthur M. and Supple, Barry E., *Boston Capitalists and Western Railroads*, Harvard University Press, 1967.

Johnson, Vaughn Vicki, *The Men and the Vision of the Southern Commercial Conventions, *1845-1871*, University of Missouri Press, 1992.

Kennedy, Joseph C. G., *Preliminary Report on the Eight Census, 1860*, Washington, GPO, 1862.

Koehler, M. D., *Annals of Health and Sanitation in Chicago*, Board of Education of the City of Chicago, 1901.

Krenkel, John H, *Illinois Internal Improvements 1818-1848*, The Torch Press, 1958.

Kuznets, S., "Foreign Economic Relations of the United States and Their Impact upon the Domestic Economy", *Proceedings of the American Philosophical Society, Philadelphia*, Vol. 92, 1948.

Lamb, John M., "William Gooding, Chief Engineer, I. & M. Canal", *Illinois Canal Society*, No. 5, 1982.

Larson, John Lauritz, "Bind the Republic Together: The National Union and the Struggle for a System of Internal Improvements", *Journal of American History*, Vol. 74, 1987.

Larson, John Lauritz, *Internal Improvement, National Public Works and the Promise of Popular Government in the Early United States*, The University of South Carolina Press, 2001.

Leonard, F. B., *Engineering and Legal Aspects of Land Drainage in Illinois*, Urbana: Illinois State Geological Survey, 1929.

Letter of the Charles Butler, to the Legislature of Indiana in relation to the Public Debt, Morrison & Spann, Indianapolis, 1845.

Letter of James J. Hill, The Future of Rail and Water Transportation, The Lakes to Gulf Deep Waterway Association Convention, Chicago, 1908.

Letters from Prominent Bankers throughout the United States, Mississippi River and Levee Association, 1913.

Lively, R. A., "The American System", *Business Historical Review*, Vol. 29, 1955.

Maass, Arthur, *Muddy Waters: The Army Engineers and the Nation's Rivers*, Da Capo Press, 1974.

Majewski, J., *A House Dividing, Economic Development in Pennsylvania and Virginia before the Civil War*, Cambridge University Press, 2000.

Marler, Scott P., *The Merchants' Capital, New Orleans and Political Economy of the Nineteenth Century South*, Cambridge University Press, 2013.

Mauch, Christof, Rivers in History and Historiography, Christof Mauch, Thomas Zeller ed., *Rivers in History on Waterways in Europe and North America*, University of

Pittsburgh Press, 2008.
McClure, W. F., *Sacramento Flood Control Project*, California State Printing Office, 1927.
Mcgrane, R. C., *Foreign Bondholders and American State Debts*, New York, The Macmillan Company, 1935.
Mcgrane, R., "Some Aspects of American State Debts in the Forties", *American Historical Review*, Vol. 38, 1933.
Memorandum, Concerning the Drainage and Sewerage Conditions in the Chicago, The Sanitary District of Chicago, 1923.
Memorial: Favoring the Widening and Deepening by the United States Government of the Chicago River, Sanitary District of Chicago, 1906.
Miller, Nathan, *The Enterprise of A Free People, Aspects of Economic Development in New York State during the Canal Period, 1792-1838*, Cornell University Press, 1962.
Mississippi River Levee Association, *Flood Control of the Mississippi River, Address by Col. C. M. Townsend, Before National Drainage Congress*, Memphis, Tennessee, 1913.
Mississippi River Levee Association, *Flood Protection on the Lower Mississippi River, A National Problem: Public Sentiment as Expressed by Mayors of Cities and Commercial Organizations Throughout the United States*, 1913.
Mississippi River and Levee Association, *Letters from Prominent Bankers throughout the United States*, 1913.
Mitchell, T., *Society, Economy, and the State Effect, In State/Culture: State-Formation after the Cultural Turn*, George Steinmetz ed., Ithaca: Cornell University Press, 1999.
Moore, John H., *The Emergence of the Cotton Kingdom in the Old Southwest, 1770-1860*, Louisiana State University Press, 1988.
Moses, John, *Illinois Historical and Statistical Comprising the Essential Facts Planting and Growth*, Vol. 2, Ferugus Printing Company, Chicago, 1892.
Moses, John and Joseph, Kirkland, *History of Chicago*, Vol. 1, Musell & Co., 1895.
Moulton, Harold G. and Paul T. David, *American Transportation Problem: Prepared for National Transportation Committee*, Washington D. C., Brookings Institution, 1933.
Myers, M. G., *The New York Money Market*, Vol. 1, AMS Press, 1931.
Nash, R. F., *American Environmentalism*, 3rd Edition, McGraw Hill, 1990.（松野弘監訳

『アメリカの環境主義——環境主義の歴史的アンソロジー——』同友館, 2004年).

Nathan M., *The Enterprise of A Free People, Aspects of Economic Development in New York State during the Canal Period, 1792-1838*, American Historical Association, Cornell University Press, 1962.

Newlands, Francis G., "The Use and Development of American Waterways", *The Annals of the American Academy*, Vol. 31, 1908.

Nine Years of Democratic Rule in Mississippi: Note upon the Political History of the State, From the Beginning of the Year 1838, to the Present Time, Jackson, MI., Thomas Palmer, 1847.

Norton, L. J. and Wilson, B. B., *Prices of Illinois Farm Products from 1866 to 1929*, Agricultural Experiment Station, Bulletin No. 351, University of Illinois, 1930.

Official Report of the Proceedings of the Mississippi River Convention, St Louis: Great Western Printing Co., 1881.

O' Neill, M. K., *Rivers by Design, State Power and the Origins of U. S. Flood Control*, Duke University Press, 2006.

Orth, J. V., *The Judicial Power of the United States, The Eleventh Amendment in American History*, Oxford University Press, 1987.

Palmer, Ben, S*wamp land Drainage with Special Reference to Minnesota*, Bulletin of the University of Minnesota, 1915.

Parker, Walker, "Curbing the Mississippi", *Nation*, Vol. 124, May 11, 1927.

Pearcy, Matthew, "After the Flood: A History of the 1928 Flood Control Act", *Journal of Illinois State Historical Society*, Vol. 95, No. 2, 2002.

Pearcy, Matthew, "A History of the Ransdell-Humphreys Flood Control Act of 1917", *The Journal of the Louisiana Historical Association*, Vol. 41, No. 2, 2000.

Percy, William Alexander, *Lanterns on the Levee, Recollections of a Planter's Son*, Louisiana State University Press, 1941, Reprinted 1973.

Philip, William, *Chicago and The Down State: A Study of their Conflicts, 1870-1934*, Ph. D. Dissertation, University of Chicago, 1940.

Pierce, H. H., *Railroads of New York, A Study of Government Aid, 1826-1875*, Harvard University Press, Cambridge, 1953.

Pisani, Donald J., *Water and American Government, The Reclamation Bureau, National Water Policy, and the West, 1902-1935*, University of California Press, 2002.

Platt, D. C. M., *Foreign Finance in Continental Europe and the United States, 1815-1870*, London George Allen & Unwin, 1984.

Porter, Dorothy, *Health, Civilization, and the State, A History of Public Health from Ancient to Modern Times*, Routledge, 1999.
Preffer, A. I. and Rikki, L. Quintane, "Foreign Investment in the United States, A Nineteenth Century Perspective", *Stanford Journal of International Law*, Vol. 17, 1982.
Preson, H. S., *Little Waters, A Study of Headwater Streams and Other Little Water, Their Use and Relations to the Land*, Washington, GPO, 1936.
Prince, H., *Wetlands of the American Midwest, A Historical Geography of Changing Attitudes*, University of Chicago Press, 1997.
Pross, Edward Lawrence, *A History of Rivers and Harbors Appropriation Bills, 1866-1933*, Ph. D. Dissertation, Ohio State University, 1938.
Proceedings of the Harbor and River Convention, Chicago: Daily Journal Office, 1847.
Proceedings of the National Ship-Canal Convention, Tribune Book and Job Steam Printing Office, Chicago, 1863.
Putnam, J. W., *The Illinois and Michigan Canal*, University of Chicago Press, 1918.
Proceedings of the Sixteenth Annual Convention of the Investment Bankers Association of America, 1927.
Pross, Edward Lawrence, *A History of River and Harbor Appropriation Bills, 1866-1933*, Ph. D. Dissertation, Ohio State University, 1938.
Randolph, R. I., "The History of Sanitation in Chicago", *Journal of the Western Society of Engineers*, Vol. 44, 1939.
Ratchford, B. U., *American State Debts*, AMS Press, New York, 1966.
Reisner, Mark, *Cadillac Desert-The American West and Its Disappearing Water-*, The Spider Agency, New York, 1986.（片岡夏実訳『砂漠のキャデラック――アメリカの水資源開発――』築地書館，1999年）.
Report to the Chicago Real Estate Board on the Disposal of the Sewage and Protection of the Water Supply of Chicago by George A. Soper, John D. Watson, Arthur J. Martin, Chicago, 1915.
Report of the Committee of the Citizens' Association, Main Drainage and Water Supply, Chicago: Merchants' Building, 1885.
Report of the Committee on Statistics, for the City of Chicago, National Convention, Chicago, Tribune Book and Steam Printing Office, 1862.
Report of the Proceedings, Annual Convention of the Atlantic Deeper Waterways Association, Ware Bros Co., Philadelphia, 1910.
Report of the Proceedings of the Board of Trade, the Association and the Business Men

of Chicago, Tribune Book and Steam Printing Office, Chicago, 1863.

Reuss, Martin, *Designing the Bayous, The Control of Water in the Atchafalaya Basin, 1800–1995*, Texas A & M University Press, 2004.

Riley, Elmer, *The Development of Chicago and Vicinity as a Manufacturing Center Prior to 1880*, Ph. D. Dissertation, The University of Chicago, 1911.

Rowley, William D., *Reclaiming the Arid West, The Career of Francis G. Newlands*, Indiana University Press, 1996.

Roy, Sidney J., "Development of Our Waterways", *Official Proceedings Central States Conference on Rail and Water Transportation*, Evansville Chamber of Commerce, Indiana, 1916.

Sanderlin, Walter S., *The National Project: A History of Chesapeake and Ohio Canal*, Johns Hopkins University Press, 1946.

Scarpino, P. V., *Great River, An Environmental History of the Upper Mississippi, 1890–1950*, University of Missouri Press, 1985.

Scheiber, H. N., *Ohio Canal Era: A Case Study of Government and the Economy, 1820–1861*, Ohio University Press, 1969.

Semmes, E. J., *J. H. B. Latrobe and His Times, 1803–1891*, Waverly Press, Baltimore, 1917.

Shallat, Todd, *Structures in the Stream, Water, Science and the Rise of the U. S. Army Corps of Engineers*, University of Texas Press, 1994.

Shaw, Ronald E., *Canals for a Nation, The Canal Era in the United States, 1790–1860*, University of Kentucky, 1990.

Simms, Harper, *The Soil Conservation Service*, Praeger Publishers, 1970.

Skene, E. P., *Railroad Lands for Sale owned by Yazoo & Mississippi Valley Railroad Co.*, Chicago, Illinois, 1899.

Soper, A. et al., *A Report to the Chicago Real Estate Board on the Disposal of the Sewage and Protection of the Water Supply*, 1915.

Spencer, Robin, "Contested Terrain: The Mississippi Flood of 1927 and the Struggle to Control Black Labor", *The Journal Negro History*, Vol. 72, 1994.

Sturm, J. L., *Investing in the United States, 1798–1893, Upper Wealth-Holders in a Market Economy*, New York, Arno Press, 1977.

Swain, Donald C., *Federal Conservation Policy, 1921–1933*, University of California Press, 1963.

Taylor, G. R., *The Transportation Revolution, 1815–1860*, Holt, Rinehart & Winston,

1951.

The Chicago Drainage and Water-way Laws, Published by the Citizens' Association of Chicago, Chicago Legal News edition of the Laws, 1899.

The Lakes and Gulf Waterway, a Brief, with Illustrations and Note, Chicago Legal News Co., 1888.

"The Mississippi Valley Flood 1927", *Bulletin American Railway Engineering Association*, Vol. 29, No. 297, 1927.

Tompkins, Frank H., *The Mississippi River, The Commercial Highway of The Nation, Improvement of Its Navigation and Control of Its Flood Waters*, Manufacturer's Record, Baltimore, 1892.

Tompson, John, *Wetlands Drainage, River Modification, and Sectoral Conflict in the Lower Illinois Valley, 1890-1930*, Southern Illinois University Press, 2002.

Townsend, C. M., *Flood Control of the Mississippi River, Before National Drainage Congress*, Mississippi River Levee Association, Memphis, Tennessee, 1913.

Trotter, Alexander, *Observations and the Financial Position and Credit of Such of the North American Union as have Contracted Public Debts*, Longman, Orme, Brown, Green and Longman, London, 1839, AM Kelly, New York, Reprinted 1968.

Vurry-Roper, Janel M. and Rudie, Carol Veldman, "Hollandale: The Evolution of a Dutch Farming Community", *Focus*, Vol. 40, 1990.

Walker, Robert J., *Jefferson Davis and Repudiation*, William Ridgway, London, 1863.

Waller, R. A., "The Illinois Waterway from Conception to Completion, 1908-1933", *Journal of the Illinois State Historical Society*, Vol. 65, 1972.

Wender, Herbert, *Southern Commercial Convention, 1837-1859*, Ph. D. Dissertation, John Hopkins University, 1927.

Williams, Mentor L., "The Chicago River and Harbors Convention", *The Mississippi Valley Historical Review*, Vol. 35, No. 4, 1847.

Wilkins, Mira, *The History of Foreign Investment in the United States to 1914*, Harvard University Press, 1989.

Williams, C. A., *The Sanitary District of Chicago, History of Its Growth and Development, Sanitary District of Chicago*, The Sanitary District of Chicago, 1919.

Williamson, J. G., *American Growth and the Balance of Payments, 1820-1913: A Study of the Long Swing*, Chapel Hill, 1964.

Worster, Donald, *Rivers of Empire, Water, Aridity, and the Growth of the American West*, Oxford University Press, 1985.

6. 邦語文献

石井素介「災害論覚え書――社会地理学的視点からの一考察――」『駿台史学』(明治大学), 第54巻, 1981年。

入江節次郎『世界金融史研究』藤原書店, 1991年。

岡田泰男・須藤功編『アメリカ経済史の新潮流』慶應義塾大学出版会, 2003年。

小塩和人『水の環境史――南カリフォルニアの20世紀』玉川大学出版部, 2003年。

折原卓美『19世紀アメリカの法と経済』慶應義塾大学出版会, 1999年。

加勢田博「19世紀アメリカ西部河川輸送に関する一考察」『経済論集』関西大学, 第52巻第1号, 2002年6月。

加勢田博『北米運河史研究』関西大学出版部, 1993年。

鬼頭秀一ほか『環境思想の多様な展開』(環境思想の系譜3) 東海大学出版会, 1995年。

櫛田久代『初期アメリカの連邦構造――内陸開発と州主権――』北海道大学出版会, 2009年。

楠井敏朗『アメリカ資本主義の発展構造――南北戦争期のアメリカ経済――』日本経済評論社, 1997年。

楠井敏朗『アメリカ資本主義とニューディール』日本経済評論社, 2005年。

呉天降『アメリカ金融資本成立史』有斐閣, 1971年。

小林健一『TVA 実験的地域政策の軌跡――ニューディール期まで』御茶の水書房, 1994年。

末次忠司「アメリカにおける洪水防御施策の展開 (1)」『土木史研究』第15号, 1995年8月。

鈴木圭介編『アメリカ経済史Ⅰ・植民地時代――南北戦争期』東京大学出版会, 1972年。

須藤功『アメリカ巨大企業体制の成立と銀行――連邦準備制度の成立と展開――』名古屋大学出版会, 1997年。

高橋和男「地域開発・株式会社・共和主義―― J. マジュウスキーの「市場発展」論――」『アメリカ経済史研究』創刊号, 2002年。

中沢弌仁『カリフォルニアの水資源史――ニューディールからカーター水管理政策への展開――』鹿島出版会, 1999年。

中西弘次「国内市場の形成」鈴木圭介編『アメリカ経済史Ⅰ――植民地時代～南北戦争期――』東京大学出版会, 1972年。

名和洋人「カリフォルニア州における大規模水資源開発事業とその地域的インパクト――1930から1970年を中心に――」『歴史と経済』第196号, 2007年7月。

二橋智「ニューディール期における大規模公共事業の展開:開墾局による水資源開発を

中心として」『桜美林論考・桜美林エコノミスト』2010年。
浜文章「アメリカ南部の運河経営と移民労働者——19世紀前半チェサピーク・アンド・オハイオ運河の場合——」『社会経済史学』第54巻6号，1989年。
肥後本芳男「ブラックストーン運河と19世紀初頭のニューイングランド社会の変容」遠藤泰生他『常識のアメリカ・歴史のアメリカ』木鐸社，1993年。
米国河川研究会編『洪水とアメリカ——ミシシッピ川の氾濫原管理・1993年ミシシッピ川大洪水を考える——』山海堂，1994年。
安武秀岳「米国運河建設期における反独占・州有論—— Pennsylvania 幹線運河経営の場合——」『愛知学芸大学研究報告』第15輯，1966年。

初出一覧

本書は，以下の論文をもとに執筆された。

第1章：「1840年代前半期における国内開発事業の破綻——連邦と州政府の支払再開策を中心に——」
『アメリカ経済史研究』第4号，2005年9月

第2章：「1840年代におけるアメリカ内陸開発事業の再編——州の債務危機に焦点をあてて——」
『経済学雑誌』第108巻第4号，2008年3月

第3章：「内陸開発事業における運河トラスティの創設と展開——1836年から1871年までのイリノイ・ミシガン運河——」
『歴史と経済』第200号，2008年7月

第4章：「19世紀イリノイ州運河事業と都市基盤整備——シカゴ市の公衆衛生を事例に——」
『経済学雑誌』第109巻第2号，2008年9月

第5章：「ミシシッピ川大洪水と洪水対策の連邦事業化——1936年連邦治水法の成立過程——」
『アメリカ経済史研究』第12号，2013年12月

索　引

事　項

〈あ行〉

アイルランド系移民　86
アチャファラヤ洪水路　161
アメリカ銀行家協会　154
アメリカ体制　5
アメリカ鉄道技師協会　148
アメリカ投資銀行家協会　154
医学　11
一般調査法　21-22
イリノイ州衛生局　113, 116-118
イリノイ州開発管理委員会　80
イリノイ州公共事業局水路課　153
イリノイ州財政委員会　82
イリノイ信託貯蓄銀行　124
イリノイ・セントラル鉄道　142, 149
イリノイ・ミシガン運河　1, 8, 25, 75-79, 94, 99-100, 115
運河拡幅工事　96
運河債　79, 96
運河トラスティ　63, 85-87, 89, 96, 98
運河の時代　1, 8, 24, 179-180
運河用地　92
衛生改革　10, 105, 107, 117
衛生学　109
衛生区権限付与法　116
衛生船舶運河　108, 116-119, 124, 126, 136
衛生法規　11
エコノミー電灯電力会社　122-124
エリー運河　1, 22, 24, 48, 64, 100
エリー鉄道　125
黄熱　108
オーデュポン協会　188
オグデン対ギボンズ事件　21
オハイオ・エリー運河　100

〈か行〉

海外投資家　89
開発基金コミッショナー　83
開発事業債　78-79
化学　109
革新主義　117, 149
可航河川　1, 184
河川計画　10
河川港湾事業の復活　105
河川氷結　93
家畜追い込み場　112
合衆国銀行　31-37, 53
カルテル　5
環境保全　2, 137-139, 161, 168-170, 179, 183, 187-190
カンバーランド国道　19
救済紙幣　50-51
共和党　158-159
魚類野生生物局　186-187, 192
銀行家回状　34, 54
グレイト・ウェスタン・シリアル社　122
クロトン水路　108
景観　2, 183
下水委員会　113, 115
公益性　5, 51
洪水路　137, 155-156, 164-165
交通革命　7
公有地管理局　140
国際水路委員会　128-129
国防　22
コスチュエイト水路　108
コレラ　11, 106-107, 110-113, 130

〈さ行〉

細菌学　11, 109, 120-121
サザン鉄道　56, 149
サスケハナ・タイドウォーター　51
産業資本　6-7
シエラクラブ　188
シカゴ医師クラブ　118

シカゴ衛生区　　116, 118, 120-121, 123-124, 128-129, 153
シカゴ河川港湾会議　　8, 66
シカゴ市公共事業局　　109-111
シカゴ市民協会　　113
資源保全　　9-10, 15, 105, 149-150, 161
市場の発展　　4
支線改良費　　91
自然資源委員会　　158
ジフテリア　　108, 124
社会的分業　　4, 17
奢侈品　　50
州債　　4, 27-39, 42, 45, 48-50, 52-53, 55-60, 79-81, 83-85, 182
州債　　28-39, 48, 81-83
州際通商条項　　144, 168
州有運河　　7, 17, 56, 75-76, 88, 98
蒸気式揚水機　　89, 91, 97, 110
蒸気船　　7, 91
上下水委員会　　113, 116-117
上下水道　　105-106, 108, 113, 115, 117, 131
猩紅熱　　108, 124
浄水法　　186
深水運河　　88
水運計画　　2, 10, 18, 182
水運帝国　　106
水資源史　　179
水質汚染管理法　　186
水上保険　　7
水土保全区　　163, 165-167, 176, 192
水利帝国　　179-180
水流委員会　　158
水力発電　　121, 160-161, 183
西漸運動　　1, 7
西部フロンティア　　1, 182, 184
全国河川港湾会議　　10, 151
全国製造業者協会　　148
全国船舶運河会議　　66
全国排水会議　　150-151
1857年恐慌　　94
1837年恐慌　　31, 45
全米水路委員会　　150
全米野生生物景観河川法　　186
総合内陸開発　　78

〈た行〉

大規模開発計画案　　27
大西洋深水路協会　　126
タイドウォーター運河　　30
ダウン・リバー・トレード　　8, 19, 48, 64
地域間競争　　25
小さな政府　　4
地役権　　138, 155-156, 190
地役権論争　　181
チェサピーク・オハイオ運河　　1, 25, 30, 51-52, 61-64, 68, 99-100
チェサピーク・デラウェア運河　　108
地質調査所　　106
治水構造物　　11, 12, 138, 167, 169, 183
チフス　　11
中部諸州資源局　　189
通行権　　138, 156
通行料　　59, 82-83, 86, 92-93, 95-96
通商委員会　　160
帝国建設　　105, 125
堤防　　137, 144-156, 168
鉄道　　23, 89, 91
鉄道独占　　5, 8-10, 77, 125
デニソン商会　　35
テンサス・デルタ土地会社　　157
天然痘　　108
土壌保全　　138-139
土壌保全局（SCS）　　163, 165, 169
土地税　　26-27
土地の倫理　　12
トラスト　　5
トラスト型民営運河　　75-77

〈な行〉

内務省　　158, 167, 179
内陸改良委員会　　53, 60
内陸改良技術者会議　　22
内陸改良振興会　　24
内陸水路委員会　　9, 149
内陸輸送計画　　22-24
南部商業会議　　8
二重連邦主義　　184
ニューディール期　　2-3, 9, 13, 170, 183, 187, 190

索　引

ニューヨーク生命保険会社　55, 58
ニューヨーク・セントラル鉄道会社　29, 125
農業政策　187
農業保全計画　170
農務省　161, 163, 179
ノートン商会　97, 104

〈は行〉

バージニア州有運河　29
排水堤防区　139, 164-166, 168-169, 177
ハザードマップ　11
パナマ運河　126
反鉄道独占　105, 125
ビドル体制　31
平等主義　24
フーザックトンネル　5
フート商会　36, 57
フェニックス銀行　79-81
プランター　30, 49, 181-182
ベアリング商会　31, 53, 57, 63
米国気象庁　152
米西戦争　10
ペンシルベニア州運河　100
ペンシルベニア州債　35
ペンシルベニア鉄道　30, 125
ホイッグ党　36, 54
法経済史　6
ホープ商会　35, 49, 53
保健委員会　107-108
ボルティモア・オハイオ鉄道　25, 30, 51, 61-64, 68
ボルティモア・サスケハナ鉄道　25, 51

〈ま行〉

マーチャント・バンカー　34-35, 46
マラリア　142-143, 185
ミシガン・セントラル鉄道　125
ミシガン・ミシシッピ運河委員会　125
ミシシッピ河川委員会（MRC）　9, 22, 129, 143-146, 152-153, 155-156, 158, 168

ミシシッピ河川改良会議　125
ミシシッピ川上流域委員会（UMRBC）　185, 189, 191
ミシシッピ川大洪水　137, 148, 152-154, 168, 181, 184
ミシシッピ川治水協会　152
ミシシッピ川堤防協会（MRLA）　146-148
民主党　36, 54, 159-160
メキシコ湾岸内陸水路　184
綿花金融　31, 34-35
モーガンザ洪水路　161
モリス運河築堤会社　53-54

〈や行〉

ヤズー・ミシシッピ・ヴァレー鉄道　142
野生生物の権利　160
野生生物保護　2, 138, 183-185, 190
ユニオン・バンク　49
要塞技師委員会　22

〈ら行〉

ライト商会　83
ライフスタイル　183, 186
陸軍工兵隊　21, 106, 129, 144, 146, 152, 158, 161, 163, 169, 179, 183-184, 192
リトル・ウォーターズ　12, 160
流域管理　138, 160-161
冷蔵列車　112
レクリエーション　183-184
レッセフェール　5-6
連邦湿地法　140-141
連邦水質汚染管理局　186
連邦治水法　1, 137-139, 152-153, 158, 164, 168-170, 184
ロスチャイルド社　35
ロット　81, 93

〈わ行〉

ワイルダネス公道　19
ワバッシュ・エリー運河　1, 25, 59, 99-100

人　名

〈あ行〉

アダム・スミス（Adam Smith）　1
アバディーン伯（4th Earl of Aberdeen）　33
アボット（Henry L. Abbot）　141
ウィルソン（Riley J. Willson）　155, 159
ウースター（Donald Worster）　179
ウェールツ（G. Weerts）　126
ウェブスター（Daniel Webster）　35
ウェルチ（William H. Welch）　117
ウォーカー（Robert J. Walker）　47
ウォレス（Henry Wallace）　158
エクハート（B. A. Eckhart）　116
エレット（Charles Ellet Jr.）　141
小塩和人　180

〈か行〉

カーティス（Benjamin Curtis）　55, 57-58
加勢田博　15
カルフーン（John C. Calhoun）　20, 65
カレンダー（G. S. Callender）　1
ギャラティン（Albert Gallatin）　19
キャロル（Charles Carroll）　30
グウィン（William M. Gwin）　47, 49
クーリッジ（Calvin Coolidge）　154-156, 169
グスリー（James Guthrie）　28
クック（Morris L. Cooke）　161
グッディング（William Gooding）　86, 96, 109
グッドリッチ（C. Goodrich）　6
グレイブ（N. E. Grave）　126
ゲイロード（Robert Gaylord）　123-124
コープランド（Royal S. Copeland）　160, 175
コーリー（Lymen E. Cooley）　113, 120
コールズ（Edward Coles）　80

〈さ行〉

サンデリン（Walter S. Sanderlin）　8
ジェファーソン（Thomas Jefferson）　19-21, 38
シャーマン（F. C. Sherman）　110
シャイバー（H. N. Scheiber）　6, 17
ジャクソン（Andrew Jackson）　21

シュバリエ（Michel Chevalier）　24
ショウ（Ronald E. Shaw）　15
ジョーンズ（Wesley L. Jones）　156
スウィフト（William Swift）　55, 62, 85
スウェイン（Donald C. Swain）　106
スコット（Charles Scott）　57
スワード（William H. Seward）　24
セアドア・ローズヴェルト（Therdore Roosevelt）　149
セクレスト（Henry Secrest）　61

〈た行〉

ダーン（Gerge Henry Dern）　159
タウンゼント（C. M. Townsend）　150-151
ダンカン（Joseph Duncan）　77, 100
チェイス（Solomon P. Chase）　26
チェスブロウ（Ellis Sylvester Chesbrough）　109-110, 130
デイビス（John Davis）　55, 63, 84
テイラー（G. R. Taylor）　7
デウィット・クリントン（Dewitt Clinton）　66
デビス（Jefferson Davis）　47
デラフィールド（J. Delafield）　80
ドライバー（William J. Driver）　155
トリーン（David C. Treen）　188
トロッター（Alexander Trotter）　34
トンプソン（J. Thompson）　138

〈な行〉

ニューランズ（Francis G. Newlands）　149, 152

〈は行〉

パーシー（William Alexander Pearcy）　181
ハーツ（Louis Hartz）　5
ハーマン（Jacob A. Harman）　119
ハイディ（R. Hidy）　46
パトナム（J. W. Putnam）　8
バトラー（Charles Butler）　55, 58-60, 101
ハル（William E. Hull）　157
ハンター（Louis C. Hunter）　7
ハンドリン（O. Handlin）　5

索引

ハンフリー（Andrew A. Humphreys） 141
ハンフリー（Benjamin G. Humphreys） 151
ヒース（M. Heath） 5
ピサニ（Donald Pisani） 180
ビドル（Nicholas Biddle） 31
ファークワー（Robert Farquhar） 33
フォード（Thomas Ford） 84
フォックス（John A. Fox） 146
フライ（Jacob Fly） 84, 87
フランクリン・ローズヴェルト（Franklin Delano Roosevelt） 158, 161, 169
プリンス（H. Prince） 138, 170
フレア（James A. Frear） 155-157
プロス（Edward Lawrence Pross） 105
ヘイズ（Samuel Hays） 15, 105
ヘイツ（Erik F. Haites） 7
ベイツ（J. Leonard Bates） 15
ヘイル（Nathan Hale） 55, 62-63
ヘムヒル（Joseph Hemphill） 21
ベル（Andrew J. Bell） 116
ベルナール（Simon Bernard） 22
ホッター（H. Hotter） 126
ホワイト（Gilbert White） 12, 185

〈ま行〉

マークハム（Edward Markham） 159
マーシャル（John Marshall） 21
マーティノウ（J. Martineau） 154

マイヤーズ（M. G. Myers） 45
マクグレーン（R. C. Mcgrane） 46
マクナット（Alexander McNutt） 47, 49
マクミラン（Thomas D. Macmillan） 116
マック（James Mak） 7
マディソン（James Madison） 20-21, 24
ミラー（E. B. Miller） 127
モールトン（Harold G. Moulton） 151
モンロー（James Monroe） 20-21

〈や行〉

ヤドウィン（Edgar Jadwin） 155

〈ら行〉

ライスナー（Mark Reisner） 180
ラウチ（J. H. Lauch） 118
ラチフォード（B. U. Ratchiford） 45
ラトローブ（J. H. B. Latrobe） 55
ランズデル（Joseph E. Randsdell） 151
リレイ（Thomas H. Riley） 116
ルース（Martin Reuss） 180
レイド（Frank R. Reid） 155-156, 174-175
レイノルズ（Arthur Reynolds） 118-120
レーヴィット（Davit Leavitt） 55, 63, 84-85
レオポルド（Aldo Reopold） 12, 160, 185
ロウナー（H. N. Rowner） 126
ロッシュ（John A. Roche） 116
ロング（John H. Long） 119

地名

〈あ行〉

アーカンソー川 147, 161
アムステルダム 35, 48
アレクサンドリア 62-63
イリノイ川 64-66, 88, 118, 120, 189
イリノイ州 22, 25, 38, 55, 81, 138, 143, 191
インディアナ州 22, 24-25, 27, 38, 52-55, 58-61, 68, 143, 191
ウェストバージニア 62, 148
エリー湖 25, 129
オーガスタ 63
オタワ 91-93, 97, 121-122, 130
オハイオ川 19, 22, 25, 64-65, 147, 161, 188

オハイオ州 22, 24-26

〈か行〉

カルメ川 91
カンカキー川 91
カンバーランド 61
クリーブランド 89
五大湖 9, 64, 126

〈さ行〉

サウスカロライナ州 5, 24
ザクセン 35
サスケハナ 22
シカゴ 8, 64-67, 91-93, 96, 118, 121, 124-

131
シカゴ川　110, 115
ジョージア州　5, 33
ジョージタウン　62-63
ジョリエット　93, 97, 115-116, 121-125, 127
シンシナティ　110
スプリングフィールド（イリノイ州）　41
スペリオル湖　121
セネカ湖　22
セント・ルイス　65-66, 118, 121, 144, 146

〈た行〉

ダベンポート　125, 146
チャールストン　64-65
テネシー州　5, 143
デプレイン川　89
デラウェア　26

〈な行〉

ニューイングランド　20
ニューオーリンズ　19, 29, 57, 108-109
ニュージャージー州　22, 143
ニューヨーク　5, 24-27, 46, 64, 89, 107-111
ノースカロライナ州　143

〈は行〉

バージニア州　5, 22, 24, 63
バッファロー　89
ハドソン川　26
ピーキン　120, 127
ピッツバーグ　89
フィラデルフィア　25, 30, 107-109
フォックス川　91
プロシア　35
ペオリア　115-116, 120-121, 124-125
ベルギー　35
ペンシルベニア州　5, 23, 38, 50-51, 55, 148
ボストン　9, 46, 107-111

ボリヴァー郡　141
ボルティモア　22, 25, 29, 61-62, 64

〈ま行〉

マサチューセッツ州　5, 23, 143
ミシガン湖　78, 88-90, 96, 110, 115, 128
ミシガン州　38, 57, 191
ミシシッピ・デルタ　142-143, 148-149
ミシシッピ川　1, 10, 22, 64-65, 120, 128-130, 137-141, 147, 150, 156, 161-162, 179, 182-183, 189
ミシシッピ川以東　1, 179-180
ミシシッピ州　8, 48, 55, 68, 143, 181
ミズーリ川　120, 147, 161
ミズーリ州　5, 8, 36, 191
ミネソタ州　138, 142
ミルウォーキー　22
メキシコ　66
メキシコ湾　8, 64-65, 126-128, 183
メリーランド州　30, 38, 51-52, 55, 68
メンフィス　64-65
モービル　29
モンゴモリー　26

〈ら行〉

ラサール　78, 91-93
リオグランデ　9
リッチモンド　25
リバプール　31
ルイジアナ州　8, 38, 55, 68, 140, 143, 181, 188
レッド川　147
レンセリア　26
ロックポート　88, 91-93, 96
ロンドン　18, 31

〈わ行〉

ワシントン　26, 63

【著者紹介】

伊澤正興（いざわ・まさおき）

生年月日　1976年2月21日
大阪市立大学大学院経済学研究科後期博士課程・単位取得満期退学（2008年3月）
経済学博士（2008年12月）
阪南大学経済学部准教授
業績　「1840年代におけるアメリカ内陸開発事業の再編——州の債務危機に焦点をあてて——」『経済学雑誌』第108巻第4号、2008年3月。
「内陸開発事業における運河トラスティの創設と展開——1836年から1871年までのイリノイ・ミシガン運河——」『歴史と経済』第200号、2008年7月。
「ミシシッピ川大洪水と洪水対策の連邦事業化——1936年連邦治水法の成立過程——」『アメリカ経済史研究』第12号、2013年12月。

〈阪南大学叢書103〉

アメリカ水運史の展開と環境保全の成立
——「運河の時代」からニューディール期の連邦治水法まで——

2015年2月18日	第1刷発行	定価（本体4800円＋税）
	著者	伊　澤　正　興
	発行者	栗　原　哲　也

発行所　株式会社　日本経済評論社
〒101-0051　東京都千代田区神田神保町3-2
電話　03-3230-1661　FAX　03-3265-2993
info@nikkeihyo.co.jp
URL：http://www.nikkeihyo.co.jp

装幀＊渡辺美知子　　印刷＊文昇堂・製本＊誠製本

乱丁・落丁本はお取替えいたします。　　Printed in Japan
Ⓒ IZAWA Masaoki 2015　　ISBN978-4-8188-2368-6

・本書の複製権・翻訳権・上映権・譲渡権・公衆送信権（送信可能化権を含む）は、㈱日本経済評論社が保有します。

・JCOPY〈㈳出版者著作権管理機構　委託出版物〉
本書の無断複写は著作権法上での例外を除き禁じられています。複写される場合は、そのつど事前に、㈳出版者著作権管理機構（電話03-3513-6969、FAX03-3513-6979、e-mail: info@jcopy.or.jp）の許諾を得てください。